KB141976

新
신정일의
택리지

신정일의 新

택리지

제주

신정일

강과 길에 대한 국토 인문서

"필드field가 선생이다." "현장에 비밀이 숨겨져 있다!" 책상과 도서관에서 자료를 뒤적거리기보다는 현장에서 직접 발로 뛸 때 새로운 사실을 발견할 수 있다는 말이다. 이 말은 문화답사 전문가들이 가슴에 품은 신념이기도 하다. 그 현장정신의 계보를 추적하다 보면 만나게 되는 인물이 있다. 18세기 중반을 살았던 사람, 이중환이다. 이중환은 집도 절도 없이 떠돌아다니면서 마음 편하게 살 곳을 물색했고, 환갑 무렵에 내놓은 그 결과물이《택리지》이다. 그가 쓴《택리지》는 무려 20년의 현장답사 끝에 나온 책이다. 좋게 말해서 현장답사지 정확하게 표현한다면 정처 없는 강호유랑이었다. 현장답사, 즉 강호유랑은 아무나 하는 게 아니다. 등 따습고 배부르면 못하는 일이다. '끈 떨어진 연'이 되었을 때 가능한 일이다. 고금을 막론하고 인생은 끈이 떨어져 봐야 비로소 산천이 눈에 들어오는 법이다.

《택리지》는《정감록》과 함께 조선 후기에 가장 많이 필사된 베스트셀

러였다. 현장에서 건져 올린 생생한 정보가 많이 담겨 있었기 때문이다. 장사하는 사람들은 각 지역의 특산물과 물류의 흐름을 파악할 수 있었고, 풍수를 연구하는 사람들은 전국의 지세와 명당이 어디인지를 알 수 있었으며, 산수 유람가에게는 여행 가이드북이 되었다.

그러한 《택리지》의 현장정신을 계승한 책이 이번에 다시 나오는 《신정일의 신 택리지》다. 이 책의 저자인 신정일 선생은 30년 넘게 전국의 산천을 답사한 전문가이다. 아마 이중환보다 더 다녔으면 다녔지 못 다닌 것 같지가 않다. 우리나라 방방곡곡 안 가 본 산천이 없다. 1980년대 중반부터 각 지역 문화유적은 물론이거니와, 400곳 이상의 산을 올랐다. 강은 어떤가. 한강, 낙동강, 금강, 섬진강, 영산강, 만경강, 동진강, 한탄강을 발원지에서부터 하구까지 두 발로 걸어 다녔다. 어디 강뿐인가. 영남대로, 관동대로, 삼남대로를 비롯한 우리나라의 옛길을 걸었고, 부산 오륙도에서 통일전망대까지 동해 바닷길을 걸은 뒤 문광부에 최장거리 도보답사 코스로 제안해 '해파랑길'이 조성되었다. 그의 원대한 꿈은 그것으로 그치지 않고 원산의 명사십리를 거쳐 두만강의 녹둔도에 이르고 블라디보스토크를 지나서 러시아를 돌아 아프리카의 케이프타운까지 걸어가겠다는 것이다. 낭인팔자가 아니면 불가능한 성취(?)이다.

신정일 선생의 주특기는 '맨땅에 헤딩'이다. 이마에 피가 흘러도 이를 인생수업으로 생각하는 끈기와 집념의 소유자다. "아픈 몸이 아프지 않을 때까지 가자"라는 김수영 시인의 시를 곧잘 외우는 그는 길 위에 모든 것이 있다고 설파한다. 두 갈래 길을 만날 때마다 그가 선택한 길은 남들이 가지 않는 길이었다. 왜냐하면 스스로를 강호江湖 낭인이라고 생각했기 때문이다. 강호파는 가지 않는 길에 들어가 보는 사람이다.

《주역周易》에 보면 '이섭대천利涉大川'이라는 표현이 여러 번 나온다. '큰 내를 건너면 이롭다'라는 이 말은, 인생의 곤경을 넘는 것이 큰 강을 건너는 것만큼이나 힘들다는 뜻이다. 그런데 신정일 선생은 이 강을 무서워하지 않았다. 높은 재를 넘는 것도 두려워하지 않았다. 인생의 수많은 산과 강과 먼 길을 건너고 넘고 걸었으니 무슨 두려움이 남아 있겠는가. 그는 자기 앞에 놓인 인생의 강과 산을 넘은 것이다. '이섭대천'이라 했으니 큰 강을 건넌 신정일 선생에게 행운이 깃들기를 바란다.

조용헌(강호동양학자)

그리움으로 출렁이는 섬 제주도

'사람이 살 만한 곳', 아니 '살고 싶은 곳'은 도대체 어디를 말함인가?
《논어》에는 "마을이 인仁하다는 것은 아름다운 것이다. 스스로 골라
인한 곳에 살지 않는다면 어찌 지혜롭다 하겠는가"라는 글이 있다.《택리
지》에도 이와 비슷한 내용의 복거卜居, 즉 살 곳을 점쳐서 정한다는 개
념이 있다. 이처럼 살 곳을 정하는 문제는 단순히 생활의 윤택함을 도모
하는 것을 넘어서 인仁을 추구하고 지혜를 추구하며 인간다운 삶을 살고
자 하는 의지의 차원이라고 볼 수 있다. 나는 1980년대 중반부터 우리나
라 전 국토를 두 발로 걸었다. 크고 작은 400여 개의 산을 오르고 남한의
팔대 강과 영남대로, 삼남대로, 관동대로 등을 따라가며 곳곳에 있는 문
화유산과 그 땅에 뿌리내린 삶을 만났다. 그 길에서 느낀 것은 산천이 나
만의 것이 아닌 우리 모두의 것이라는 사실과 그 길들을 올곧게 보존해
서 후세에 물려주어야 한다는 사실이었다. 한 발 한 발 걸으며 내가 발견
한 것은 바로 나였고, 처연하도록 아름다운 우리 국토였으며, 그 국토를

몸서리치도록 사랑하고 있다는 사실이었다.

　나는 이 책을 이중환의 《택리지》에 기반을 두고 인문 지리 내지 역사 지리학의 측면에서 '지금의 택리지'로 다시 쓰고자 했다. 이중환이 살다 간 이후 이 땅에 얼마나 많은 일들이 일어났고 얼마나 많은 인물들이 태어나고 사라졌는가. 그것을 시공을 뛰어넘어 시냇가에서 자갈을 고르듯 하나하나 들추어내고 싶었고, 패자 혹은 역사 속으로 숨어들었던 사람들을 새롭게 조명하고자 했다.

　한반도의 남쪽에 자리 잡은 제주도는 육지와는 전혀 다른 풍토와 풍속을 지녀 제주도를 찾는 사람들에겐 마치 이국의 어느 지방에 도착한 것과 같은 낯섦을 선사한다. 조선 전기 제주로 유배를 왔던 김정은 제주도의 풍토를 다음과 같이 평했다.

　제주의 풍토는 또 하나의 유별한 곳으로 하나하나 매우 달라서 탄식하고 놀라지만 볼만한 것은 하나도 없다. 기후가 겨울에도 때로는 따뜻하고 여름에는 간혹 서늘하나 변화가 무쌍하고, 바람은 따뜻한 듯하면서도 사람의 살 속으로 스며드는 품이 몹시 날카롭다. 이런 이유로 의복과 음식을 조절하기가 어려워 병이 나기 쉽다. 그뿐만 아니라 구름과 안개로 항상 흐려 있어서 맑은 날이 적고 거센 바람과 궂은비가 때 없이 일고 뿌려 무덥고 끈끈하고 답답하다.

　이렇듯 육지에서 살던 사람들에게 제주도에서의 삶은 유배나 다름없었다. 그렇다면 제주 사람들에게 제주도는 어떠했을까? 누구나 제주도에서의 탈출을 꿈꾸었다. 더러는 떠나서 다시 돌아오지 않았고, 더러는 금세 돌아와 제주에서의 삶을 숙명으로 받아들였다. 과거에는 유배지로, 오늘날에는 관광지로 조명받는 땅인 만큼 제주는 숱한 부침을 겪어 왔다.

지금 우리 땅에는 250년 전 이중환이 살 만하다 했던 계곡이나 강가는 물론 살기에 척박한 곳이라 했던 바닷가에 별장과 콘도를 비롯한 숙박업소와 음식점 등이 빼곡하며 곳곳에는 골프장이 들어섰다. 온 나라 산에 묘지가 넘쳐 몸살을 앓고, 강은 강대로 환경 오염과 직강화 작업 및 댐 건설로 예전의 모습이 아니다. 수많은 길이 콘크리트로 뒤덮인 채 거미줄처럼 얽혀 자동차와 기차는 다녀도 정작 사람이 마음 놓고 걸을 수 있는 길은 어디에도 없다. 나그네와 보부상들, 신경준과 이중환 그리고 김정호가 걸었던 길은 사람이 다닐 수 없는 길이 되었고, 불과 20여 년 전만 해도 사람의 왕래가 잦았던 강 길은 그 흔적조차 찾을 수 없게 되었다.

일찍이 성호 이익은 "정신이란 모습 속에 있는 것인데, 모습이 이미 같지 않다면 어찌 정신을 전할 수 있겠는가?"라는 말로 변해 가는 세태를 꼬집었다. 나보다 앞서 이 길을 걸었던 매월당 김시습과 이중환, 김정호 등 옛사람들에게 우리 국토는 어떤 모습이었을까? 지금처럼 도처에 숲처럼 펼쳐진 아파트나 강가에 즐비하게 늘어선 매운탕집과 '가든' 그리고 바닷가를 에워싼 저 수많은 횟집들은 없었을 것이다. 무서운 속도로 시시각각 다가오는 자동차들이 없으니 걸어가면서 충분히 자유로웠을 것이다.

영남대로를 같이 걸었던 모 방송국 PD 신현식 씨는 문경새재를 넘어서면서부터는 영남대로가 걸어 다닐 만한 길이 아니라고 했다. '살 제 진천, 죽어 용인'이라는 말과 달리 지금의 용인 일대는 살아 있는 사람들이 이런저런 이유로 몰려와 불야성을 이루고 있다. 용인을 지나 성남의 판교에 접어들면 말 그대로 우리나라 전역이 땅 투기장으로 변한 느낌이었다.

삼남대로는 또 어떤가! 차령을 넘어 천안에 접어들면 길이 대부분 도회지를 통과하기 일쑤였다. 옛 모습을 그나마 간직하고 있는 관동대로 역시 개발의 바람이 불어 하루가 다르게 산천의 모습이 달라지고 있다.

근래에 생명 사상과 환경 문제가 대두되면서 산과 강이 새롭게 조명되고 《택리지》가 여러 형태로 논의되지만 이 시대에 맞는 《택리지》는 다시 쓰이지 않았다. 이러한 것들이 미흡하지만 이 땅의 산과 강을 오랫동안 걸어 다닌 나에게 《택리지》를 다시 쓰도록 부추겼다.

30여 년간 우리 땅 구석구석을 두 발로 걸어온 결과물을 총 11권으로 완결하게 되었다. 역사와 지리, 인문 기행을 더해 수백 년 전과 현재의 모습을 비교하고 선조들이 자연과 조화를 이루며 살았던 흔적을 고스란히 담으려 노력했다. 빌딩이 산의 높이를 넘어서고, 강의 물길이 하루아침에 바뀌는 시대에 살고 있지만, 여전히 산수와 지리는 우리 삶의 근간이다. 우리가 바로 지금 두 발로 선 이 땅을 자연과 사람 모두가 더불어 사는 명당으로 만드는 것은 다름 아닌 우리 자신일 것이다.

마지막으로 독자들과 함께 간절한 기도를 전하고 싶다.

"간절히 원하노니, 청화자靑華子 선생이여! 지금 이 땅에 살고 있는 상처 입은 사람들이 더불어 조화롭게 살 수 있도록 그대가 꿈꾸었던 이상향을 보여 주십시오!"

온전한 땅 전주에서

신정일

9   제주에 남은 역사의 자취들

:   섬에 남겨진 것들

개요

바람이 빚은 섬 제주도

이어도의 꿈을 달래다

제주도 곳곳을 답사하며 많은 글을 남긴 혜일慧日 스님이 "매화 언덕에 바야흐로 섣달이 늦었는데, 서리가 내린 나뭇가지에 홀연히 봄이 피어난다. 차가운 향기로 비록 사랑스러우나, 땅이 궁벽하니 놀러 오는 사람이 적구나" 한 제주도. 한 시절 전만 해도 일부러 찾는 사람들은 없었다. 제주도 사람들도 눌러 살긴 했으나 언제든 나가기를 갈망하며 살았다. 그래서 '이어도'라는 이상향이 제주도 사람들의 마음속에서 잉태되었는지도 모른다.

제주도 사람들의 이상향이라는 이어도. 그 '이어도'는 아직도 사람들의 눈에는 보이지 않는다. 다만 그 푸른 물살 출렁거리는 바다 한가운데서 사람들을 손짓하며 부르고 있다. 제주도에 있다는 환상의 섬 '이어도'를 소설로 형상화한 이청준은 주인공 천남석을 통해 제주 사람들의 한과 사랑을 보여 준다. 소설 〈이어도〉의 후반부를 보자.

천남석의 영혼 속에도 다른 누구나와 마찬가지로 어렸을 때부터 벌써 이어도는 은밀히 다가들고 있었습니다. 그리고 그것을 알고 있었기 때문에 그 역시 어렸을 때부터 섬에 대한 두려움이 자라고 있었습니다. 하지만 그는 끝끝내 자기의 섬을 다른 사람들처럼 쉽게 사랑할 수는 없었습니다. 두려워만 하고 있었습니다. 두려웠기 때문에 섬을 떠나고 싶어 했고, 일부러 그것을 외면하려고 애를 썼습니다. 얼핏 보면 일찍부터 그 두려움을 견디면서 자기의 섬을 사랑해 버린 사람들보다도 훨씬 깬 것처럼 보이기도 했었어요. 하지만 작자가 아무리 아닌 척해도 끝끝내 그가 이 섬을 떠나지 못했던 것은 무엇을 뜻합니까. 그는 결국 자신의 섬을 부인할 수가 없었습니다. 끝내는 이 섬을 떠나지 못하고 섬의 운명을 좇을 수밖에 없으리라는 걸 누구보다 잘 알고 있었습니다. 그래서 그는 자기 계집에게까지 예감 어린 당부를 남겨두지 않았습니까. 그는 처음부터 자기 속에 숨어 있는 그 섬의 운명을 부인할 수가 없었단 말입니다. 두려워하고만 있었지요. 하지만 그 두려움이야말로 그가 그 자기의 섬을 사랑하는 또 하나의 방법이 아니겠습니까. 그는 이어도가 없는 곳으로 섬을 떠나고 싶어 하면 할수록 더욱더 자기의 섬을 떠날 수가 없었고, 그리고 그 자기의 이어도를 두려워하면 할수록 그만큼 그 이어도를 사랑하게 되고 만 것이었습니다. 그리고 그래서 그는 끝끝내 그 밀감나무 무성한 언덕바지 한구석에서 누구보다도 융통성이 없는 방법으로 그 이어도의 꿈을 고집하고 있었던 것입니다. 밀감밭처럼 무성해져 가는 섬사람들의 각성 속에서도 이젠 하루하루 숨결이 멀어져 가는 그 이어도의 허무한 꿈을 위해서 말입니다.

수많은 사람들이 질곡의 세월 속에 살다간 제주도, 그 제주도에서 새로운 세상을 꿈꾼 사람들이 있었다. 고려 때 강화도에서 진도를 거쳐 제주로 들어온 김통정을 비롯한 삼별초가 제주도에 새로운 나라를 건설하려 했고, 조선 중기에는 정여립의 모반 사건이라고 일컬어지는 기축옥사에 연루되어 제주도에 유배된 길운절이 소덕유(정여립의 척분)를 찾아가 모반을 도모했다. 그 뒤를 이어 조선 후기에 일어난 제주 민란의 주동자들도 그러했다. 어디 그뿐인가. 1894년 요원의 불길처럼 치솟았던 동학 농민 혁명이 실패로 돌아간 뒤 동학도였던 방성칠과 그 일행들이 일으켰던 방성칠의 난과 외래 종교인 천주교와의 마찰로 일어났던 이재수의 난이 모두 조선 후기 제주도에서 일어난 민란이었다. 그 뒤 잠시 평화가 찾아온 듯했던 제주도에 불길한 바람이 불어오면서 전대미문의 큰 사건이 터졌다. 바로 제주도 민중 3분의 1이 희생된 4·3항쟁. 제주도 땅에서 피어난 이 모든 꿈은 무수한 희생자와 큰 상처만을 남기고 역사의 뒤편으로 몸을 숨겼다. 제주의 아름다움을 시샘해서 그런지 제주의 역사는 이처럼 절망과 슬픔의 역사다.

목사 이흥문李興文은 제주도를 두고 "만 필의 준마는 한가하게 들에 놓았고, 천 그루의 귤과 유자는 교묘하게 가을을 단장하였다" 했고, 조선 전기 절제사 이유의李由義는 "향기가 발에 스며드니 귤이 있는 것을 알겠고, 바람이 빈집에 불어오니 가을 기운이 나는 것을 깨닫겠다" 했다. 신비한 풍경을 간직한 제주도는 예나 지금이나 아름다운 명승지이자 수많은 사람들이 가 보고 싶고, 살고 싶어 하는 섬이다. 한라산과 거문오름, 성산일출봉이 유네스코 세계자연유산에 등재되었고, 세계지질학회에서도 인정한 명승지가 곳곳에 널려 있다. 1980~90년대에는 수많은 사람들이 관광지 제주를 찾았다. 하지만 "오, 제주도에 가서 제주도를 못 보고 와 버린 쓸쓸한 여행이여"라고 문병란 시인이 노래한 것처럼 제주도의 진면목을 제대로 보고 온 사람은 드물다.

그 제주도가 과거와 현재의 틈바구니에서 지금 또 다른 도약의 기대에 부풀어 있다. 제주도 사람들이 꾸는 꿈, 그 꿈이 '이어도'라는 낙원이 될지 아니면 또 다른 유토피아가 될지 그것은 아무도 모른다. 다만 분명한 것은 제주도가 지금 새로운 변화의 물살 속에서 거세게 흔들리고 있다는 것이다.

'이어도사나 이어도사나' 그 구슬픈 노랫가락이 아닌, 또 다른 노랫가락에 몸을 실은 채 새로운 시대를 통과하고 있다.

1

멀리 남해의 가운데 있는 섬

가 보고 싶고, 살아 보고 싶은

북쪽으로 큰 바다를 배고 남쪽으로 높은 산에 대하고

한라산 북쪽은 제주읍이다. 이곳은 옛 탐라국으로 신라 때 부속국이 되었다. 원나라에서 방성에 해당하는 지역이라 하여 암수 준마를 놓아먹여서 목장으로 만들었다. 그리하여 지금도 좋은 말을 생산하여 공물로 바친다.

제주읍 동쪽과 서쪽에 있는 정의旌義와 대정大靜 두 고을은 풍속이 제주와 대략 비슷하다. 목사와 두 고을 수령이 예부터 본토에서 왕래하였으나 풍파에 표류하거나 빠져 죽은 일이 없고, 또 조정에 벼슬하던 사람이 이곳으로 많이 유배를 왔으나 그들 또한 역시 풍파에 떠밀리거나 빠진 일이 없었다. 왕의 덕화德化가 멀리 미쳐서 온갖 신이 받들어 순응함을 알 수 있다.

이중환李重煥의《택리지擇里志》에 실린 제주도에 관한 글이다. 한 시절 전만 해도 제주도 사람들은 육지의 가장 북쪽에 자리 잡은 백두산을 한번 보는 것이 소원이었다. 그와 반대로 육지 사람들은 아열대 식물이 자라는 한반도의 남쪽 바다 건너에 있는 제주도를 보고자 했다. 지금은 서울에서 한 시간 남짓이면 올 수도 있고 돌아갈 수도 있는 제주도를 사람들은 여러 이름으로 부르며 그리워한다. '낙원의 섬' '하늘의 축복을 받은 섬' '휴양지' '누구나 가 보고 싶고, 살아 보고 싶은 그리움의 섬'이 제주도라고.

그러나 역사 속으로 깊숙이 들어가 보면 눈물과 한숨 없이는 가까이할 수 없는 한 많은 땅이 제주도다. 그래서 어떤 사람은 '기쁨은 모래알처럼 작았고, 시련은 바위처럼 컸다'고 제주도를 비유하기도 했다. 또 어떤 사람은 "아무리 제주도와 관계가 없는 사람일지라도 제주도 바다의 역사를 다 안다면 그 역사를 '제주의 눈물, 눈물, 눈물'이라고 말하지 않고는 견딜 수 없을 것이다. 제주 해협의 바다는 곧 제주 사람들이 역사에 바친 눈물의 양으로 출렁거린다"고 말하기도 했다.

조선 전기 문신으로 제주가 고향인 고득종은 〈홍화각기弘化閣記〉에 제주의 형승을 다음과 같이 기록했다.

북쪽으로 큰 바다를 베개 베고 남쪽으로 높은 산에 대하였다. 집집마다 귤과 유자요 곳곳마다 준마로다.

제주는 멀리 남해 가운데 있으며, 큰 산이 하늘에 닿을 만큼 높이 솟아 있기 때문에 한라漢拏라고 부른다. 한라산은 은하수를 붙잡을 수 있다 하여 붙여진 이름이다.

제주의 옛 이름은 동영주, 탁라, 탐라, 탐모라 등으로 불렸다. 시대에 따라 바꿔 부른 것이 사적에 기록되어 있다.

조선 전기 학자 정이오鄭以吾는 박덕공朴德恭을 임지로 보내는 서序

에서 "본토에서 탐라를 보면 큰 바다 아득하고 먼 가운데 따로 한 구역이 되어 부속국과 같다" 했다. 제주도 안무사按撫使 조동희趙冬曦는 고려 의종 13년(1159)에 "탐라는 험하고 멀어서 치고받고 하는 싸움이 미치지 못하는 곳입니다"라고 조정에 보고했다. 《동문감東文鑑》에 "남해 가운데에 있어 물길로 무려 100리나 되고 그 가운데가 대단히 넓다" 했던 곳이 바로 제주도다.

주호인이 살았던 제주도

한반도의 최남단, 즉 바다 건너 가장 먼 지역에 있는 제주도는 우도를 비롯해 상추자도와 하추자도, 가파도를 포함한 50여 개의 섬으로 이루어져 있다. 그중 사람이 사는 섬은 우도를 포함해 9개뿐이다.

제주시 추자면 대서리가 제주도의 최북단이고 서귀포시 대정읍 마라도가 최남단이다. 제주시 한경면 고산리 차귀도가 가장 서쪽이고, 제주시 우도면 조일리 비양도가 가장 동쪽이다. 목포에서 141.6킬로미터 떨어져 있는데, 부산에서는 286.5킬로미터, 일본의 대마도에서는 255.1킬로미터쯤 떨어져 있다. 제주도는 현재 제주특별자치도濟州特別自治道로 관리되고 있다. 행정 구역은 2시(제주시, 서귀포시) 7읍 5면 31행정동으로, 총면적은 1848.4제곱킬로미터다.

어느 곳에서건 멀리 수평선과 그 아래로 시원스럽게 펼쳐진 바다와 한라산을 볼 수 있는 제주도. 이곳 제주도에는 언제부터 사람들이 살기 시

우도 바다

성산항에서 배를 타고 들어가는 우도는 매력적인 섬으로 성산일출봉과 더불어
제주의 대표 관광 명소다.

주상절리대

중문해수욕장 옆에 있는 지삿개 주상절리대는 성냥갑처럼 생긴 돌기둥이
절벽 사이로 뻗어 있다. 수많은 침식과 화산 활동이 빚어낸 조물주의 선물이다.

작았을까? 우리 문헌상 '탐라耽羅'가 등장하는 가장 앞선 기록은《삼국
사기》〈백제본기〉의 기록이다.

문주왕 2년(476) 탐라국이 백제에 토산물을 바치자 '은솔恩率'이라는 벼슬
을 주었다. 동성왕 20년(498)에는 탐라가 조조공하지 않으므로 왕이 친히 정
벌하려고 무진주(현 광주)에까지 이르자 탐라국의 왕이 그 소식을 듣고 사죄하
였다. 백제가 멸망한 이후, 신라 문무왕 2년(662)에 탐라국의 왕이 신라에 항
복하였다. 그로부터 독립국이었던 탐라국이 신라의 속국이 되었다.

그런데 문헌상 제주도에 관한 기록은 중국 역사서에 가장 먼저 나타난
다.《삼국지》〈위서〉 동이전과《후한서》 동이열전에 나오는 '주호국州胡
國'에 관한 기록이 그것이다.《후한서》에 실려 있는 내용을 보자.

주호국은 마한馬韓 서쪽 바다 가운데의 큰 섬에 있다. 그곳 사람들은 마한
인들보다 조금 키가 작고 언어도 한족韓族과 같지 않다. 그들은 모두 선비족
鮮卑族처럼 머리를 깎았다. 옷은 가죽으로 만들어 입었는데, 윗도리만 걸치고
아랫도리는 입지 않아 거의 나체와 같다. 소와 돼지를 잘 기르며 배를 타고 한
나라와 왕래하며 교역한다.

이 주호인을 일부에서는 도서족 계통, 즉 일본의 원주민이었던 류큐족
이나 아이누족으로 보기도 한다. 그들은 일본 열도 전역에서 살았던 종족
이다. 작은 체구에 상의만 입고 생활했는데, 어렵漁獵을 주업으로 삼은

종족으로 알려져 있다.

이렇게 제주도에 터를 잡고 살았던 사람들은 1세기쯤에 있었던 한라산의 화산 폭발로 멸족하고 말았다. 그들이 살았던 제주도는 제주 신화의 주인공인 양을나良乙那, 고을나高乙那, 부을나夫乙那가 등장하면서부터 시작된다.

제주 신화가 시작되다

원래 탐라국耽羅國 또는 탁라乇羅라고 불렸던 제주도에 전해 오는 신화에 따르면, 제주의 역사는 양을나, 고을나, 부을나 이렇게 세 을나乙那에 의하여 시작된다. 제주의 시조가 되는 세 을나는 독특하게도 제주시 이도 1동에 있는 삼성혈三姓穴(옛 이름은 모흥혈毛興穴)이라는 세 구멍에서 솟아났다 한다. 고대 국가의 시조들이 하늘에서 내려오거나 알에서 태어난 것과는 차이가 있다. 게다가 시조가 셋이다.

조선 전기 문장가 김종직金宗直의 〈탁라가乇羅歌〉 중 두 번째 수를 보자.

당초 세 사람은 바로 신인이었는데
서로 짝지어 해 뜨는 동쪽에 와서 살았네
백세토록 세 성씨만 서로 혼인을 한다 하니
듣건대 그 유풍이 주진朱陳(중국 고량부 설화)과 비슷하구나 이런 연유로 의병장 고종후高從厚가 의병을 모집하면서 세 성씨가 모두 같은 후손임을 언급한 글이 남원 의병장 조경남趙慶男의 《난중잡록亂中雜錄》에 실려 있다.

제주·정의·대정 세 고을, 고성·양성·부성 3가 문호의 모든 어른에게 고하나이다. 옛적 태고 때 인물이 생기기 전 시초에 하늘이 세 신을 한라산 밑에 내려보내시니 고씨·양씨·부씨요, 또 아름다운 여인과 망아지, 송아지의 종자를 함께 주어 한 지방에 터를 여는 조상이 되었으니, 이제에 이르러 인구의 번성함과 말[馬]을 길러냄이 대개 세 신인의 덕택이 아닌가 하옵니다. 그 후세에 자손이 혹은 바다에 떠서 이리저리 옮겨 여러 곳에 흩어져 사니, 세상에서 이른바 제주 고씨, 제주 양씨는 모두 그 후손입니다. 고자의 선대도 고려 말기에 장흥長興의 고씨가 되었고, 부성夫姓의 후예는 지금에 문씨가 되어 처음의 부씨는 세상에 알려진 이가 없습니다.

삼성혈에서 솟아난 세 을나는 물고기를 잡고 사냥을 하고 나물을 캐서 먹으며 이동 생활을 했다. 그러던 어느 날 배를 타고 온 벽랑국碧浪國의 세 공주를 각자 배필로 맞이했으며, 그들이 가져온 오곡 종자와 송아지, 망아지 등으로 농경 생활을 했다. 성산읍 온평리에 있는 혼인지婚姻池는 세 을나가 벽랑국의 공주들과 혼례를 올린 곳으로 알려져 있다.

농업과 목축업을 시작한 뒤 점차 제 몫의 땅이 필요해진 세 을나는 각자 자기가 살아갈 터전을 결정하는 데 화살을 이용했다. 활을 쏘아 화살이 떨어진 곳에 자리를 잡는 것이다. 세 을나가 쏜 화살은 각각 일도, 이

삼성혈

제주도, 즉 탐라국의 탄생 설화를 품은 삼성혈은 신비스런 풍경을 연출한다.

도, 삼도에 떨어졌고, 일도동, 이도동, 삼도동이 여기서 유래했다. 세 을나가 활을 쏘았던 장소가 바로 제주시 봉개동과 아라동에 걸쳐 있는데, 제주도 말로 '쌀손장오리(사시장올악射矢長兀岳)'라고 한다. 세 을나가 쏜 화살이 박힌 돌을 모아둔 곳이 제주시 화북동의 삼사석三射石이다. 이와 같은 신화는 제주 시조 탄생 이후 앞선 외래문화가 바다를 통해 유입되어 비로소 제주도에서 농사를 짓게 되었음을 알려 준다. 그때까지가 제주도 의 신화의 시대라고 볼 수 있다.

제주목이었던 제주시

《신증동국여지승람新增東國輿地勝覽》에는 제주목의 영역이 다음과 같이 실려 있다.

동쪽은 정의현旌義縣 경계까지 80리고, 서쪽은 대정현大靜縣 경계까지 81 리며, 남쪽으로는 바다까지 120리고, 북쪽으로 바다까지 1리다.

《고려사高麗史》〈고기古記〉에는 제주도에 사람이 살게 된 내력이 다음과 같이 실려 있다.

처음에는 인물이 없었는데 세 신인神人이 땅으로부터 솟아 나왔다. 지금 진 산 북쪽 기슭에 모흥이라는 구멍이 있으니 이곳이 세 신인이 나온 땅이다. 맏

한림 금릉해수욕장

멀리 비양도가 보이는 금릉해수욕장은 에메랄드빛 바다와
하얀 모래가 빚어낸 풍경이 매우 이국적이다.

이는 양을나이고 다음은 고을나, 세 번째는 부을나다. 세 사람이 궁벽한 황무지를 돌아다니며 사냥하여 가죽으로 옷을 해 입고 고기를 먹고 살았다. 하루는 보니, 붉은 진흙으로 봉한 나무 상자가 동해 가에 떠 이르렀다. 가까이 가서 열어 보니, 안에 석함石函이 있고 붉은 띠에 자주 옷을 입은 사자使者가 따라왔다. 석함을 여니 푸른 옷을 입은 처녀 셋과 망아지와 송아지, 오곡 종자 등 여러 가지가 있었다. 사자가 말하기를, "나는 일본국日本國 사신인데, 우리 왕이 이 세 딸을 낳고 이르기를, '서해 가운데 있는 산에 신의 아들 세 사람이 내려와서 나라를 열고자 하는데 배필이 없다' 하면서 신臣에게 명하여 세 딸을 모시고 왔으니 배필을 삼아 큰 업을 이루소서" 하고 사자는 홀연히 구름을 타고 가 버렸다.

세 사람이 나이 순서대로 나누어 장가들었다. 샘물 맛이 좋고 땅이 비옥한 곳에 나가서 활을 쏘아 땅을 정하여, 양을나의 사는 곳을 제일도第一都, 고을나의 사는 곳을 제이도第二都라 하고, 부을나가 사는 곳을 제삼도第三都라 하여 비로소 오곡을 파종하고 또 망아지와 송아지를 기르니 날마다 부유하고 번성해졌다.

15대 손 고후高厚, 고청高淸 형제 세 사람이 배를 만들어 타고 바다를 건너 탐진耽津에 닿았으니 이때는 신라의 융성한 시대였다. 이때에 객성客星이 남방에 보였는데 태사太史가 아뢰기를, "다른 나라 사람이 와서 조회할 징조다" 했다. 고후의 무리가 이르매 왕이 가상히 여기어 고후에게 성주星主란 칭호를 주었으니 객성이 동하였기 때문이다. 왕은 고청을 자기의 가랑이 아래로 나가게 하고 사랑하기를 자기 자식같이 하여 왕자라고 일컫고 그 막내를 도내都內라고 일컬었다. 고을 이름은 탐라라 하였으니, 처음에 올 적에 탐진에 닿아서 신라에 조회하였기 때문이다. 각각 보개와 옷을 주어 보냈다. 이때부터 자손이 번성하여 신라를 공경하고 섬기니 드디어 고高를 성주로 삼고 양良을 왕자로 삼고 부夫를 도상都上으로 삼았다. 뒤에 양良을 고쳐 양梁으로 하였다.

다음은《신증동국여지승람》에 실린 제주도의 내력이다.

그 뒤에 백제에 복종하여 섬겼는데 동성왕 21년(499)에 탐라가 조공을 바치지 않으므로 친히 정벌하려고 무진주武珍州에 이르자 그 성주가 듣고 사자를 보내어 죄를 용서하기를 비니, 이에 그만두었다. 백제가 멸망하고서 신라 문무왕 원년(661)에 탐라국주耽羅國主의 좌평 도동음률徒冬音律이 와서 항복하였다. 고려 태조 20년(937)에 태자 말로末老를 보내어 조회하니 성주 왕자의 작위를 주었다. 숙종 10년(1105)에 탁라를 고쳐 탐라군으로 만들었고 의종 때에 강등하여 현령관縣令官으로 삼았다.

원종 11년(1270)에 반적叛賊 김통정金通精이 삼별초를 거느리고 그 땅에 들어가 웅거하였는데, 4년이 지나 왕이 김방경金方慶을 명하여 쳐서 평정하였다. 충렬왕 3년(1277)에 원나라에서 말을 기르는 목장으로 만들었다. 충렬왕 20년(1294)에 왕이 원나라에 조회하고 탐라를 돌려주기를 청하니, 원나라 승상 완택完澤이 아뢰어 황제의 뜻을 받들어 다시 고려에 예속시켰다. 이듬해에 이름을 제주로 고쳐 비로소 판비서성사判祕書省事 최서崔瑞를 목사로 삼았다. 26년에 원나라 황태후가 또 그 땅에 말을 방목하다가 31년에 다시 고려에 돌려주었다.

충숙왕 5년(1318)에 좀도둑 사용士用과 엄복嚴卜이 군사를 일으켜 난을 꾸미니, 그 지방 사람 문공제文公濟가 군사를 일으켜 모두 베고 원나라에 보고하여 다시 관리를 두었다. 공민왕 11년(1362)에 원나라에 예속시키기를 청하자 원나라에서 부추副樞 문아단불화文阿但不花를 탐라만호耽羅萬戶로 삼았다. 아단불화가 본국의 천한 노예 김장로金長老와 함께 주州에 이르러 만호 박도손朴都孫을 매질하고 바다에 던져 죽였다. 공민왕 16년에 원나라가 이 주州를 다시 우리나라에 예속시켰다. 이때에 원나라 목자牧子들이 사나워 여러 번 국가에서 보낸 목사와 만호를 죽이고 배반하였다. 김유金庾가 토벌하게 되니 목자들이 원나라에 호소하여 만호부를 두기를 청하였다. 왕이 아뢰어 우리나라에서 스스로 관리를 임명하고 목자들이 기른 말을 가려 바치기를 전례와 같이 하기를 청하니, 원나라 황제가 그대로 좇았다. 그 뒤 원나라 목자 하치가 제 마음대로 날뛰어 관리를 살해하자 6년 뒤에 왕이 도통사 최영을 보내어 하치를 쳐서 멸하고 다시 관리를 두었는데, 조선도 그대로 하였다.

태종 2년(1402)에 성주 고봉례高鳳禮와 왕자 문충세文忠世의 무리가 성주 왕자의 호가 참람하다 하여 고치기를 청했다. 성주를 좌도지관左都知管으로 삼고 왕자를 우도지관右都知管으로 삼았다. 세조 12년(1466)에 안무사安撫使를 고쳐 병마수군절제사를 삼았다가, 뒤에 목사로 고치고 진鎭을 두었다.

제주도는 삼별초 항쟁 이후 대략 100여 년 동안 원나라의 간접 지배를 받았다. 그때 원나라의 언어와 풍습 등이 제주도 사람들에게 크게 영향을 끼쳤다.

조선왕조를 세운 이성계는 중앙 집권 정책을 강력하게 추진했는데, 제주도도 예외는 아니었다. 성주와 왕자의 작호를 거두고 세습되던 제도를

화순해수욕장과 산방산

제주도에서 아름다운 해수욕장으로 손꼽히는 화순해수욕장은
화산 활동으로 인해 생긴 주상절리대를 볼 수 있으며
산방산은 제주의 신비를 고스란히 간직한 곳이기도 하다.

산방산과 유채

봄이면 산방산 주변으로 유채꽃이 만개해 장관을 이룬다.
산방산은 독특한 돔 모양 때문에 얽힌 전설이 많은데 그중에는 원래
백록담의 정수리였다는 이야기도 있다.

절물 삼나무숲길

한라산에서 절물로 내려가는 길목에 삼나무숲길이 그림처럼 펼쳐져 있다.
빼곡하게 자란 삼나무숲길이 아름다워 사진작가들이 몰려든다.

폐지한 뒤에 성주에게는 좌도지관의 벼슬을 주고 왕자에게는 우도지관의 벼슬을 내려서 얼마큼 유지하게 했다. 태종 16년(1416)에 안무사가 올린 장계를 받아 한라산 남쪽 지역을 동과 서로 나눈 뒤 동쪽에 정의현을 남쪽에 대정현을 두어 삼읍 제도로 행정 구역을 개편했다. 그 뒤 광해군 원년(1609)에 3개의 지역에 저마다 4개 안팎의 면과 리를 두었다. 《세종실록지리지世宗實錄地理志》를 보면 그 당시 제주도의 호수가 5207호요, 인구는 8324명이고, 군정은 2066명이었다.

조선이 역사의 저편으로 물러난 뒤 일본이 36년간 제주도를 지배했다. 해방되고 1948년에 4·3항쟁이 일어났고, 1950년에 일어난 한국전쟁의 여파 속에 육지에서 수많은 피난민이 몰려들기도 했다. 이렇듯 역사의 부침을 거듭한 제주도가 비약적인 발전의 기틀을 마련한 것은 1978년이었다. 당시 넓이가 68제곱킬로미터로 나라 안에서 제일 큰 동이었던 오라동 일대를 신제주라는 이름으로 개발하기 시작한 것이다. 제주시 도심의 남서쪽 벌판이었던 이 일대에 8만 명의 인구를 수용한다는 원칙을 세우고, 40만 평의 땅을 개발하면서 제주도의 관공서와 아파트 그리고 호텔과 상가를 건립하는 공사를 시작했다. 그 뒤 1980년에는 18만 평의 땅을 추가로 개발했다. 이른바 신제주 건설이었다. 이러한 신제주 건설이 시작되면서 육지로부터 수많은 건설 노동자들과 기술자들이 들어왔고, 그때 막 군을 제대한 내가 이청준의 〈이어도〉를 읽고 이상향을 찾아와서 온몸으로 세상을 배운 곳이 바로 제주도였다.

그 아름다운 제주도

우리 제주도는 북으로 큰 바다를 베고 한없이 드넓어 한눈에 천 리가 보이고, 남으로 높은 산을 마주하여 초목이 울창하고 빽빽하여 사철 한 가지 색입니다. 겨울에도 지독한 추위가 없고 여름에도 서늘한 바람이 불어 집집마다 귤림橘林이요, 곳곳마다 양마良馬입니다. 바람과 구름, 달과 이슬의 모습이 아침저녁으로 변화하며 천태만상을 보여 주어 아름답습니다. 왕명을 받고 온 사람이 여기에 올라 쉬면 산의 푸름과 파도 소리를 책상 위에서 항상 헤아릴 것이며 기이한 화초가 고개만 돌리면 꽃피어 있음을 알게 되어 이것도 정치에 도움이 될까 하옵니다.

고득종의 〈홍화각기〉에 실린 글처럼 아름답고 한적한 곳이 제주도였다. 그런 제주도였기에 육지에서 건너온 젊은 문객 백호白湖 임제林悌는 〈남명소승南溟小乘〉에 다음과 같은 찬탄의 글을 남기기도 했다.

가는 곳마다 선경仙境이요, 걸음마다 기관奇觀이다.

하지만 멀리서 보는 것과 현실의 삶이 같지 않다는 세상의 이치를 증명하듯 제주의 역사는 항상 환란과 고통이 그치지 않은 절해고도 그 자체였다. 제주 사람들의 한恨과 질곡桎梏의 삶을 묵묵히 보았던 산, 그 산이 바로 한라산이다.

2

어디에서나 우뚝 선 한라산

은하를 당기다

남한에서 가장 높은 산 한라산

조선 전기 문신 이첨李詹이 지은 시에, "본토의 성姓은 성주星主를 높이고, 산 이름은 한라라고 부른다" 했던 제주도하면 가장 먼저 떠오르는 곳이 바로 한라산이다. 한라산이 제주이고, 제주는 곧 한라산이기 때문이다.

남한에서 가장 높은 한라산漢拏山(약 1950미터)은 제주 어디에서나 볼수 있다. 제주를 가장 제주답게 만드는 원천인 한라산은 보는 곳에 따라멀고 가깝게, 또는 나직하고 가파르게 그 모습이 다르다. 제주의 독특한자연환경 때문인지 한라산은 날씨 변화가 심하다. 한라산 날씨를 두고 신神만이 아는 비밀이라는 말이 있을 정도다.

옛 선인들은 백두산에서부터 시작한 산줄기의 끝을 한라산이라고 생각했다. 이중환은《택리지》에서 한라산을 다음과 같이 평했다.

월출산에서 또 산줄기가 동쪽으로 가서 광양 백운산에서 그쳤는데 꼬불꼬

불한 산맥이 갈지之자 모양이다. 월출산 한 맥이 남쪽으로 뻗어가서 해남현 관두리館頭里를 지난 다음 남해 복판의 여러 섬이 되고, 바닷길 천 리를 건너서 제주 한라산이 된다. 혹자는 한라산 맥이 또 바다를 건너 유구국琉球國이 되었다고도 한다. 이것이 사실인지는 알 수 없으나 거리가 매우 가깝다는 것은 알겠다. (…)

바다 복판 섬에도 기이한 산이 많다. 제주 한라산을 영주산이라 하기도 한다. 산 위에 큰 못이 있는데 사람들이 시끄럽게 하면 갑자기 구름과 안개가 크게 일어난다. 제일 꼭대기에 있는 모난 바위는 사람이 쪼아서 만든 것 같다. 그 아래는 잔디가 지름길처럼 되어 있어 향긋한 바람이 산에 가득하다. 가끔 젓대와 퉁소 소리가 들려오는데 어디서 나는지 알지 못한다. 전해 오는 말에 의하면 신선이 항상 노니는 곳이라 한다.

신선은 누구인가. 신선은 속세를 떠나 선계에 살며 젊음을 유지한 채 장생불사한다 했다. 이중환이 그런 신선이 노닐고 있는 곳이라 한 한라산은 예로부터 여러 이름으로 불렸다. 부악釜嶽, 원산圓山, 진산鎭山, 선산仙山, 두무악頭無嶽, 영주산瀛州山, 부라산浮羅山, 혈망봉穴望峰, 여장군女將軍 등이 한라산을 부르는 이름들이다.

한라산은 예로부터 삼신산三神山의 하나로 알려져 왔다.

은하를 당기다

한라산 영실 코스

제주 어느 쪽에서 보든 다양한 얼굴로 비치는 한라산은 볼 때마다 신비롭다.
영실 쪽에서 바라보면 기암괴석이 병풍처럼 펼쳐진다.

삼신산의 하나인 한라산

《신증동국여지승람》에 실린 '한라산'에 대한 기록을 보자.

> 한라산은 주 남쪽 20리에 있는 진산이다. '한라'라고 하는 것은 운한雲漢
> (은하)을 나인 拏引(끌어당김)할 만하기 때문이다. 혹은 두무악이라 하니 봉우리
> 마다 평평하기 때문이요, 혹은 원산이라고 하니 높고 둥글기 때문이다. 그 산
> 꼭대기에 큰 못이 있는데, 사람이 떠들면 구름안개가 일어나서 지척을 구분할
> 수가 없다. 5월에도 눈이 있고 털옷을 입어야 한다.

산이 높은 지방에서 흔히 쓰는 말로 '하늘이 세 뼘밖에 안 된다'는 말
이 있다. 그만큼 높은 곳이라는 뜻이다. 한라산이 영주산이라고 알려진
것은 중국 《사기史記》에서부터 비롯되었다. 중국 동쪽에 불로불사不老
不死의 약초가 있어 신선들이 사는 삼신산으로 봉래산과 방장산, 영주산이
등장한다. 이는 곧 금강산과 지리산, 한라산의 다른 이름이다. 이 중 망망
대해 바다 한가운데 솟아 있는 한라산에 기원전 200년경에 중국을 통일한
진시황의 명을 받아 역사力士 서불徐市이 그 불로초를 캐러 왔다.

한라산의 다른 이름 부악은 산 정상에 깊고 넓은 분화구가 연못으로 되
어 있어 마치 솥〔釜〕에 물을 담아 놓은 것과 같다 하여 붙여진 이름이다.
이 연못은 한라산의 신선들이 흰 사슴을 타고 노닐다가 물을 마시게 하던
곳이라 하여 백록담白鹿潭이라는 이름이 붙었다. 《세조실록》에 의하면
세조 10년(1464) 2월에 백록담 인근에서 잡은 흰 사슴을 헌납〔濟州獻白

자연 생태계의 보고 한라산

해발 고도에 따라 다양한 식생이 분포하는 한라산은
자연 생태와 희귀식물의 보고이자 전시장이다.
왼쪽은 금새우란, 오른쪽 위는 순비기나무꽃, 오른쪽 아래는 두루미천남성이다.

ⓒ유철상

한라산 기암

한라산 화산체는 폭발 이후 여러 과정을 거치면서 지금의 모습으로 굳어졌고
곳곳에 기암과 독특한 지형이 생겨났다.

鹿]했다고 한다.

산천단에서 산제를 지냈다

한라산은 신령스러운 산이라 하여 해마다 산정에서 국태민안國泰民安을 기원하는 산제를 지냈다. 그러나 한라산이 너무 추워서 산제를 지내러 갔던 백성들이 추위에 얼어 죽기도 했다. 이를 알게 된 제주 목사 이약동李約東은 예종 원년(1469) 지금의 산천단에 산신묘를 세우고 이곳에서 산제를 지내도록 했는데, 그때 세운 석단이 지금도 있다.

한라산을 기록한 가장 오래된 문헌 중 하나가 조선 중기 문신 김상헌金尙憲의 〈등한라산기登漢拏山記〉다. 그는 선조 34년(1601) 9월 한라산에 올라 산신에게 치제致祭를 올리면서 다음과 같이 기록했다.

제주도 사람들이 병이 없고, 곡식이 잘 자라며 축산이 번창하고 읍邑이 편안한 것은 한라산의 덕德이다. (…) 금강산은 한라산의 기이하고 수려함에는 따라오지 못하리라.

김상헌은 한라산을 영산靈山인 동시에 장엄한 산으로 보았다.

조선 후기 실학자 홍대용洪大容은 《담헌서湛軒書》 〈항전척독杭傳尺牘〉에서 우리나라 가장 남쪽에 있는 한라산을 다음과 같이 언급했다.

백두산은 영고탑寧古塔의 남에 있으니 이는 일국 산세의 조종이다. 남으로 1500리를 달려 철령이 되고, 또 100리에 금강산이 되고, 또 남으로 오대산, 설악산, 태백산, 소백산, 조령, 속리산, 추풍령이 되고 또 남으로 수백 리에 지리산이 되어 남해에 거距하고 바다로 들어가 1000여 리에 제주의 한라산이 되니 이는 산맥의 대간大幹이다. (…)

산천은 한양의 삼각산과 송경(개성)의 천마산과 황해도의 구월산과 함경의 칠보산과 평안의 묘향산과 강원의 금강산, 오대산, 설악산과 경상의 태백산과 충청의 속리산과 전라의 지리산과 제주의 한라산이 있는데 봉만峰巒 수석水石이 승경勝景이고, 북경 이동에는 이에 비할 만한 것이 없다. 그중 금강과 지리와 한라는 삼신산이라 하여 영이한 고적이 많으며 금강은 그 가장 기수奇秀한 산이다.

조선 전기 문신으로 장성 출신인 김인후金麟厚도 시 한 편을 남겼다.

신인이 북쪽 산록에서 솟아났으니 괴이하기도 해라
이곳에 신령스런 기운 맺혔을 줄 누가 알았으랴
가지는 남극에 벌려선 별을 끌어당겼고
뿌리는 동쪽 거친 땅 지축에 박혀 있으며
큰 용이 못에 엉켜 있어 구름이 수없이 일어나고
남은 눈은 여름에도 시원하다
곰, 여우, 표범, 호랑이 자취 보기 어렵고
오직 봉새가 구만리를 날아 모여드네

노인성이 보이는 한라산

한편 이수광李晬光의 《지봉유설芝峯類說》에는 한라산이 다음과 같이 기록되어 있다.

한라산의 한 이름이 원산圓山이다. 제주에 있으며 봉우리 꼭대기가 모두 평평하기 때문에 원산이라고 이름 지었다. 세상에 전하는 말에 그 산꼭대기에 오르면 노인성老人星을 볼 수 있는데 그 크기가 등불만 하다고 한다. 산꼭대기에는 눈이 쌓여서 한여름에도 녹지 않으며 큰 못은 어떠한 가뭄에도 마르지 않는다.

이수광이 언급한 노인성은 남극성으로 중국에서는 사람의 수명을 관장하는 별이라 하여 이 별을 보면 오래 산다는 말이 전해진다. 우리나라에서는 한라산 정상과 서귀포 부근에서만 드물게 볼 수 있다고 한다. 노인성은 이익李瀷의 《성호사설星湖僿說》에서도 찾을 수 있다.

천문학자들이 "노인성은 보이다 안 보이다 한다"는 것은 반드시 북쪽에서 보았기 때문이다.

우리나라는 연燕나라와 분야가 같으니 항상 보이지 않는 것은 당연하다. 그러나 예로부터 한라산에서만은 볼 수 있다고 한다. 그러므로 제주에는 장수하는 사람이 많다. 과거에 나의 당숙인 태호공太湖公이 제주 목사로 나갔을 때 노인잔치를 벌였는데, 140세 된 사람을 상좌에 앉히고 100살 이상 된 사람이 매우 많았다. 이것도 이상한 일이다.

내가 제주에서 벼슬했던 사람에게 들었는데 큰 별이 삼성參星과 정성井星의 분야에서 나왔다가 잠깐 사이에 대정현 문루 위로 떨어졌다고 하니 꼭 한라산까지 가지 않더라도 볼 수 있음을 알겠다.

이처럼 노인성이 보이는 곳에 사는 사람들은 장수한다는 글이 여기저기 실려 있는데, 제주도에 벼슬살이를 왔던 한 선비는 다음과 같은 시를 짓기도 했다.

　　북극성은 님 계신 북녘을 비추고 노인성은 남녘 끝 변방을 비춘다
　　섬 백성들이 칠팔십이 넘어도 늙은 태가 전혀 없고
　　오히려 강건하여 오랫동안 군역에 응하여 혹은 구십에 이르는 자가 허다하니
　　이 어찌 노인성의 조화가 아니냐

제주도를 찾는 사람들 중 한라산을 오르고자 하는 사람들이 많다. 한라산을 오르는 길은 여러 갈래다. 정조 때 간행된 《제주읍지濟州邑誌》에 실린 한라산 오르는 길을 보자.

대정현 쪽으로 험한 산길이 하나 있어서 사람들이 이를 따라 수목 사이를 헤쳐 가며 올라가는데, 위에서 소란을 피우면 곧 운무雲霧가 사람을 덮어 지척을 분간하지 못했다.

송악산에서 본 한라산

제주 서남쪽 끝 송악산에서 본 한라산이다.
쪽빛 바다와 너울처럼 넘실거리는 오름 물결이 한라산과 어우러지는 풍경은
신비하기까지 하다.

한라산 억새

11월 늦가을 한라산 주변 오름들은 억새들로 뒤덮인다.
오름들의 아담한 곡선미와 함께 은빛 물결의 억새꽃들을 보면
누구나 카메라 셔터를 누르고 싶어진다.

원추형의 한라산, 그 정상으로 오르는 길은 현재 영실과 어리목, 돈내
코, 관음사, 성판악 다섯 갈래가 있는데 산의 정상인 백록담으로 이어지
는 코스다. 어느 곳에서 오르느냐에 따라 저마다 다른 풍경들을 보게 되
는 것이 한라산이다. 인조 6년(1628) 제주도에 유배되었던 이건李健이
한라산을 올랐는데 〈제주풍토기濟州風土記〉의 기록을 보자.

삼복더위에도 한라산 정상에는 얼음과 눈이 남아 있다. 해마다 여름철이면
매일 장정들을 모아 얼음을 날라다가 관가에 공물로 바쳤다.

당시 한라산의 여름은 덥지 않았던 모양이다. 광해군 때의 문신이자 제
주 판관으로 부임했던 김치金緻가 이 산을 올랐던 것은 광해 원년(1609)
봄이었다. 그는 애월읍의 광령 무수내에서 시작하여 노루생이, 골머리,
볼레오름(불래악), 존자암, 영실, 오백나한, 칠성대, 백록담 남벽을 거쳐
한라산에 올랐다. 〈유한라산기遊漢拏山記〉의 글머리에는 김치가 한라산
을 등반하기로 결심한 내력이 담겨 있다.

몰래 스스로 말하기를 "세상에서 소위 영주라고 일컫는 것이 삼신산의 하나
에 드는데 바로 저 산이다. 신선이 산다는 삼신산 중의 하나인데, 어찌 이름과
실제가 서로 부합되지 않는 것인가. 그렇다면 사람 마음이란 남한테서 들은 것
은 좋아 보이고〔貴耳〕, 내 눈으로 직접 본 것은 하찮아 보이는〔賤目〕 것인가.
어찌 가서 직접 보고 그 의혹을 깨치지 않으리오" 하였다.
관에 부임한 지 10여 일에 마침 민응생閔應生 군과 더불어 이야기하다가

한라산 경승에 미치자 민 군이 다음과 같이 말했다.

"그대가 조만간 틈을 내서 한번 유람을 가신다면 이 늙은이도 쫓아가고자 합니다."

내가 대답했다.

"신선이 사는 땅[仙境]은 만나기가 어렵고, 사람의 일[人事]은 어긋나기가 쉽다 했습니다. 공사로 바빠서 한가한 날이 거의 없습니다."

그러자 민 군이 다음과 같이 말했다.

"옛사람이 이르기를 공무를 다 마친다는 것은 어리석은 일입니다. 마치 관사(관청일)를 다 완료하길 기다린다면 어찌 어리석은 일이 아니겠습니까?"

마침내 결심하고 계획을 세웠다.

김치가 몇 사람과 함께 말을 타고 제주성을 나선 것은 4월 초파일, 내리던 비가 그치고 바람이 곱고 상큼한 날이었다.

신선이 사는 신령스런 산

이후에도 수많은 사람들이 한라산을 올랐다. 헌종 7년(1841) 윤3월부터 2년에 걸쳐 제주 목사로 재임했던 이원조李源祚도 한라산을 오른 뒤에 〈유한라산기遊漢挐山記〉를 남겼다.

신선가神仙家에서는 한라산을 신령스러운 곳이라 여겨서 두루 널리 알려진 기이한 전설들을 이 산에 갖다 붙인다.

　이 산을 유람하고 싶은 사람은 반드시 날씨를 두고 점을 쳐야 한다. 점을 치지 않으면 구름 장막이 정상을 덮어 볼 수가 없다고 한다. 비록 점을 쳤다고 하더라도 수시로 골짜기의 안개가 솟아 순식간에 산을 가려 버린다고 한다. 신기한 것을 좋아하는 이들이 말하기를 '점을 쳐 보면 신선과 인연이 있는지 없는지를 안다'고 했다. 신선이란 본디 없는 것인데, 어찌 인연을 내세워 영험이 있으리오.

　(산이) 지나치게 높으면 오르기가 꺼려지고 너무 멀리 있으면 힘든 것이 이치일진대, 하기가 쉽지 않은 유람을 하면서 최적의 날씨를 만나게 됨은 큰 행운일 것이다.

　이원조의 글을 보면 관아 망경루에서 잠을 자고 바라본 한라산은 그리 높게 보이지 않았는데, 오를수록 한라산이 점점 더 높아지더라는 것이었다. "이미 탐라의 바다를 건너왔는데도 한라산을 보지 못하면 이는 일부러 보지 않으려고 의도하는 거나 다름없다"라고 생각한 이원조는 날씨 점도 치지 않고 추분이 지난 다음 날, 하인들과 제주 선비 몇몇을 데리고 한라산 유람에 나섰다.

　정상까지 거리가 얼마 남질 않았는데, 남쪽으로는 막혀 있고, 서쪽으로는 환하게 트여 있는 산의 어깻죽지에 해당하는 곳에 도착했다. 멀리 섬들이 바둑돌처럼 있고, 가까이로는 오름들이 겹겹이 물결치듯 했다. 아득히 희미하게 보이는 것들이 가까이 다가와 붙고, 답답하게 오므라들었던 것들이 시원스레 펼쳐졌다. (…)

드디어 가마를 재촉하여 백록담에 도착했다. 백록담은 정상에 있으나 사면이 벽으로 둘러싸여 있으며, 남북은 높고 동서는 조금 낮다. (…)

산꼭대기에 물이 있음은 물의 본성이 아니다. 가장 높은 곳이 움푹 패어 있는 것은 음양陰陽이 서로 근본을 이루는 오묘함이라. 고로 백두산 천지나 태백산의 황지가 모두 이와 같음이라.

'가마를 재촉하여' 정상에 오른 이원조의 한라산 유람은 가마를 멘 하인들에겐 무엇이었을지 궁금해지는 대목이다. 스스로 한 발 한 발 걸어 올라가 바라본 풍경만이 온전히 자신의 것이 된다.

신령한 분화구 백록담

한라산 정상에 있는 분화구인 백록담은 동서(장축)가 600미터, 둘레가 1720미터쯤 된다. 본래는 화산이 폭발한 분화구다. 이익이《성호사설》에서 "지금 바닷가에 둘러 있는 산과 제주 지방에는 사슴이 많이 있는데, 다 잡아도 이듬해가 되면 여전히 번식하니 바다의 물고기가 변해서 사슴이 되는 것이 아니고 무엇이겠는가?"라고 기록한 것을 보면 제주도, 특히 백록담에는 사슴이 많았음을 알 수 있다.

백록담 둘레에는 기암괴석들이 병풍을 친 듯 둘려 있으며 그 사이로 눈향나무와 구상나무, 철쭉 등이 우거져 숲을 이루고 있다. 또한 군데군데 진달래 꽃밭이 넓게 펼쳐져 있다. 연못이 높은 곳에 있는 까닭에 쌓인 눈이 오랫동안 남아 이듬해 5월에도 온통 은세계를 이룬다. 이를 일컬어 영주십이경瀛州十二景의 하나인 녹담만설鹿潭晩雪이라고 한다.

백록담에는 예부터 전해 오는 여러 이야기가 있다. 첫 번째 얘기는 이렇다. 예전에 어떤 무사가 무리에서 떨어진 사슴 한 마리를 쏘아 죽였다. 조금 있더니 흰 사슴을 탄 사람이 나타나 모든 사슴을 모으듯 휘파람을 한 번 불자, 갑자기 모두 사라져 보이지 않게 되었다는 이야기이다.

두 번째 이야기는 다음과 같다.

하늘에서 내려온 신선들은 백록담과 그 언저리 산의 아름다운 곳을 찾아 놀고 있었다. 그런데 백록담에는 선녀들도 내려와서 그 깨끗한 물에 목욕을 하고 놀다가 때가 되면 하늘로 올라갔다. 그러한 사실을 알게 된 한 신선이 목욕하는 선녀를 보고자 했다. 어느 날 그 신선은 다른 신선들이 다 산 아래로 목욕하러 떠난 뒤 혼자서 외따로 떨어져 바위틈에서 목욕하는 선녀를 몰래 훔쳐보았다. 한참 목욕을 하던 선녀가 인기척에 놀라 그만 소리를 지르고 말았다. 그 바람에 옥황상제가 놀랐고, 하늘나라에서는 큰 소동이 벌어졌다. 이 사실을 알게 된 신선은 겁을 먹고 산 아래쪽으로 도망쳐 뛰어내렸는데, 그 자리가 움푹 들어가서 용진각이 되었다. 신선이 옥황상제의 진노를 피하려고 급히 산 아래로 뛰어내린 자리마다 깊게 패서 계곡이 되었고 그곳이 바로 탐라계곡이다.

백록담을 두고 쓴 옛 문인들의 글이 많다. 다음은 조선 후기 이곳 제주도에 유배를 왔던 신명규申命圭가 지은 글이다.

한라산 돈내코 코스

돈내코 쪽에서 오르는 한라산 남쪽 코스로 해발 1700미터 이상은 키가 큰 나무가 없고
희귀식물이 빼곡하게 자라고 있다.

백록담의 물이 태류하여 여기에 이르러 떨어져 폭포가 되었다. 그 높이가 수십 척으로 된 세 계단의 폭포가 있어 장관을 이루고 있구나. 비단결과 같은 기려한 청류와 넓은 돌로 된 연지淵池의 영통하면서 기괴하고 현란하면서 요조함과 연지의 좌우에 깎아지른 푸른 절벽과 깊은 계곡 사이에 평포平鋪된 청적색의 광석은 그 어느 것이나 특이하고 아름답고 유수한 풍치 아닌 것이 없구나. 또 연의 서안을 보자면 봄에는 철쭉꽃과 영산홍이 피고, 겨울에는 춘백과 두견화가 난만하여 폭포와 푸른 파도 사이에 은영隱映하니 마치 붉은 휘장을 두른 듯하다. 가을에는 수만 가지의 나무에 단풍이 들어 또한 청파에 비치니 그 아름다움이 진실로 천하의 절경이라.

다음은 이원조의 〈백록담〉이다.

> 신선이 신령스러운 물을 마시는
> 못은 높은 정상에 있으니
> 자잘한 한나라의 이슬 쟁반은
> 그 크기가 겨우 손바닥만 하여라

〈향수〉의 시인 정지용도 이곳을 찾아와 시 〈백록담〉을 지었다.

절정에 가까울수록 뺙국채 꽃키가 점점 소모된다. 한마루 오르면 허리가 슬어지고 다시 한마루 우에서 목아지가 없고, 나종에는 얼골만 갸옷 내다본다.
(…)

귀신도 쓸쓸하여 살지 않는 한모롱이, 도체비꽃이 낮에도 혼자 무서워 파랗
게 질린다.

(…)

나의 얼골에 한나잘 포긴 백록담은 쓸쓸하다. 나는 깨다 졸다 기도조차 잊었
더니라.

고려 목종 때 화산재를 뿜었던 한라산

그렇다면 현재 휴화산休火山인 한라산은 언제 폭발했을까?

6월에 산이 바다 가운데서 솟아났다. 산에는 네 구멍이 뚫리고 붉은 물이 닷
새 동안 솟아 나오다가 그쳤다. 그 물은 모두 돌기와가 되었다.

《고려사절요》목종 5년(1002) 6월의 기록이다. 용암이 제주의 여러 곳
에서 솟구쳐 나왔음을 말하는 것인데, 그로부터 5년이 지난 목종 10년에
탐라에서 다음과 같은 보고가 올라왔다고《고려사절요》는 기록하고 있다.

탐라가 아뢰기를, "상서로운 산이 바다 가운데서 솟아 나왔습니다" 하자 태
학박사 전공지田拱之를 보내어 알아보게 했다. 탐라 사람이 말하기를 "산이
처음 솟아 나올 때는 구름과 안개가 끼어 어두컴컴하고 땅이 움직여 우렛소리
가 나는 듯하더니, 무릇 이레 만에 비로소 구름과 안개가 걷혔습니다. 산의 높

이가 100여 장丈이나 되고 둘레는 40여 리나 되며, 풀과 나무는 없고 연기가 산 위에 덮여 있었습니다. 이를 바라보면 석류황石硫黃과 같아 사람들이 두려워 감히 가까이 갈 수가 없었습니다" 했다. 전공지가 몸소 그 산 밑에 가서 그 형상을 그림으로 그려다가 바쳤다.

《고려사절요》의 기록에 의하면 고려 때까지도 제주도 부근에서는 화산 운동이 그치지 않았음을 알 수 있다. 요즘도 지진과 화산으로 전 세계가 깜짝깜짝 놀라는 것을 보면 우리가 누리고 있는 평화와 안식이 얼마나 소중한 것인지를 새삼 깨닫는다.

두 번의 화산 폭발로 많은 사람들이 희생되었지만, 이곳에 터를 잡고 살았던 사람들은 제주도를 떠나지 못했다. 화산 폭발이 있을 때마다 지역의 크고 작은 동굴로 몸을 피하거나 잠시 테우(제주의 배)를 타고 바다로 대피했다.

여름 제주는 온 섬이 시루 속

화산 폭발만 제주도의 재난이 아니었다. 바람과 구름, 시도 때도 없이 끼는 안개로 맑은 날이 그리 흔치 않던 제주도였다. 김상헌의 《남사록南槎錄》에 그 사정이 잘 기록되어 있다.

내가 지방민에게 물으니 "봄과 여름에는 낮에도 안개가 끼면 온 섬이 시루

한라산 용암 출구

한라산에서 흘러내린 용암이 제주의 동북쪽에 있는 만장굴과 김녕사굴을 지나
바다로 가면서 수많은 오름을 빚어냈다.

속에 있는 것과 같아서 지척을 분간할 수 없고, 마주 앉아도 말소리만 들릴 뿐 그 얼굴을 알아볼 수 없습니다" 한다. 내가 9월에 제주에 들어와 정월에 떠났으니 바로 가을과 겨울 아주 맑을 때다. 그러나 5개월 사이에 삼광三光(해, 달, 별)을 볼 수 있었던 것은 겨우 수십 일이다. 이 밖에는 항상 흐리고 맑지 않아서, 비 아니면 눈이 내렸다. 바람은 불지 않는 날이 없었다. 섬사람들은 몹시 가난하여 옷 없는 자가 많은데, 헤진 망석網席이나 도롱이를 입고 겨울 추위를 막는다. 대개 이곳은 북쪽 본토에 비해서 매우 따뜻하다. 이 때문에 서울에서 죄를 짓고 와서 옷이 없어 벌거벗고 지내는 자도 역시 풍속에 따라 추위를 견디는데 이는 궁박하여 어쩔 수 없는 것이다. 또한 제주민들은 꼽추와 온몸에 상처가 나 있는 자가 많은데 이는 분명히 풍토가 나쁘기 때문이다.

18세기 제주도에 살았던 이형상李衡祥의 글을 보면 안개가 끼고 비와 눈이 많이 내리는 날이 그렇게 많지 않았고, 한 달 중에 구름이 덮여 어두운 날은 4~5일에 불과했다고 적고 있다.

작가 마크 트웨인은 에세이 〈뉴잉글랜드의 기후〉에서 "잉글랜드의 봄 날씨가 하루에 몇 번이나 변하나 세어 보았더니 136번이나 되었다"고 했다는데, 제주의 날씨 또한 그에 뒤지지 않는다. 이형상은 한유韓愈의 "한겨울에도 날개를 쳐 혹 움직이고, 한여름에도 혹 두터운 가죽옷을 입는다"는 시를 인용하면서 제주의 날씨가 사람 살기에 적합하지 않음을 피력하고 있다. 재난 많은 이 땅을 포기하지 않고 숙명으로 여기고 살았던 사람들이 제주도민이었다.

설문대할망의 전설이 서린 영실

한라산에서 백록담 다음으로 신령스럽게 생각하는 곳이 바로 영실靈 室이다. 영실은 한라산 정상인 백록담의 남서쪽 산허리에 위치한 골짜기로 해발 약 1600미터 지대에 펼쳐져 있다. 둘레가 약 2킬로미터, 계곡 깊이가 약 350미터, 그리고 1200여 개의 기암으로 둘러싸인 골짜기로 한라산을 대표하는 절경이다.

하늘을 찌를 듯 솟아난 돌기둥들과 절벽 사이를 흐르는 물소리, 각종 새소리와 절벽의 허리를 두르고 있는 안개가 심산유곡의 극치를 이룬다. 웅장한 대자연의 아름다움을 보여 주는 곳이 영실이다. 절벽의 동쪽에 500여 개가 넘는 형형색색의 모양을 한 돌기둥들이 울창한 수목 사이에 마치 장군들이 도열한 것 같기도 하고, 나한들이 선 것 같기도 하다. 그래서 오백나한五百羅漢, 오백장군 또는 영실기암이라고도 부른다.

절벽의 서쪽에는 1200여 개의 바위기둥이 한데 붙어 있다. 그 모습이 장삼을 입은 불상들이 마주 보고 서 있는 같다고 '병풍바위'라고 부른다. 골짜기의 웅장한 모습이 석가여래가 제자들에게《법화경》을 설법하던 영산靈山과 닮았다고 해서 영실동이라고 불린다. 이곳 영실에 재미있는 설화가 전해져 온다.

옛날에 설문대할망이 500명의 아들을 데리고 한라산에서 살고 있었다. 그런데 식구가 워낙 많다 보니 그날그날 구걸을 해 와야만 끼니를 마련할 수가 있었다. 하루는 아들들이 늦도록 돌아오지 않았다. 할망은 아들들을 먹일 죽을 큰 가마솥에 끓이다가 잘못하여 가마솥에 빠져 죽게 된다.

한라산에서 본 오름 풍경

제주의 동북부에 해당하는 구좌읍 일대는 오름 천국이다. 특히 한라산에서 오름을 보면
한라산의 자식들이 하나둘씩 모여 있는 것처럼 보인다.

돈내코에서 올라 본 한라산

한라산은 주변 식생을 보호하기 위해 등산로 휴식년제를 시행한다.
희귀식물을 보호하기 위해 등산로도 좁게 냈다.

구걸한 쌀을 짊어지고 늦게야 돌아온 아들들은 배가 고파 어머니를 찾을 겨를도 없이 허겁지겁 죽을 떠먹었다. 그날따라 죽 맛이 좋다고 생각하면서 정신없이 먹고 있는데, 늦게 온 막내아들이 어머니의 행방을 찾았다. 그러다 가마솥을 죽젓개로 젓자 어머니가 그 안에 빠져 죽어 있는 것이 보였다.

그 사실을 알게 된 막내아들은 크게 서러워하다 무심하게도 어머니가 빠져 죽은 죽을 먹은 형들을 원망하며 도망쳤다. 그러고는 고산 앞바다 차귀도 앞에 가서 어머니를 그리워하다가 그만 바위가 되어 버렸고, 499명의 형제는 그 자리(영실)에서 그대로 굳어져 바위가 되고 말았다고 한다.

지금도 이곳에서 큰 소리를 지르면 삽시간에 구름이 덮이고 안개가 끼어 앞을 찾지 못하게 될 뿐만 아니라 심하면 비가 온다. 이는 설문대할망이 성이 나서 그런다고 한다.

이곳 영실을 두고 김의정 金義正이 시 한 편을 남겼다.

　　장군 오백이 우뚝우뚝 서 있어서

　　평범하지 아니한 뛰어나고 우뚝한 기이한 형상

　　위세는 꾸민 창을 군영 두레에 세워 놓은 듯

　　모양은 적진으로 나가는 병사 갑옷 입은 듯

　　조화옹이 신령한 기교로 도끼질을 하였으니

　　위세에 눌려 바다 도적의 배 멀리 피해 갔네

　　변괴가 자주 일어 구름 비 일어나니

　　그네들 이곳에 오면 모두 입을 다문다네

꿈에 본 한라산

'낫 놓고 기역자도 모른다', '등잔 밑이 어둡다'는 속담처럼 제주에 살면서도 한라산을 바라만 보고 오르지 않는 사람들이 의외로 많다. 항상 마음으로만 그리던 한라산을 꿈에서 오르며 만난 여인에 대한 글을 남긴 사람이 조선 선조 때 문신인 조성립趙誠立이다. 선조 37년(1604)에 구황어사로 제주에 와서 수많은 굶주린 사람들을 구했으며 그가 쓴〈객사동헌기客舍東軒〉는 명문으로 남았다. 조성립의 글은 몽환적이면서도 가슴을 설레게 하는데《증보탐라지》에 실려 있다.

꿈에 내가 한라산 정상에 도착했는데, 갑자기 몸이 가볍게 들려지는 느낌이 들고 나는 듯 걸음걸이로 휘청거리니 종들이 따라오지 못했다. 나 혼자서 혈봉穴峰(한라산 정상의 솥오름) 위를 돌아다니는데 잠깐 사이에 흰 구름이 바위 밑에서 일어나면서 앞뒤를 휘감아 돌아갈 길을 잃고 말았다. 정신이 피로하고 기운이 나른하여 바위에 기대어 앉았는데, 갑자기 화관을 쓰고 보석 띠를 찬 어떤 아름다운 여인이 사뿐하게 앞에 와서 환한 모습으로 절을 하며 말하기를, "옛 님께서는 별고 없으셨습니까" 했다.

나는 깜짝 놀라 일어나 답례를 하고는, "반평생 속세의 나그네로서 요행히 선구仙區(신선이 사는 세계)를 밟아 구경을 하면서도 은근히 두려웠는데, 지금 옛날의 님이라는 말씀을 들으니 매우 의심이 듭니다. 원컨대, 한 말씀 해 주시어 풀어 주십시오" 했다.

그 여인이 웃으며 말하기를, "번뇌가 이미 고질이 되어 전생의 인연도 알아

샛별 오름

제주시 서남쪽에 위치한 샛별오름은 멀리서 보면 작은 산처럼 둥그렇다.

들꽃과 한라산

창천리 쪽에서 바라본 한라산이다. 옆으로 길게 늘어선 한라산 백록담이 모자처럼 솟아 있다.

보지 못하는군요. 지금 여러 말씀 마시고 당장 부용성 안에서 옛날처럼 구경이나 하시지요. 상청군上淸君께서 그대가 수만 명의 목숨을 건졌다는 것을 들으시고 첩帖을 보내어 감사를 드리고, 향소반과 구슬 몇 개를 드리라고 명하셨습니다" 했다.

드디어 소매 속에서 맑은 구슬을 찾아 꺼내는데, 붉은 배와 같은 것이 아홉 개, 백옥 같은 것이 세 개였다. 그걸 주면서 "그대로 하여금 이 복을 다 누린 후에 옛집으로 돌아가시도록 하였습니다" 했다.

주고받을 때 그녀의 손톱을 보니 옥과 같은데 길이가 한 치 남짓했다. 나는 평소 등에 부스럼을 앓았다. 내가 꼭 한 번 긁어 달라고 했더니 여인은 기꺼이 따라 주었다. 깊었던 병이 완전히 나았고, 갑자기 날개를 달고 신선이 된 것 같아 함께 어울려 한가롭게 지내다가 잠깐 사이에 손을 들어 작별을 고하고 떠나가니 구름과 안개가 따라 펼쳐졌다. 사방을 둘러보아도 아무도 없고 다만 검은 학이 보이는데 '까르륵' 길게 울면서 서쪽으로 날아갔다. 급히 소매 속의 구슬을 더듬어 보았으나 사라졌고 등 위에 긁힌 자국만 지금도 어제와 같으니, 아! 이상하도다. 그래서 한 절구를 읊어 산을 구경한 자취를 남기노라.

부용성芙蓉城 속 꽃밭에서 헤어지니

상전桑田이 동해東海 되도록 몇 번이나 물결이 뒤집혔나

이번에 선녀를 영주瀛洲 길에서 만나

등에는 선녀의 손톱에 긁힌 자국만 남았네

한라산을 노래한 문학 작품

"푸른 바다는 넓고 넓어 아득한데, 한라산은 그 위에 떠 있네. 흰 사슴 과 신선이 기다리는 이제야 그 상봉에 올랐네." 조선 영조 때 사람으로 영 조 43년(1767) 제주로 유배를 왔다가 해배되자 한라산에 올랐던 임관주 任觀周의 시다.

현중식 玄重植은 시 〈한라산〉에서 진시황의 신하였던 서불의 행적과 한라산의 높고 숭고함을 묘사하고 있다.

> 서씨 徐氏는 먼 옛날 이 산그늘을 일찍 지나갔고
> 오랜 세월토록 흰 구름 높이 떠 홀로 한가로운데
> 오르고 또 올라 그 숭엄한 정상에 다다르면
> 지척 은하수를 앉아서 어루만지겠구나

광해군 10년(1618) 허균 許筠을 비롯한 대북파들의 주도로 인목대비 를 폐하려는 논의가 일어나자 이에 반대하는 상소를 올렸다가 제주도에 유배된 이익의 시를 보자.

> 영주산 제일봉에 홀로 서 있으니
> 하늘을 보고 바다를 바라보니 아득하여 형용키 어렵네
> 성역에서 황홀히 놀다가 앞뒤를 보니
> 동산에 올라보고 노나라가 작다는 것을 이제 믿겠네

어찌 문학 작품뿐일까? "하루 종일 부르다가 봐도/부를 노래 수없이 있다/한라산이 내 집이 되면/부를 노래 다 불러 볼까" 제주도 사람들이 불렀던 〈노동요勞動謠〉에도 한라산은 빠질 수 없다. 제주도 사람들은 '한라산이 닳고 닳아서 한 칸의 집이 될 때쯤이야 노래를 다 부를 수 있을 것이다'라고 여겼다.

이 땅에 살면서 부른 노래도 애달프지만 경복궁 중수 때 부역으로 끌려갔던 제주도 사람들이 부른 노래 중 〈산천초목〉은 재미있으면서도 슬프기 그지없다. "흰 눈은 왜 내리나/한라산 선녀들이/춤을 추며 내려온다"고 부른 노래는 타향에 내리는 눈을 한라산의 선녀로 미화하며 고향인 제주도를 그리워한 것이었다.

이은상의 시 〈한라산 기도〉를 보자.

천지의 대주재大主宰시여
나는 지금 두 팔을 들고
당신이 내리시는 뜻을
받들려 하나이다
아끼지 마시옵소서
자비하신 말씀을
(…)

그는 또 기행문에서 "아름답다. 신비하다. 저 한라산. 저 제주도. 뉘가 여기 이 같은 절해운도絶海雲濤 속에 한덩이의 땅을 던져 해중선부海中

仙府를 만드셨나" 하고 감탄했다.

시인 신석정도 〈백록담〉에서 "한라산 백록담 구름에 묻혀/마소랑 꽃이 랑 오래 살고파"라고 노래했다.

3

바람이 많은 제주도

삼다삼무의 섬

돌이 많고, 바람이 많고, 여자가 많다

한라산을 지붕 삼아 펼쳐져 있는 제주도를 일컬어 '삼다삼무三多三無의 섬'이라고 한다. 제주도는 특히 돌이 많고, 바람이 많고, 여자가 많다고 해서 '삼다의 섬'이라고 불렸다. 그 세 가지가 다 등장하는 제주 민요가 있다.

오름의 돌과 지세어멍은
굴러다니다가도 살 도리 난다
남의 첩과 소나무 바람은
소리 나도 살 도리 없다
번듯번듯 반하꽃은
하루 피어 없어나 진다

정절이 곧고 착실하게 집안일을 잘하는 본처 '지세어멍'은 '오름', 곧 한라산의 기생화산에 놓인 돌에, 실속 없는 '첩'은 세찬 바람에다 비유한 노래다. 즉, 오름에 아무렇게나 놓인 돌은 지세어멍과 같고 소나무에 부는 바람은 첩과 같다는 것이다.

삼다도라 불리는 제주에는 대문이 없고, 거지가 없고, 도둑이 없다고 해서 '삼무의 섬'으로도 불린다. 제주 목사로 왔던 이형상은 《남환박물 南宦博物》을 썼는데, 여기서 '남환'이란 '남쪽 벼슬아치', '제주 목사'란 뜻이다. 그럼 '제주 목사 박물지'를 보자.

마을과 도로에는 도둑이 없다. 우마나 농기구, 곡물 등을 들에 방치하여도 집어 가는 것을 한 번도 보지 못하였다. 혹 벽을 뚫고 담장을 넘는 자가 있어서 잡히면 백성들은 그를 가히 죽일 것으로 생각하고, 자기 역시 스스로 반드시 죽게 됨을 안다.

제주도에 도둑이 없는 데는 사면이 다 바다로 둘러싸인 섬이라는 특수성도 한몫했을 것이다. 어느 시인은 제주도의 바람을 다음과 같이 노래했다.

바람은 방향도 없고 그 방향은 몇백 번이나 바뀐다. 그 비바람은 제주도의 하늘과 바다, 그리고 제주도 자체를 무엇보다도 사나운 짐승으로 만든다.

활짝 개는 날이 적고 바람이 많은 제주도를 일컬어 '꽃은 3월에 피나 봄바람은 4월에 분다'는 말도 있다. 이는 중부 지방보다 약 20일쯤 봄이 빨리 오기 때문에 3월 초부터 꽃이 피지만 날씨가 음산하기 때문에 4월이 되어야 완연한 봄을 느낄 수 있다는 말이다.

조난 사고가 많았던 제주 해협

한반도와 제주 사이에는 제주 해협이 있다. 배들이 현대화되기 전에는 수많은 조난 사고가 일어났다. 고려시대는 말할 것도 없고, 조선시대에도 제주를 오가던 배들에 일어난 크고 작은 해난 사고가 30여 건이 넘는다.

이렇듯 바람 잘 날이 별로 없는 제주로 가는 길은 멀고도 멀었다. 이원진李元鎭의 《탐라지耽羅志》에 실린 뱃사공을 보자.

배의 크고 작음에 따라 약간의 세금을 걷는다. 진상 공물을 싣고 운행할 때는 순서를 정해 배를 보낸다. 명목은 비록 사선私船이지만, 실제로는 관선官船과 같으므로 결꾼을 정해진 대로 지급한다. 관선은 경쾌선輕快船 한 척이 있을 뿐이므로 말을 실을 때는 본도에서 연해로 배를 따로 보내 싣는 순서를 정한다. 왕래할 때 남양에서 불어오는 세찬 바람인 구풍颶風을 만나거나 암초에 부딪쳐 빠져 죽는 사람도 많으니 민망하고 측은하다. 뱃사람에게 명하여 예비로 별도의 배를 준비시켜 배가 부서져 생기는 환란에 대비하게 한다. 혼탈피모渾脫皮毛를 가지고 가거나 표주박을 끈으로 묶고 미숫가루와 떡을 지니고 있다. 혹시라도 불행한 일이 있을 때는 혼탈피모를 두르고, 표주박을 안고, 미숫가루와 떡으로 식량을 삼는다면 간혹 살아나는 사람이 있을 것이다.

이 얼마나 가슴 아린 이야긴가. 그렇듯 제주 해협을 건너서 오가는 뱃사람들의 생生은 풍전등화와 같았다. 삶과 죽음이 언제나 순간 속에 교차하는 곳이 바로 제주도였다.

중종 9년(1514)에도 "유구국 사람 7명이 표류하여 제주에 이르렀다. 정조사 오세한吳世翰에게 넘겨주어 데리고 가 천자에게 아뢰었다"고 《대동야승大東野乘》〈역대요람歷代要覽〉에 실려 있다. 그 당시 바다에서 표류하는 일이 많았기 때문에 표류선이 도착하면 나라와 나라 간에 관례가 있어 서로 도움을 주고받았다.

유구국의 왕자가 떠밀려 도착한 제주도

이중환의 《택리지》에도 표류에 대한 글이 있다.

인조 때 왜국이 유구국을 공격하여 왕을 잡아갔다. 유구국 세자는 나라의 보물을 배에 싣고 가서 바치고 아버지를 구하고자 했다. 그런데 배가 바람에 떠밀려 제주에 도착했다. 당시에 제주 목사가 배에 실은 보물이 무엇인지 묻자 세자가 주천석酒泉石과 만산장漫山帳이라 답하였다. 주천석이라는 것은 모난 돌덩어리로 복판이 움푹한데 여기에 맑은 물을 담으면 맛좋은 술로 변한다. 만산장은 거미줄을 약물에 담갔다가 짠 것이다. 작게 펼치면 한 칸을 덮을 수 있고, 크게 펼치면 아무리 큰 산을 덮어도 빗물이 새지 않는다 하니 참으로 훌륭한 보배였다.

제주마방목지

제주도는 제주말의 혈통 보존과 관리를 위해 제주마방목지를 운영하고 있는데,
동절기에는 제주시 해안동에 마련된 방목장에서 겨울을 나고,
하절기에는 5·16도로변에 조성된 제주마방목지에서 여름을 보낸다.

제주 목사가 그 보물을 달라고 청했으나 유구국 세자는 허락하지 않았다. 이에 목사는 군사를 보내 잡으려 하였다. 세자는 주천석과 만산장을 바다에 던져 버렸다. 제주 목사가 배 안에 있는 물건을 몰수하고서 곤장을 쳐서 세자를 죽였다. 세자는 죽기에 앞서 종이와 붓을 청해 율시 한 수를 적었다.

걸왕 옷 입은 자에게는 요임금의 말씀 밝히기 어렵다
형을 당하는 몸이 어느 여가에 하늘에 호소하랴
세 아들이 순장될 때 누가 속죄했던가
두 아들이 배를 탔을 때도 착하지 못한 자에게 해를 당했다
모래밭에 백골을 버려두리니 엉킬 풀이나 있을 뿐
고국에 혼이 돌아간들 조문할 친척도 없어라
죽서루 아래에 도도히 흐르는 물은
원한을 분명히 실어 만년 봄을 두고 오열하리

목사는 세자를 죽인 뒤 국경을 침범한 외적이라고 조정에 무고했다. 그 후에 사건이 탄로 났으나 간신히 죽음을 면했다. 유구국의 태자와 달리 제주도에서 육지로 나가던 길에 표류해서 중국으로 떠밀려 가는 일이 비일비재했다.

제주 돌담

돌과 바람이 많은 제주도는 농작물을 보호하기 위해 밭에도 돌담을 쌓아 놓았다.

《표해록》의 산실 제주도

그중 대표적 인물이 조선 전기 문신인 최부崔溥다. 나주에서 태어난 최부의 본관은 탐진耽津, 자는 연연淵淵이며 호는 금남錦南으로 김종직의 문인이었다. 성종 9년(1478) 성균관에 들어가 문명을 떨쳤고, 김굉필金宏弼 등 동학들과 함께 수학했다. 성종 13년 친시문과에 을과로 급제한 그는 여러 벼슬을 거쳐 성종 16년 서거정徐居正 등과《동국통감東國通鑑》편찬에 참여했다.

홍문관 교리로 임명되고 사가독서한 최부는 성종 18년 제주 삼읍의 추쇄경차관推刷敬差官으로 임명되어 제주로 갔다. 추쇄경차관은 도망친 노비를 잡아들이는 벼슬이다. 임기 중 제주에서 아버지가 돌아가셨다는 소식을 듣고 일행 42명과 함께 배를 타고 고향으로 가던 중 초도에 이르러 폭풍을 만나 서쪽으로 표류하기 시작했다. 14일 만에 명나라의 태주부台州府 임해현臨海縣에 닿아서 6개월 동안 온갖 시련을 겪은 뒤 북경을 거쳐 조선으로 돌아왔다.

최부가 귀국하자 성종은 8000리 길을 거쳐 온 중국 땅에서 경험한 견문을 기술하여 바치도록 명했다. 명에 따라 최부는 남대문 밖에서 8일간 머무르면서 견문을 기술하여《금남표해록錦南漂海錄》3권을 완성했다. 다음은 최부가 지은《표해록》중 일부분이다.

사명을 띠고 제주에 갔다 돌아오는데, 배는 크지만 실은 물건은 없으므로 약간의 돌덩어리를 실어 배가 동요되지 않게 하였다. 표류하여 대양大洋 가운데 이르러서는 새끼로 돌을 달아서 임시 닻을 만들었다.

(…)

대양 가운데 표류해 들어가자 뱃사람들이 모두 말하기를 "일찍이 듣건대 해룡海龍이 심히 탐욕스러우므로 행장에 있는 물건을 던져서 빌자" 하며 다투어 옷과 돈과 양식 등을 검색하여 바다에 던졌다.

최부 일행이 망망대해에 표류해 있을 때 광경이《표해록》에 다음과 같이 서술되어 있다.

큰 바다 가운데서 성난 파도가 마치 산과 같았다. 높아질 때는 청천에 솟아나는 것 같고, 내려갈 때는 심연深淵에 빠져 들어가는 것 같았다. 달아났다가 쫓아오고 부딪치고 뛰어오르는 소리는 천지를 찢을 듯하여 문득 큰 비바람을 만나면 하늘을 흔들고 바다를 두드려 돛대나 자리가 전부 부서졌다. (…)

대양 중에 있으면서 배 가운데는 물이 없어 갈증이 심하고, 혹 건미乾味(마른고기나 과일 등속)를 자근자근 씹기도 하며 또 오줌을 움켜 마시기도 하였다.

최부는《표해록》을 완성한 즉시 고향으로 달려가서 아버지의 여막을 지키다가 또다시 모친상을 당하여 다시 삼년상을 지냈다. 그는 중국에서 배워 온 수차水車 제도를 관개灌漑에 응용하는 시도도 했고, 또 질정관質正官으로서 명나라에 다녀왔다.

《표해록》은 우리나라만 아니라 일본에서도 널리 읽혔다. 에도시대에 여러 판본과 사본이 통용되었으며, 일본어 번역본까지 나왔는데《당토행

정기唐土行程記》라는 이름으로 영조 45년(1769)에 간행된 바 있다.

여인국의 실체는 무엇인가

브라질 아마존강 밀림에 여인만이 사는 나라 '아마조네스'가 있다는 전설이 있었다. 제주도 근처에도 여인들만이 사는 나라가 있다고 전해져 왔다. 효종 4년(1653)경 네덜란드 선원 마튜스 에이보켄이 조선에 표류했다. 그가 남긴 견문록에 '여인국'이 나온다. 조선에는 여인들만 사는 지방이 있어 욕정을 일으키면 발을 남풍이 부는 쪽을 향해 벌린다. 그렇게만 하면 남풍이 몸에 들어가 임신을 한다 했다. 조선에 여자들만 사는 '여인국'이 있다는 것이다. 그 당시 조선의 섬 지방에는 여인국이 실재한다고 믿었던 사람들이 많았다.

영조 46년(1770) 10월 지금의 제주시 애월읍 출신인 장한철張漢喆이라는 사람이 서울로 과거를 보러 가다가 표류했다. 그는 유구국과 중국해를 전전하다가 이듬해에야 돌아왔다. 그때 겪은 이야기를《표해록》에 남겼다. 이 기록에 의하면 장한철은 망망대해에서 풍향만 바뀌면 당황하는 뱃사람들에게 '어쩌면 여인국에 닿을지도 모른다'고 하면서 그들을 달랬다고 한다.

장한철 일행이 완도에 있는 신지도에 딸린 어떤 외딴섬에 도착해 표류 중에 조난된 21명을 제사 지내고 섬 둔덕에 있는 용왕당에 치성을 드리러 갔다. 그때 일을 다음과 같이 기록했다.

제주 해녀상

제주도에서 돌과 바람과 함께 많은 것이 바로 여자다.
제주에 여자가 많을 때는 남자의 세 배에 이르기까지 하여
거지들도 처첩을 거느릴 정도였다 한다.

101

한 노파가 나를 맞아 당집 안방으로 인도하면서 귀한 손님이니 대접을 하겠다고 했다. 조금 있으니 소복 차림의 미녀가 술상을 들고 와서 술을 권하는 것이었다. 섬 풍속이 무례하기는 하나 순박한 인심이 마음에 들었다. 술을 마시면서 그 미녀를 곁눈질로 보니 꼭 어디선가 본 일이 있는 사람만 같았다. 곰곰이 생각하니 조난당하여 까무러쳤을 때 꿈에서 음식을 권하던 바로 그 여자였다. 이상한 일이 아닐 수 없었다.

이날 밤 나는 당촌에 가서 그녀의 집 안에 뛰어들었다. 산골짝의 맑은 달이 창을 비추고 있어 방 안이 환하다. 그녀는 이불을 덮고 누워 있다가 앉는다. 혹은 수줍어하며 교태를 보이기도 하고, 혹은 짐짓 노한 체하며 마구 욕설을 한다. 그러나 잠자리에서 서로 기쁨을 나눔에 미쳐서는 마음이 혼곤히 흐뭇해져 성내어 꾸짖던 소리는 뚝 끊어진 지 오래다.

남해 지방 섬에서는 남자들이 바다에 나가서 돌아오지 않는 것이 다반사였다. 그러므로 섬마다 청상과부들은 많았고 남자는 귀했으니 뭍에서 귀한 손님이 오면 첩이나 딸들을 시숙侍宿시키는 풍습이 섬에 그대로 남아 있었던 것이다. 그러므로 제주도를 비롯한 다도해의 섬들을 다녀간 이방인들은 남자는 보이지 않고 여자들만 농사를 짓고 바다 일을 하는 것을 보고 '여인국'이라는 나라로 곡해했을지도 모른다.

하멜이 표류한 제주도

조선시대에 우리나라로 표류해 왔다가 귀화한 사람이 있다. 네덜란드인 박연朴淵(朴燕)이다. 본명은 얀 얀스 벨테브레Jan Janse Weltevree로 홀란디아호 선원으로 아시아에 들어왔다. 인조 3년(1627) 우베르케르크호로 바꿔 타고 일본 나가사키를 향해 가던 중 태풍에 밀려 제주도 해안에 닿았다. 그는 동료인 히아베르츠와 피에테르츠와 함께 식수를 구하러 해안에 상륙했다가 관헌에게 붙잡혀 서울로 호송되었다.

이들 세 명의 네덜란드인은 훈련도감에 배속되어 무기를 제조하는 일을 담당했다. 병자호란이 발발하자 출전했는데 박연을 제외한 두 사람은 전투에서 전사하고 말았다. 그 뒤 박연은 포로가 된 왜인들을 감시, 통솔하면서 명나라에서 들어온 홍이포紅夷砲의 제조, 조작법을 조선 군인들에게 지도했다.

박연의 뒤를 이어 헨드릭 하멜Hendrik Hamel이 조선에 왔다. 효종 4년(1653) 하멜 일행이 제주도에 표착했을 때 박연이 제주도로 내려가 통역을 맡았고 그들을 서울로 호송하는 임무를 담당했다. 하멜이 훈련도감에 소속되자 그를 감독하며 조선 풍속을 가르쳤다.

박연은 조선 여자와 결혼해 1남 1녀를 두었으며 고향으로 돌아가지 못하고 조선에서 여생을 마쳤다. 오랜 세월이 흐른 뒤에 박연의 고향 네덜란드 암스테르담 북쪽에 그를 기리는 기념비가 세워졌다.

하멜이 타이완에서 인도 총독과 평의회 의원들의 지시를 받고 일본으로 가려고 항해에 나선 것은 1653년 7월 30일이었다. 출발하자마자 태풍이 불어 닥쳐 표류하기 시작했다. 망망대해를 헤매다가 배가 산산조각 나서 제주도 용머리 해안에 내린 8월 16일 새벽을 하멜은《하멜표류기》에 다음과 같이 기록하고 있다.

몸을 움직일 수 있는 사람들은 해안을 따라 걸으며 다른 생존자가 있는지 찾으며 소리쳐 불렀다. 난파선에서 최종적으로 살아남은 사람은 36명이 되었지만 대부분 심하게 다친 상태였다. 한 사람이 커다란 갑판 보 사이에 끼어 있어서 난파선에서 구출했으나 3시간 만에 죽고 말았다. 그의 몸은 심하게 뭉개져 있었다. 우리는 낙담하여 서로를 보았다. 그 아름답던 배는 산산조각 나고 선원 64명 중 불과 36명만이 살아남았다. 이 모든 일이 일어나는 데 채 15분도 걸리지 않았다.

하멜 일행은 일본인들을 만나고 싶어했다. 그래야만 배를 다시 주조하거나 수리하여 본국으로 돌아갈 수 있었기 때문이다. 그러나 기대와 달리 그곳에 도착한 사람들은 그들이 처음 보는 조선인이었다. 8월 18일 정오 무렵, 군졸과 기병 1000~2000명이 몰려와 텐트를 포위했다. 그들은 서기와 일등 항해사, 이등 갑판장 등을 연행했다. 당시 제주 목사였던 이원진의《탐라지》는 하멜 일행의 제주 표류를 다음과 같이 전한다.

본도의 남쪽 앞바다에 배 한 척이 난파하여 좌초하였습니다. 대정 현감 권극중과 판관 노정으로 하여금 군사를 거느리고 현장에 나가 진상을 조사하게 했으나 어느 나라 사람인지 알 수 없었습니다. 바다 가운데서 뒤집힌 이 배의 선

하멜 기념비

한국과 네덜란드는 1980년 10월 12일 양국의 우호 증진을 위해
당시 하멜의 난파 상륙 지점으로 추정되는 서귀포시 안덕면 사계리 산방산 해안 언덕에
하멜 기념비를 건립했다.

용머리 해안

작은 해수욕장과 절벽이 둘러싸고 있는 용머리 해안의 측면이다.
2003년 하멜 일행이 탄 네덜란드 무역선 스페르웨르호가 표착한 지 350주년을 기념하여
용머리 해안에 하멜 상선 전시관을 개관했다.

우도 산호사 해변

멀리 성산일출봉이 보이는 산호사 해변은 우도의 명물로 하얀 모래 해변과
하루에도 몇 번씩 변하는 바다 색깔이 특히 아름답다.

원 중 생존자는 38명인데, 그들은 알아들을 수 없는 말과 처음 보는 문자를 사용하고 있었습니다. 배에 싣고 있던 화물 중에는 약재, 녹비 등 많은 물건이 있습니다. 그중에는 목향 94포包, 용뇌 4항缸, 녹비 2만 7000장도 들어 있었습니다.

이 사람들은 눈이 파랗고 코가 높으며 머리는 노랗고 수염은 짧게 기르고 있는데, 개중에는 아랫수염을 깎고 윗수염만 남긴 사람도 있었습니다. 이들이 입은 상의는 길어서 허벅다리까지 내려가는데, 옆으로 여미게 되어 있으며 소매는 짧은 편이었습니다. 한편 그들은 주름 잡힌 하의를 입고 있는데, 치마와 비슷하게 생겼습니다. 왜어倭語를 사용하는 사람을 시켜서 물으니 모두 다 '야야'라고 대답하였습니다. 우리나라를 가리키면서 물으니 '고오'라고 하였고, 본도를 가리키면서 물으니 '고또'라고 했습니다. 중원을 가리키면서 물으니 더러는 '따밍(대명)'이라고 했습니다. 서북을 가리키면서 물으니 '타타르'라고, 동쪽을 가리키면서 물으니 '야빵(일본)'이라고 하기도 하고 '나가사키'라고도 했습니다. 계속하여 가고자 하는 지역을 물으니 '나가사키'라고 했습니다.

하멜 일행이 여러 가지 조사를 받고 대정현청으로 옮긴 것은 8월 21일 정오 무렵이었다. 말을 탈 수 있는 사람에게는 말이 주어졌고, 부상 때문에 말을 탈 수 없는 사람은 병마절도사의 명령으로 담가擔架(들것)에 태워졌다.

하멜 일행은 조정의 부름으로 박연과 함께 서울에 도착했다. 박연은 조정에 "틀림없이 만인이다"라고 보고했고 이들을 금군에 편입시켰다. 대체로 화포를 잘 쏘았으며 그들 중에는 코로 퉁소를 부는 자도 있었고, 발을 흔들며 춤을 추는 자도 있었다.

효종 7년(1656) 하멜 일행은 서울에서 내려와 여수에 정착했다. 그리고 조선에 도착한 지 14년 만인 현종 7년(1666) 9월 5일 이들은 탈출을 시도해 16명 중 하멜을 포함한 8명이 성공했다. 탈출에 성공한 이들은 9월 8일 나가사키에 도착했다고 한다. 이후 나머지 8명도 모두 석방되어 본국으로 돌아갔다. 서귀포시에는 하멜이 타고 왔던 상선 스페르웨르호를 재현한 하멜 상선 전시관이 있다.

4

육지와 매우 다른 제주도의 풍속

신들의 고향

풍속은 별나고 백성은 기쁘면 사람이요 성내면 짐승이다

육지와 멀리 떨어져 있는 제주도는 육지와 다른 풍속들이 많다. 어디를 가든 돌하르방과 집안의 안녕을 비는 미륵불을 만날 수 있다.

마을의 경계나 지세가 허한 곳에 세운 방사탑防邪塔(답, 거욱대)도 자주 눈에 띄는데 특히 중산간 마을이나 바닷가에서 흔히 볼 수 있다. 육지의 솟대나 장승 역할을 하는 방사탑은 대부분 원형으로 쌓은 돌무더기 탑이다. 탑 위에는 자연석, 새 모양의 돌, 동자석, 미륵상 등의 석상을 올리기도 한다. 이호동 골왓마을 방사탑은 돌무더기 위에 새 모양의 십자형 나무 조형물이 꽂혀 있어 '가마구(까마귀)'라고 부른다. 주로 흉조로 알려진 까마귀가 세상의 궂은 것을 모조리 쫓아 버린다고 믿었다 한다. 한경면 용수리의 방사탑은 위에 세운 돌이 매의 부리 모양을 하고 있어 '매조재기'라고 부른다.

육지와는 전혀 다른 제주도의 풍속이 《신증동국여지승람》에 다음과 같이 실려 있다.

113

백성의 풍속이 어리석고 검소하다. 초가가 많고 가난하고 천한 백성들은 부엌과 온돌이 없고 땅바닥에서 자고 거처한다. 남녀가 짚신 신기를 좋아한다. 방아가 없어서 오직 여자가 손으로 나무절구에 찧는다. 등에 나무통을 짊어지고 다니고 머리에 이는 자가 없다. 잘사는 사람은 그렇지 않다. 남자나 여자나 관원을 길에서 만나면 달아나 숨고 남자는 길옆에 엎드린다. 촌백성의 말이 난삽하여 먼저는 높고 뒤는 낮다. 상사喪事를 마친 지 100일이면 복을 벗고 밭머리를 조금 파고 무덤을 만든다. 간혹 삼년상을 치르는 자도 있다. 풍속이 풍수지리와 점을 쓰지 않고 부처의 법도 쓰지 않는다.

그런데 김상헌은 제주도 사람들을 어리석다고 여기지 않았다. 《남사록》에 실린 글을 보자.

내가 지방민을 보니 겉으로는 어리석고 민첩하지 못한 듯하나 속으로는 간교한 지혜가 많다. 일찍이 자신들의 곤란하고 딱한 처지와 수령에게 본받을 바가 없다는 사실을 말하는데 일일이 꿰뚫어서 매우 조리가 있었다. 또한 의리義理를 들어 가며 사람을 감동시켜 경청하게 하니 전연 경솔하여 주의가 부족한 부류들이 아니다.

유학자의 눈에 비친 제주는 육지의 풍습과 달라 마치 이역異域에 온 것처럼 여겨졌을 것이다. 《신증동국여지승람》에 실린 제주의 풍속이 다음과 같이 이어진다.

풍속이 음사淫祀를 숭상하여 산과 숲, 내와 못, 높고 낮은 언덕, 나무와 돌에 모두 신의 제사를 베푼다. 매년 정월 초하루부터 보름날까지 남녀 무당이 신의 깃발을 함께 받들고 경을 읽고 귀신 쫓는 놀이를 한다. 징과 북이 앞에서 인도하며 동네를 나왔다 들어갔다 하면서 다투어 재물과 곡식을 내어 제사한다. 또 2월 초하룻날 귀덕歸德과 김녕金寧 등지에서는 나무 장대 열둘을 세워 신을 맞아 제사를 지낸다. 애월포涯月浦에 사는 자는 나무 등걸 형상이 말머리 같은 것을 얻어서 채색 비단으로 꾸며 말이 뛰는 놀이를 하여 신을 즐겁게 하다가 보름날이 되면 파하는데 그것을 연등燃燈이라고 한다. 이 달에는 배 타는 것을 금한다. 또 봄가을로 남녀가 광양당廣壤堂과 차귀당遮歸堂에 무리로 모여서 술과 고기를 갖추어 신에게 제사한다. 또 그 땅에 뱀과 독사, 지네가 많은데 만일 회색 뱀을 보면 차귀遮歸의 신이라 하여 죽이지 말라고 한다.

오래 사는 사람이 많다. 지방 사람들이 질병이 적고 일찍 죽는 사람이 없으며 나이 팔구십 세에 이르는 사람이 많다.

날이 항상 따뜻해서 봄과 여름에는 운무가 자욱하게 끼고 가을과 겨울이 되면 날이 맑게 갠다. 초목과 곤충이 겨울을 지나도 죽지 않으며 폭풍이 자주 인다.

산에는 사나운 짐승이 없다. 호랑이와 표범, 곰, 승냥이, 이리 등 사람을 해치는 동물이 없고 또 여우와 토끼, 부엉이, 까치 등속이 없다.

산과 바다가 험악하여 그물을 쓰지 못한다. 고기는 낚고, 짐승은 쏜다.

유배객들은 물론이고 벼슬아치들도 부임하기를 싫어했던 제주도에 도착해서 육지와는 전혀 다른 여러 풍속을 보고 얼마나 신기했겠는가.

고려 문종 12년(1058)에 문하성은 왕에게 "탐라는 땅이 척박하고, 백성이 가난하여 오직 목도질로 생활을 영위하고 있습니다"라고 보고했다. 또한 정이오는 박덕공을 임지로 보내면서 다음과 같은 글을 건넸다.

제주도의 풍속이 야만적이며 거리도 먼데다가 성주星主, 왕자王子, 토호土 豪 등 강한 자가 다투어 평민을 차지하고 사역使役을 시켰다. 그것을 인록人 祿이라 하여 백성을 학대하여 욕심을 채우니 다스리기 어렵기로 소문이 났다.

조선 전기까지만 하더라도 제주도 토박이들의 삶은 말이 아니었다. 척박한 땅 제주의 백성들은 가난했다. 이곳에 부임한 대다수의 관리는 오로지 백성들을 수탈의 대상으로만 보았다. 게다가 험한 바다가 놓여 있으니 벼슬을 주어도 가고자 하는 사람이 별로 없었다. 조선 전기 문신 이자 문장가인 권근權近이 목사로 부임하는 이원항李元恒을 보내며 쓴 글을 보자.

탐라는 바다 가운데 있는데, 신라 때부터 해마다 조공을 바쳤으므로 우리의 부속국이 되었다. 고려에 와서 제주목을 두었는데 국가가 그대로 인습하였으 며, 반드시 정신 중 문무의 재략이 있고 위혜威惠가 드러난 자를 가려 목사로 삼았으니 이는 왕화王化를 펴고 회유懷綏를 넓히려 하기 때문이었다. 그러나 바람을 타고 가는 바다 길은 끝없이 아득한 데다가 예측할 수 없이 위험한 파 도를 수백 리를 헤치고 건너야 되며, 그곳에 이르면 풍속은 별나고 군졸은 사 납고 백성은 어리석어서 기쁘면 사람이요 성내면 짐승이어서 제어하기가 어렵 다. 또한 향국鄕國이 멀며 친척과도 이별하고, 소식도 끊기며 사자使者는 흔히 몇 달 뒤에야 한 번 이르게 되므로, 여기에 목사로 나가게 된 자가 대부분 병을 핑계하여 모면한다.

그런 까닭에 조정에서도 제주 목사 자리를 중히 여기지 않았던 모양이다. 《남환박물》에 실린 이형상이 조정에 올린 장계를 보자.

매번 저와 같은 노열한 이를 충원하여 보내었으니 자취가 거의 없고, 말이 막혀 뜻은 있더라도 토해 내지 못하고 구차히 임기만 채웠던 것입니다. 간혹 한두 번 아뢰게 되면 묘당廟堂(의정부)에서 복계할 적에 혹 외람되거나 황잡스럽다고 하여 언제나 막았기 때문에, 청한 바를 얻지 못하고 적잖이 비웃음 당하기에 이르렀습니다. 비록 어리석은 자라도 그 몸을 아끼는 것이니 누가 즐겨 백성들을 위하고 자기를 상해하려고 하겠습니까?

제주목에 자청해 오는 사람은 드물었고 와도 대부분 탐학을 일삼거나 몸만 보신하다가 떠나는 것이 상례였다.

부모가 죽어도 장사를 지내지 않았다

부모가 죽으면 장사를 지내지 않은 것이 제주의 풍속이었다고 한다. 그 풍속을 바꾼 사람이 조선 전기 문신 기건奇虔이다. 그는 평생 전복을 먹지 않았다. 사람들이 그 까닭을 기건에게 묻자 "일찍이 제주 목사가 되어 백성들이 전복을 따느라 괴로워하는 것을 보았기 때문에 차마 먹을 수 없다"고 했다. 이정구李廷龜의 《월사집月沙集》에는 기건에 대한 다음과 같은 일화가 전한다.

제주의 옛 풍속은 부모를 장사 지내지 않고 죽으면 곧 시신을 골짜기에 버렸다. 공이 부임하기 전에 먼저 고을에 단단히 일러 관곽棺槨을 갖추고 염습하여 장사를 지내도록 가르쳤으니 제주 사람이 그 부모를 장사 지내는 것은 공으로부터 시작되었다. 이에 온 고을이 탄복하고 교화가 크게 전해졌다. 하루는 공이 꿈을 꾸니 300여 명이 뜰아래에 절하고, 머리를 조아리며 사례하기를 "공의 은덕으로 시체가 내버려지는 액운을 면할 수 있었는데 은혜를 갚을 것이 없습니다. 공은 금년에 어진 손자를 보실 것입니다" 했다. 그때까지 공의 세 아들이 자식이 없었는데 과연 그해에 공의 아들 장령掌令(휘는 축軸)이 아들 찬贊을 낳아서 후에 벼슬이 응교에 이르렀다.

제주도 토박이들이 질병에 강하고 요절하는 일 없이 팔구십까지 사는 이유가 《여지도서興地圖書》에 다음과 같이 실려 있다.

제주는 비록 무더운 지방이라고 하지만 한라산 북쪽에 있다. 그러므로 남쪽 바다의 약한 기운은 한라산에 막혀 버린다. 태풍이 많이 불지만 북쪽에서 밀려오는 차고 서늘한 기운이 또한 습한 열기를 몰아 흩어지게 하므로 오래 사는 사람이 많은 것이다. 그러나 한라산의 남쪽은 한라산의 북쪽만 못하다.

돌담과 무덤

제주도는 묘를 쓰고 돌담을 쳐 시신이 들짐승들에게 훼손되는 것을 막았다.
돌담의 높이는 약 1미터 정도다.

남자를 기다렸던 제주도 여자

제주도에서는 야생화처럼 질기고 강인한 생명력이 아니면 그 무엇도 생을 이어나갈 수 없었다. 그토록 혹독한 자연 환경 속에서도 이어진 제주의 역사와 문화에 제주 여자들이 있었다. '삼다의 섬' 제주도 여자들은 무척 부지런하다. '초사흗날까지 바느질하면 솔치(독한 침을 가진 고기)에게 쏘인다', '초닷새 안에 빨래하면 한 해 동안 빨래만 한다'는 속신은 어쩌면 그런 제주 여인들을 위해 만들어진 것일지도 모르겠다. 이수광의 《지봉유설》에 실린 '제주도 여자'를 보자.

　　탐라는 멀리 떨어진 바다 가운데 있다. 주민들은 바다를 집으로 삼아 고기 잡고 해초 캐는 것으로 생업을 삼는다. 해마다 풍랑에 떠내려가거나 물에 빠져 죽는 일이 많아서 매장되는 남자는 드물다. 그러므로 남자는 적고 여자는 많다. 이런 이유로 수십 명의 아내를 거느린 남편도 있다. 비록 매우 가난한 남자일지라도 최소한 아내가 열 명은 된다. 그 아내가 항상 힘껏 일하여 그 남편을 먹여 살린다.

원래부터 그런 풍속이 있지는 않았을 것이다. 바다와 인접한 제주의 특성상 남자가 귀하다 보니 그렇게 된 것이다. 임제는 바다로 남자를 보내며 사는 제주 여인의 이야기를 〈영랑곡迎郎曲〉과 〈송랑곡送郎曲〉에 담았는데 이에 대해 《지봉유설》은 다음과 같이 적고 있다.

제주 시골의 궁벽진 곳에 사는 여자들은 배우자가 있는 이가 드물다. 매년 3월
에 원병援兵이 들어갈 때가 되면 여자들이 곱게 단장하고 술을 가지고 별도포
別刀浦(화북)에서 기다리다가 군사에게 술을 권하고 서로 가깝게 된 뒤에 자기
집에 데리고 가서 같이 지낸다. 8월이 되어 방어의 임무를 마치고 돌아가면 울
며 따라와 전송한다. 자순子順 임제가 〈영랑곡〉과 〈송랑곡〉을 지어 그 일을 갖
추어 기록하고 있다.

임제가 제주도를 향해 떠난 것은 선조 10년(1577)으로 그의 나이 스물
여덟이었다. 제주 목사인 부친을 보고자 제주도에 들어왔다가 약 4개월
간 머물면서 제주도의 명승지와 유적지를 여행했다. 그때 쓴 일기체의 기
행문이 바로 〈남명소승〉이다. 〈남명소승〉은 지금도 당시 제주도를 이해하
는 데 중요한 역할을 하고 있다. 임제는 제주도에 도착하자마자 기묘사화
때 희생당한 김정의 자취부터 찾았다. 조천관에서 기생들과 놀이판을 벌
이고, 제주의 이곳저곳을 샅샅이 누볐다.

산에는 짐승이 있고 들에는 가축이 있어 무리지어 다니므로 농사를 지으려
면 돌담을 쌓아 울타리를 둘러야 한다. (…)
침실에는 온돌이 없다. 아무리 형편없는 남자라도 8~9명의 여자를 거느린
다. 여자는 치마를 입지 않고 노끈을 꼬아 허리에 두르고 헝겊을 앞뒤에 달아
음부를 가렸다. 통나무를 파내어 통을 만들어 등에 지고 다니며 물을 긷는데,
나무를 하거나 물을 짊어진 사람들은 모두 아낙네다. (…)
귀양 와 있는 신장령 申長岺이란 사람이 원래 역관이었는데, 그의 말에 따르

면 "이곳의 발음은 중국과 흡사하다. 소나 말을 모는 소리는 더욱 구분할 수 없을 정도다" 한다. (…)

과실은 귤과 유자 종류가 많은데 9종이 있다. 그중 금귤을 색이나 맛 모두 제일로 친다.

제주도에서는 이성 교제가 자유로웠다. '남녀칠세부동석'이라는 유교의 남녀유별의 관습도 육지에서나 통용되던 이야기였다. 같은 마을에서 혼인하는 경우도 많았다. 이혼율이 높았으며 그런 연유로 재혼율도 높았다. 특이한 점은 남편과 사별하면 여자가 재혼을 하지 않지만 이혼을 하면 여자의 재혼 비율이 높아진다는 것이다. 그 이유는 남편이 사망해도 어느 정도 토지만 있으면 혼자 사는 데 그리 어려움이 없었기 때문이다. 이혼을 하게 되면 시가 쪽에서는 물론 친정으로부터도 재산을 상속받지 못했다.

방아 노래 원성처럼 들리네

《표해록》에서 최부는 제주 바다의 풍경을 다음과 같이 사실적으로 묘사한다.

제주의 바다는 색깔이 몹시 푸르며 성질이 난폭하고 급하다. 적은 바람에도 물결이 물결 위에 올라오는데, 물결이 격해져서 치고 휘돌아 가며 급히 솟구치

제주 아낙네

제주도 여자들의 등에는 항상 망태기 아니면 물구덕이 지어 있었다.
평평한 길이 드물고 돌이 많아 길을 가다 넘어질 위험이 있으므로
앞을 확인하기 위해 대부분 등짐을 이용했다.

기도 하고 평평히 흘러가기도 하는 것이 이보다 심함이 없었다. 흑산도의 서쪽
도 또한 같다.

제주는 큰 바다 가운데 있어서 파도가 흉포하여 사람이 많이 빠져 죽는다.
그러므로 여염집에는 여자가 남자의 세 배나 되며, 부모된 사람은 여자를 낳으
면 반드시 말하기를 "나에게 효도할 놈이다" 하고, 아들을 낳으면 누구나 말하
기를 "내 자식이 아니요, 고래의 밥이라" 하였다.

여자는 많고 남자는 귀한 제주에서는 노역을 모두 여자에게 시켰다. 두
세 명 혹은 네댓이 함께 맷돌을 돌리거나 방아를 찧으며 노래를 불렀는데
그 모습이 매우 슬프고 가락 또한 심금을 울렸다.
《탐라지》에 의하면 그 풍속이 시작된 것은 원나라 때부터라고 한다.

본도가 원나라에 예속되었던 시절에 남자들이 많이 징발되어 간 뒤 끝내 돌
아오지 않았다. 그 뒤부터 여성들의 원한이 방아를 찧을 때 노래에 나타나기
시작했는데, 그 음조가 슬프기 그지없다. 연자매 찧는 소리도 역시 그와 비슷
하다.

동계桐溪 정온鄭蘊 역시 제주도에 유배 와서 보고 들은 것을 기록으
로 남겼다. 그중에 제주도 아낙들이 노동하며 불렀던 노래를 두고 지은
시 〈촌녀저가村女杵歌〉를 보자.

이 지방엔 방아는 없어도

제주감귤 농장

제주감귤은 무공해로 씨가 없으며 손으로 껍질을 벗기기가 쉽고,
그 맛 또한 매우 달콤하고 새콤하다.

마을 아낙네 절굿공이를 안고 노래 부르네

높고 낮음이 가락이 있는 것 같고

끊일락 이을락 서로 조화를 이루네

모름지기 그 뜻을 알아듣고자 하여

자주 들으니 점점 귀에 익네

처량하게 새벽달에 잠 못 이루어

나그네 귀밑머리 먼저 세는구나

절구를 찧으며 노래 부르는 제주 여인네들을 보면서 유배된 자신의 처지를 노래한 정온의 뒤를 이어서 제주도로 유배를 왔던 이건도 〈제주풍토기〉에 그와 비슷한 글을 실었다.

여인들이 절구를 찧을 때는 여럿이 모여 힘을 합하고 모두 노래를 부른다. 수십 말의 곡식을 능히 장만할 수 있으나 그 노랫소리가 슬프고 처량해 들을 수가 없다.

조관빈趙觀彬 역시 제주도 유배객이었다. 정미환국으로 이광좌李光佐가 영의정으로 복직되자 비판하다가 유배되었다. 조관빈의 적소는 대정읍 북문에 있던 김호의 집이었다. 조관빈은 제주의 이색적인 삶의 풍경을 〈탐라잡영 耽羅雜詠〉 22수로 남겼는데 그중 14번째 시를 보자.

시골 아낙 옷자락은 여미지 않아 몸을 드러내고

126

멀리서 샘물 길어 허벅지고 가는구나

처첩 한집안 살이 괴로운데

날 저물어 방아 노래 원성처럼 들리네

시골 아낙들이 앞자락을 여미지 않아 가슴이 드러나는 것은 수십 년 전
까지만 해도 육지 어디에서나 볼 수 있는 모습이었다. 하지만 샘물을 허
벅으로 지고 가는 풍경은 낯설기만 했을 것이다.

제주도 사람들이 부르는 노래 중 〈밧발리는 소리(밭 밟는 노래)〉가 있다.

마당같이 밭이랑 밟아 모종일랑 세우고

조 나무도 한 자나 되게

조 이삭도 한 자나 되게

무쇠 열매 열어 주오

어령 어령 어려려 돌돌돌

제주의 흙은 차지지 않은 가루 흙이라서 푸석푸석하다. 게다가 바람까
지 잦아 뿌린 조의 씨앗을 흙으로 덮었다고 해서 싹이 나는 것이 아니었
다. 뿌린 씨앗이 그냥 하늘을 보고 드러나 있으면 온갖 새들이 쪼아 먹고,
바람에 날아가 버리므로 마소를 몰아 밭을 탄탄하게 다지며 부르는 노래
가 그 노래였다. 이 '밭밟기(밧발리기)'는 이형상의 《남환박물》에서도 찾
을 수 있다.

흙의 성질이 푸석푸석하고 건조하다. 밭을 개간하려면 반드시 소나 말을 몰아서 밟아 줘야 한다. 계속하여 2~3년을 경작하면 곡식 이삭에 열매가 맺히지 않으므로 부득이 또 새로운 밭을 개간해야 하는데 공은 배나 들지만 거둬들이는 것은 많지 않다.

제주 민요의 대분을 노동요가 차지할 만큼 제주의 생활환경은 척박했다. 놀이를 즐길 겨를이 없었으므로 일이 놀이였고 놀이가 바로 일이었을 텐데, 《신증동국여지승람》에 실린 '조리희照里戲'라는 제주 놀이는 그래서 흥미롭다. 기록에 따르면 매년 8월 15일이면 남녀가 함께 모여 노래하고 춤추며 나누어 좌대左隊와 우대右隊를 만들어 큰 동아줄의 두 끝을 잡아당기어 승부를 결정짓는 놀이가 조리희다. 놀이 진행 중에 만일 동아줄의 중간이 끊어져서 두 분대가 땅에 자빠지면 구경하는 사람들이 크게 웃었다고 한다. 같은 날 그네뛰기와 닭 잡는 놀이도 했다.

삼촌, 폭삭 속았수다

옛사람의 시에 "돌담과 판잣집은 백성 사는 곳이 궁벽하고, 다른 옷과 다른 말소리는 손[客]된 사람의 근심이로다" 했을 정도로 제주어는 낯선 것이었다. 김정金淨의 〈제주풍토록濟州風土錄〉에 다음과 같은 말이 나온다.

물구덕과 물허벅 그리고 물팡돌

물이 귀했던 제주도에서는 식수를 대부분 여자들이 물허벅으로 길어 물구덕에 담아
등에 지어 날랐다. 그리고 그것을 내려놓기 편리하게 부엌 앞에 물팡돌을 설치했다.
제주인의 삶이 그대로 함축된 물건들이다.

이곳 사람들의 말소리는 가늘고 날카로워 마치 침으로 같이 찌르는 것과 같다. 또 알아들을 수도 없었는데 산 지 오래되니 자연히 능히 통하게 되었다.

《지지地誌》에 의하면 제주 말에는 특이한 소리가 많아서 서울〔京〕을 '셔나〔西那〕'라 하고, 숲〔藪〕을 '고지高之' 혹은 '곶〔苑〕'이라 하며 오름〔岳〕을 '오롬〔兀音〕', 손톱〔爪〕을 '콥〔蹄〕', 입〔口〕을 '굴레〔勒〕', 풀로 만든 만굴레〔草羈〕를 '녹대祿大'라 하고, 쇠로 만든 '재갈〔鐵銜〕'을 '가달加達'이라 한다.

《여지도서》에 실린 다음과 같은 제주 풍속에서 제주어의 특이성에 대한 단서를 찾기도 한다.

제주도는 남해에 있는 섬 중 가장 큰 섬이며 육지와 멀리 떨어져 있다. 교통이 불편한 관계로 옛날부터 교화의 보급이 육지에 비하여 뒤떨어져 있기 때문에 고대의 풍속이 그대로 많이 남아 있다. 자세히 살펴보면 함경도 풍속과도 비슷한 점이 많다. 이것은 원나라의 병정이 주둔했던 때 원의 풍속이 전해진 것으로 여겨진다.

이형상도 《남환박물》에 제주어에 대한 인상을 남겼다.

관인官人이 말로는 대개 서울의 말과 같다고 하였으나 자기들이 주고받는 말 가운데 전혀 이해하여 알아들을 수 없는 것이 있다. 시골 여자들이 관문에 고소하는 것은 재두루미 같기도 하고 바늘로 찌르는 소리 같기도 하여 더욱 알 수가 없다. 그래서 반드시 서리들로 하여금 번역하게 한 뒤에야 그 말을 알 수 있었다. 풍속이 중국과 더불어 떨어져 있지 않아서 그런 것인가? 원나라 목자들이 서로 섞여서 전해 온 풍습 때문에 그런 것인가?

《여지도서》와 이형상의 글을 보면 제주어는 제주도의 파란만장한 역사와 함께 중국이나 일본, 몽골의 영향 아래 살았던 시절과도 연관 있음을 알 수가 있다.

제주도를 두고 '언어학의 보물 창고'라고 부르는 것은 이 지역에 사라진 옛말과 독특한 조어가 많기 때문이다. 예를 들어 지새그릇(질그릇), 지새집(기와집), 비바리(처녀), 독새기(돌멩이), 가우리(지렁이), 오로(두더지), 덕세기(멍석), 베염고장(봉선화), 밥주리(참새), 풋자리(작은 매미), 물새(잠자리), 게염지(개미), 쟁이(호박), 수눌음(품앗이), 솟덕(부뚜막), 돗궹이(회오리바람), 황고지(무지개), 입바위(입술), 바릇(바다), 보제기(어부) 등과 같은 단어가 그렇다.

육지에서 온 사람들이 제주에 와서 듣고 황당해 하는 말이 '속다'이다. 속다는 '욕보다', '수고하다'라는 뜻의 제주 말인데 말의 어휘상 그 말을 들으면 느닷없이 '왜 속았다고 하는가?' 하고 생각하게 된다. 오래전 조선의 아홉 대로 중 한 곳인 '관동대로' 촬영 차 방문했던 삼척에서도 그런 말을 들었다. 촬영이 다 끝나자 그곳 사람들이 "폭삭 속았수다" 하는 것이었다. 즉, "수고하셨습니다"라는 말인데, 강원도 삼척 부근에서도 흔히 쓰는 말이라고 한다. 해녀들이 삼척으로 전복을 따러 갔다가 육지 남자와 살게 되면서 옮긴 말이 아닌가 싶다.

제주 어머니들이 자식들에게 입버릇처럼 쓰는 말도 육지와 생판 다르다. 제주 어머니들은 홈생이 말라(어리광부리지 말라), 춤람생이질 말라(경솔하게 나서지 말라), 간세 말라(게으르지 마라), 느링테진 말라(느림보가 되지 말라), 요망진 체 말라(꾀부리며 잘난 척하지 말라), 거들락거리지 말라(거만하지 마라), 놈의 모심 아프게 하지 말라(남의 마음 아프게 하지 말라), 경해서 하는 일들이 펜찮아진다(그렇게 해야 하는 일들이 편안히 잘 된다)고 말한다.

제주의 언어 풍속 중 또 낯선 것이 '삼촌'의 쓰임새다.

가족장지 매입에 대한 의논을 끝내고 이 이야기 저 이야기 한담을 즐기고 있는데 불현듯 순이順伊 삼촌 생각이 났다. (…) 촌수는 멀어도 서너 집 건너 이웃에 살아서 큰집과는 서로 기제사에 왕래할 정도로 각별한 사이였던 것이다. 그래서 길수 형과 나는 어려서부터 그분을 삼촌이라고 부르면서 무척 따랐다(고향에서는 촌수 따지기 어려운 먼 친척 어른을 남녀 구별 없이 흔히 삼촌이라고 불러 가까이 지내는 풍습이 있다). 어서 삼촌을 찾아뵙고 인사를 드려야 할 텐데. 더구나 삼촌은 일 년 가까이 서울 우리 집에 올라와 밥을 해주며 고생하다가 불과 두 달 전에 내려오셨는데 그동안 어떻게 지내고 계신지 퍽 궁금했다.

제주 4·3항쟁을 세상에 알린 현기영의 〈순이 삼촌〉의 한 단락이다. 소설은 제목처럼 먼 이웃 여자 친척인 '순이 삼촌'의 이야기다. 제주도 사람들은 촌수를 복잡하게 따지지 않는다. 육지 사람들은 숙부, 숙모, 외숙부, 외숙모, 고모, 고모부, 이모, 이모부라고 각기 부르지만, 제주도 사람들은 모두 '삼촌'이라고 부른다. 외가나 친가를 막론하고 아버지나 어머니와

올레 1코스 오름

제주도는 작은 오름에 올라도 사방으로 펼쳐지는 들판과 한라산을 볼 수 있다.

같은 항렬이면 남녀를 구분하지도 않고 모두 '삼촌'이다. 꼭 남녀를 구분해야 할 경우에만 '여자 삼촌'이나 '예편 삼촌'이라고 부른다.

방이왕과 쉐왕은 필수

나라 곳곳을 돌아다니다 보면 지역마다 집의 구조가 조금씩 다르다는 것을 알 수 있다. 그중 가장 특이한 것이 제주도의 집이다. 제주도의 옛집들을 보면 대부분이 긴 네모꼴이고, 살림채로 쓰는 안채는 하나나 둘이다. 거기에다가 절구를 놓고 방아아를 찧는 방이왕(헛간)과 쉐왕(외양간)을 두고 있다.

제주 민가는 대부분 초가였다. 바람 많은 제주도의 초가지붕은 새(띠)를 이용해 집줄을 꼬아 지붕을 정井자 모양으로 단단히 얽어맸다. 이익의 《성호사설》 "여가오량閭家五梁"을 보면 제주 가옥에 관한 글이 있다.

내가 이민환李民寏의 《책중기柵中記》(청나라 건주 견문록)를 상고하니 "청나라 풍속이 원래 이와 같은데, 그 집은 모두 여와女瓦로 덮고 기둥은 땅에 박으며 앞면은 꼭 남향으로 하며 네 벽은 벽돌로 쌓는다. 동쪽, 서쪽, 남쪽에는 모두 큰 문을 내고 벽 밑에는 모두 긴 구들을 꾸민다. 칸막이가 없이 주복主僕과 남녀가 섞여 잔다. 군졸의 집은 대개 짚으로 이고 그 위에 흙을 덮었는데 그 제도는 모두 같다" 했다. 이는 필시 그들이 중국을 점령한 뒤에 풍속을 일변하여 그렇게 한 것인 듯하다.

초가집과 통개

제주 말로 항아리를 통개라 한다. 해안가 용천수 이용이 불편한 마을에서는
비가 올 때 빗물을 통개 속에 받아 정화해 식수 등으로 사용했다.

또 듣자니 "연경 풍속은 기와 대신으로 석회를 쓰는 사람이 많고 처마끝에
물받이를 만들어서 지붕의 물이 모두 한곳으로 내리게 한다"고 하니 과연 그러
한지 모르겠다. 또 "제주 사람들은 집을 모두 오량五梁으로 짓는데, 온돌은 없
고 판목으로 청사를 만들어 짚을 깔고 겨울을 지낸다" 한다. 이는 아마도 원제
元帝가 피신하던 곳으로 명나라 태조가 그들의 지속支屬을 여기고 보내었으
니 그때 끼친 풍속인가?

제주도에서 가장 흔하게 볼 수 있는 집이 살림채 하나에 헛간채를 갖거
나 안채와 헛간이 있는 바깥채로 이루어지는 쌍채형이다. 이러한 구조는
우리나라 전역에서 볼 수 있다.

제주도 사람들이 집을 지을 때는 마을 사람들이 다 동원된다. 저마다
지닌 기량을 가지고 어떤 사람은 담을 쌓고 물을 긷기도 하며, 기둥을 잘
세우는 사람은 기둥을 세운다. 협동 정신을 통해 험난한 세파를 헤쳐 온
제주도 사람들의 슬기로움이다.

또 제주도 사람들은 집을 지을 적에 방위를 따지는데, 그것은 동부자
東富者, 서가난西家難, 남장수南長壽, 북단명北短命이란 속신 때문이
다. 동쪽과 남쪽은 부를 주거나 오래 살게 해 주는 방위이고, 서쪽과 북쪽
은 불길한 방위로 여긴다. 그런 연유로 부엌살림도 아무렇게나 늘어놓지
않았다. 솥은 깨끗한 돌을 골라 부엌 앞문 쪽에 걸고 그 안쪽 끝에 물독을
둔다. 솥을 건 천장에는 '씻부게' 또는 '부게기'라 부르는 씨앗 주머니를
매달아 두었으며, 찬장은 뒷문 쪽에 두었다.

제주에는 결혼한 뒤에는 장남이라도 양친과 한살림을 하지 않는 부자

별거父子別居 풍습이 있다. 이는 독립 생계로 부모와 자식이 같이 살아도 완전히 딴살림을 하며 밥을 따로 해 먹기 때문에 두 가구가 사는 것이나 다름없다. 말 그대로 자력갱생自力更生이다.

제주도 사람들은 남자나 여자 모두 작업복을 풋감물로 염색한 갈옷을 입었다. 옷감을 빳빳하게 풀 먹일 필요도 없고, 일하다가 먼지가 묻으면 입은 채로 목욕을 했다. 갈옷은 통기성이 좋아 건조가 빠르고 더러움도 덜 타 가장 실용적인 옷이었다.

제주도의 중산간 지대에 사는 사람들은 털두루마기, 털벙것(모자), 가죽신으로 겨울을 났다. 따뜻한 바닷가와 달리 한라산 부근은 한대 지방과 같았고 노숙산행露宿山行에 편리했기 때문이다. 이러한 복장은 제주도를 오랫동안 지배했던 몽골의 것이기도 하다.

신이 자리를 비우는 시간, 신구간

1978년 초부터 1980년 10월까지 제주에 2년 반 정도 살면서 가장 특이하게 여겼던 게 한 해 가운데 어떤 일을 하기에 적당한 시기를 명확히 구분해 둔 것이었다. 대개 혼사와 분가는 가을 추수를 마치고 보리 파종이 끝난 겨울철에 했는데 12월부터 이듬해 2월까지가 그 시기다. 정월 하순쯤에는 이사와 집수리를 했다.

'대한大寒 추위에 얼어 죽는 사람이 없다'는 말이 있다. 대한 닷새 뒤부터 입춘 사흘 전까지 일주일 동안을 제주 사람들은 '신구간新舊間'이라고 불렀다. 분가도 대개 이 신구간에 했다. 이사나 집수리를 이 기간에 하게 되면 '동티'가 나지 않는다고 여겼다. 겨울에 혼인해서 부모와 잠시 살다 분가하니 문제가 생길 틈도 없다.

신구간은 집 안에 있는 많은 신들이 하늘의 '옥황상제'가 있는 곳에 올라가 잠깐 자리를 비우는 기간이라고 믿었다. 이들 신이 자리를 비운 사이에 모든 일을 처리해 버리자는 풍습에서 유래했다고 한다. 이러한 풍습이 이어져 제주도에서는 지금도 집을 거래할 때 이 신구간에 하려 한다.

산담을 두른 죽은 사람이 사는 집

제주도 무덤에 관한 속신들이 재미있기도 하고 허황하기도 하다. 어린 아이의 시체를 관에 넣어서 정중하게 매장하거 동남향 양지바른 쪽에 매장하면 다른 자식들도 일찍 죽는다는 속설이 있다. 매장할 때 묘혈을 깊게 파면 차남次男의 자손이 번영하고 남의 분묘 뒤쪽에 매장하면 전자前者의 자손이 불행해진다고 하여 부산附山을 금했다. 사체의 매장은 6일과 16일 그리고 26일은 피했고, 분묘 근처에 나무를 심으면 뿌리가 사체에 침입하여 자손이 해롭다고 여겼다. 묘의 후방에 도로가 있어 사람들이 끊임없이 통행하는 곳이면 자손이 망하고, 이장할 때 관내에서 연기 같은 것이 솟아오르면 자손이 불행해진다고 여겼다. 급류가 흐르는 하천이 보이는 곳에 묘를 쓰면 그 자손이 가난해지고, 가문이 쇠퇴하고 불구인 아들이 생기면 묘를 잘못 써서 그런 화를 입는다고 여겼다.

　제주도에 몇 년간 살면서 신기했던 것 중 하나가 제주도의 장묘 문화였다. 주로 밭머리와 오름에 무덤을 썼다. 특히 오름을 오르다 보면 산 정상이나 둘레, 분화구 부근에 돌담으로 둘러싸인 무덤들이 옹기종기 모여 있는 것을 볼 수 있다. 돌담은 짐승과 바람의 피해를 막아 준다. 제주에서는 무덤을 '산'이라 하니 이를 돌로 두른 담은 '산담'이 된다. 그렇다면 무덤이란 무엇인가?

　무덤은 어원적으로 볼 때 '묻다〔埋〕'라는 동사의 어간 '묻'에 명사화 접미어 '엄'이 맞춤법의 규정에 따라 '무덤'으로 표기된 것이다. '죽〔死〕+엄'이 '주검'으로 표기되는 것과 같은 예인데, 무덤이 언제부터 어떻게 해서 생겨났는지 확실하지는 않다. 다만 무덤이 만들어지게 된 원인에 대한 학자들의 견해는 대개 두 가지다. 하나는 사체를 처리하기 위해서 무덤이 만들어졌다는 것이고, 다른 하나는 죽은 사람을 기념하고 추모하기 위한 형상물이라는 것이다. 사람은 죽으면 바로 부패하기 시작한다. 지위고하를 막론하고 시체가 썩게 되면 악취가 풍기면서 보기에도 흉측하다. 그것을 처리하지 않으면 안 되기 때문에 그 처리 방법의 하나로 무덤이 생겼다는 것이다.

　나라 곳곳의 무덤이 대동소이하나 유독 제주 무덤이 특이한 것은 제주의 자연 환경뿐만 아니라 제주 사람들이 무덤에 바치는 지극정성 때문이다. 제주 사람들은 어디를 가나 흔한 돌로 담을 두르고, 비석을 세우고, 무덤을 단장하는 일을 자손들이 가장 마음 써서 해야 할 일이라고 여겼다. 생활에 여유가 있는 사람뿐만이 아니라 가난한 사람도 명당을 찾아 묘를 쓰고자 했다. 그래서 옛 시절에는 명당을 찾아 묏자리를 옮겨 재산을 탕진한 사람들이 많았다.

제주 사람들은 한식과 청명에는 벌초를 하고 무너진 봉분과 헐어진 돌담을 다시 손질한다. 매년 4월이 되면 시제를 지냈는데, 집안과 문중에서 지내지 않는 5대조 이상의 조상들까지 모신다.

이원진의 《탐라지》에 실린 무덤에 관한 글을 보자.

상사喪事를 마친 지 100일이면 복을 벗고, 밭머리를 조금 파서 무덤을 만든다. 간혹 삼년 풍속은 풍수지리와 복서卜筮(길흉을 점치는 것)를 쓰지 않고, 또 승탑법僧塔法(불교식 매장 법)도 쓰지 않는다.

그런데 세기가 바뀌면서 그 풍속이 변했다. 이형상의 《남환박물》을 보자.

지금은 삼년상을 사람마다 모두 행하고 있다. 풍수지리와 점친 것을 이용하는 사람도 있는데, 해마다 업중業中(지관)이라고 일컬으며 추포麤布 2필씩을 징출하여 상평청常平廳에 회록會錄한다. (…) 밭머리에 분묘를 만드는 것은 지금이나 옛날이나 같다.

제주만이 갖는 독특한 장묘 문화는 자연과 역사, 토속 신앙이 만들어 낸 산물이다.

제주도 무덤

제주도 무덤은 산기슭이나 오름, 들판 곳곳에 널려 있다.
양지바른 곳에 무덤을 쓰는 일이 많았기 때문이다.

초파일에는 바다가 잔잔하길

연못이나 강의 물빛을 보고 풍흉을 점치는 풍습이 있었다. 낙동강의 발원지인 황지에서는 물빛을 보고 나라의 풍흉을 점쳤다. 그런데 제주에서는 특이하게도 정월 초의 날씨로 한 해의 운을 점친다. 음력 정월 초하룻날에 구름이 없이 달빛이 맑게 비치면 사람이 죽지 않고 곡식도 잘되어 풍년이 든다고 믿었다.

제주도 사람들은 날씨에 민감할 수밖에 없었으니 이와 관련한 속설도 많다. 입춘에 바람이 불면 한 해 동안 바람이 많이 분다고 한다. 음력 2월 첫 조금, 곧 간조干潮 때 바다가 잔잔하면 그해에 해산물을 풍성하게 거둘 수 있으며, 스무날에 바다가 잔잔하면 농사가 잘된다고 한다. 음력 3월의 청명에는 날이 좀 어두워야 좋고, 4월 초파일은 바다가 잔잔해야 한 해 농사가 잘된다고 믿었다. 음력 6월 스무날 해 질 무렵 하늘이 구름 한 점 없이 맑으면 풍년이 든다고 점쳤다. 음력 7월 절기가 드는 날에 바다가 잔잔하고 해가 곱게 지면 바람이 적어 농작물이나 모든 가축들이 잘 자란다. 음력 동짓달에 날씨가 따뜻하면 그 이듬해에 병이 많고, 겨울에 눈이 많이 내리면 그다음 해에 시절이 좋다고 여겼다. 또 겨울에 비바람이 불고 천둥이 울면 이름 있는 사람이 죽는다고 했다.

날씨 외에도 여러 가지 방법으로 한 해의 길흉을 점쳤다. 사발밥을 지어 놓고 알아보는 '메점'과 마을 아낙네들이 떡을 쪄서 알아보는 '모둠떡점', 보리를 뽑아 그 뿌리 모양을 보고서 알아보는 '보리뿌리점' 등이 있었다. 이렇게 점을 쳐서 불길한 괘가 나오면 떡을 해서 사람들이 많이 다니는 거리에 버리거나 무당을 불러서 굿을 해야 운수가 좋아진다고 믿었다.

봄이 온다는 입춘에는 '새 철드는 날'이라고 해서 복을 받아들였다. 그날 수염이 많이 난 사람이나 음모가 많이 난 여자들이 오거나 털이 많이 난 짐승을 집 안으로 들이면 밭에 잡풀이 많이 나서 농사를 그르칠 나쁜 징조라고 여겼다. 그래서 입춘에는 여자들이 남의 집에 가는 것을 금기시했다.

제주도에는 다른 지방에서는 볼 수 없는 독특한 속신이 많이 남아 있다. 쥐날[子日]에는 풀을 쑤지도 않고, 점을 치지도 않았으며 지붕도 이지 않았다. 소날[丑日]에는 맷돌질도 하지 않고, 방아도 찧지 않았으며 방망이질은 더욱 금기였다. 방망이질하면 기르는 소에 재앙이 닥친다고 믿었다. 소날에는 결혼식을 하지 않았고, 호랑이날[寅日]에는 제사를 지내지 않았다. 하지만 장례나 결혼은 무방했다. 토끼날[卯日]은 어떤 일이나 잘되는 날이다. 용날[辰日]에는 비가 자주 내리기 때문에 밖에 나가서 하는 어떤 일이건 계획하지 말아야 하고, 뱀날[巳日]에는 어떤 일이거나 되는 일이 없으니 길을 떠나지 않았다. 말날[午日]에는 우물을 파지 않고 지붕도 이지 않는 것이 좋다고 여겼지만 장을 담그는 데는 적당하다고 보았다. 양날[未日]은 대체로 좋은 날이라고 여겼지만 약을 먹지 않는 것이 좋다고 했고, 원숭이날[申日]에는 나무를 자르거나 무엇을 만드는 일을 금했다. 닭날[酉日]에는 바느질을 하지 않았다. 모이게 되면 싸우게 되므로 모이는 일을 삼갔으며 지붕도 이지 않았다. 개날[戌日]은 좋은 날인데 특히 메주를 쑤는 날로 적당하다. 그러나 개날에 개를 잡아먹은 사람이 개를 키우면 개가 죽거나 스스로가 다친다고 여겼다. 돼지날[亥日]에는 돼지를 팔거나 사거나 잡지 말아야 한다.

이렇듯 금기가 많았으니 미신이나 무당이 기승을 부릴 수밖에 없었다. '큰 굿하면 큰 밭 사고, 작은 굿 하면 작은 밭을 산다'는 말이 제주도에 전해지는 이유기도 하다. 고팡(곡간)에다가 조상들의 영혼을 모시고 제사나 명절 때마다 음식을 차려 위한 것은 조상 숭배의 원형이고, 모시는 정도에 따라 신이 도움을 주는 경중輕重이 가려진다고 믿었다. 제주도 사람들은 그처럼 어려운 생활환경 속에서도 제사는 성대하게 지냈다. 그러므로 귀한 곤밥(쌀밥)은 제삿날에나 먹을 수 있었다.

제주도 사람들은 저승으로 못 들어가면 원혼이 잡귀가 된다고 믿었는데, 그 잡귀를 '죽산이'라고 불렀다. 말 그대로 죽었으면서도 산 사람이라는 뜻이다. 죽산이가 제대로 죽지 못하고 자손들에게나 친구들에게 되돌아와 범접하여 재앙을 준다고 믿었다. 그러므로 죽산이가 되지 않도록 큰 굿을 하여 곱게 저승으로 보내고, 죽은 영혼을 위하여 제사를 정중하게 지내야 했다. 《한국민속대백과사전》에는 '죽산이'가 "제주도 지역에서 정상(정낭)에 거처하면서 집안을 보호해 주는 신"이라고 되어 있다. 그 내용을 좀 더 살펴보자.

마을에서 집 안으로 들어오는 가장자리에는 나무나 돌로 만든 정주목, 정주석을 세웠다. 정주목에는 곧은 낭이라는 뜻으로 '정살' 또는 '정낭'을 설치하여 집 안 출입을 제한할 수 있는 대문 역할을 하도록 하였다. 제주도 사람들은 이곳에 집안을 지켜주는 주목, 정살(정낭)의 신神인 '올레신'이 거처하면서 집안 사람을 보호해 준다고 믿었고, 그것을 죽산이라고 하였다. 그리고 굿을 하

약천사 나한

제주도는 민간 신앙이 발달한 곳이다.
그래서 제주도의 사찰에도 민간 신앙을 받아들인 전각들이 남아 있는 경우가 많다.

거나 제사를 지내는 등 일상적이지 않은 음식을 할 때에는 별도로 대접하였다.

영등할망 제주 오신다

우리나라 도처에 세워진 성황당은 성황제를 지내던 사당이다. 제주의 성황당은 원래 한라산에 있었으나 서문 밖으로 옮겨 왔다. 그 성황당 안에 여단厲壇이 있었는데 그곳은 여귀厲鬼들에게 제사를 지내는 사당으로 여단은 반드시 성의 북쪽에 위치하도록 했다.

정약용丁若鏞은《목민심서牧民心書》〈예전〉에서 다음과 같이 '여귀'를 설명한다.

《좌전左傳》에 이르기를 "귀신이 돌아가 의탁할 곳이 있으면 여귀가 되지 않는다. 돌아가 의탁할 곳이 없어 혹 사람에게 해독을 끼치므로 제사를 지낸다" 했다. (…) 옛날에는 오직 후손 없는 귀신만을 '여厲'로 여겨 제사 지냈는데, 후세에는 물에 빠져 죽은 자, 불에 타서 죽은 자, 짓눌려 죽은 자, 형形을 받아 죽은 자를 모두 여로 여겨 제사 지낸다. 그러나 이 귀신들이 반드시 후손이 없는 것이 아니니, 그렇다면 오늘의 '여'는 옛날의 '여'와는 다르다.

그런데도 제사가 이어진 것은 그만큼 이 세상을 살다간 사람 중에 제사를 받지 못하는 불쌍한 귀신들이 많기도 했겠지만, 사후를 위한 일종의 보시나 면죄부라는 생각도 한몫했을 것이다. 제주도에서는 '저승 하루가 이승 1년'이라는 말이 있다. 그것은 저승의 하루가 이승의 1년이니, 정월 초하루 설은 아침이고 단오는 점심, 추석은 저녁이라 그 세 명절에 제사를 잘 지내야 복을 받는다고 믿었다.

제주도 사람들이 믿는 신神들은 제주도 사람들만큼이나 배가 고프고 불쌍하기 때문에 조금만 대접을 소홀히 해도 유독 토라지기를 잘했고 심술을 잘 부리며 화도 잘 냈다. 오히려 신이 없는 게 나았을지도 모르는데, 제주도 사람들은 복을 받기 위해서 신을 받드는 것이 아니라 화를 당하지 않기 위해서 신을 섬겼다고 한다. 제주도 사람들은 그들에게 다가오는 불행과 불운을 대부분 '운명'이라고 여기고 산 사람들이었다.

본토인 육지에서 멀리 떨어진 제주도는 육지와는 전혀 다른 독특한 지형과 기후 때문에 육지와는 전혀 다른 생활환경이 조성되어 있다. 특히 사면이 바다라 바람이 많고, 태풍과 큰비가 내리는 날이 많아 전지전능한 신에게 의지하며 비는 것이 한 방편이었다.

제주도에서는 재미있는 신을 모시는데 바로 바람의 신 영등할망(영등신)이다. 영등할망은 매년 음력 2월 초하루에 와서 미역이나 전복 등 해녀들이 채취하는 해산물의 씨를 뿌려 주고 보름날에 돌아간다고 한다.

이 영등할망 혹은 영등신에 대한 설화가 있는데 독특하다. 예전에 한림면 수원리에 살던 '황영등'이 풍랑에 표류하여 외눈백이섬〔一目人島〕에 떠밀려 도착했는데, 외눈백이들이 잡아먹으려고 했다. 그때 오래전에 표류한 동향인을 실려 보내고 대신 죽어서 영등신이 되었다고 한다. 제주도에서도 아득하게 먼바다에 있는 외눈백이섬은 사람을 잡아먹는 거인巨人의 나라이며, 도착하면 다시 살아 돌아올 수 없는 나라였다. 그곳에서 죽은 사람이 제주도 사람들에게 복리福利를 주는 신이 되어 1년에 한 번씩 제주도에 와서 인간에게 복과 재물을 주고 돌아간다고 믿은 것이다. 제주도 사람들은 영등신 외에도 수없이 많은 신을 모시고 살았다. 그래서 누군가는 제주를 '신들의 고향'이라 했다.

김정은 제주 신앙을 〈제주풍토록〉에 다음과 같이 적고 있다.

귀신을 몹시 숭상하고 박수무당이 매우 많다. 사람들에게 재앙과 허물로 놀라게 하여 재물 취하기를 흙과 같이 한다. 명절과 초하루, 보름, 칠칠일(7일, 17일, 27일)에는 반드시 가축을 잡아 음사를 지내는데 그 신당 수가 무려 300여 개나 되어도 날이 갈수록 늘어 가고 괴상한 말이 떠돌아다닌다. 병이 나도 약 먹기를 꺼려하고 귀신이 노했다고 여겨 죽기 전까지 깨닫지 못한다.

풍속에 뱀을 꺼리며 신이라 여겨 받든다. 뱀을 보면 곧 술을 놓고 축원할 뿐 감히 쫓아내거나 죽이지 못한다. 내가 먼 곳에서 보아도 기어이 쫓아가서 죽였더니 이곳 사람들이 처음에는 크게 놀라워했으나 여러 번 보고는 "저 사람은 우리 고장 사람이 아니기 때문에 뱀을 죽이고도 능히 무사한 것이다" 하며 뱀을 죽여야 한다는 것을 깨닫지 못한다. 미신에 젖은 그들이 가소롭다. 내가 듣건대, 이 땅에는 뱀이 심히 많아 비가 오려고 하면 뱀 머리가 성벽 사이에서 서너 마리 잇달아 나온다고 이르거늘, 지금 와서 보니 거짓말이다. 단지 뱀이 내륙보다 많을 따름이니, 생각건대 이곳 사람들이 높여 받든 탓에 많아졌을 뿐이다.

이형상도 《남환박물》에 무당의 폐해를 다음과 같이 기록했다.

산의 숲이나 하천, 못, 구릉, 물가, 언덕, 하류 평지의 나무와 돌에 모두 신사를 설치한다. 해마다 정월 초하루부터 보름까지 무당과 박수가 재물들을 던지며 제사를 지낸다.

김정도 그때 목격한 상황을 이렇게 기록했다.

대개 그 마음이 사리사욕에만 사로잡혀 다른 것을 알지 못하여 청렴하고 정당한 것을 말하면 이득이 되지 않는다고 여겨 덮어 놓고 싫어할 것이다. 만약 고승高僧이 있어 천당과 지옥 이야기로 그들을 설복한다면 혹시 도움이 될지도 모르지만. 이 고장 중들은 모두 처를 얻어 마을에 살고 완고함이 목석과 같다. 더구나 귀신을 모시는 무당은 사람을 꾸짖어 떡과 술을 빼앗아 먹을 뿐이니 또한 사리를 도모하는 데만 관심을 기울일 뿐이다.

백성들을 편하게 살게 하려고 보낸 관리들이 사리사욕에만 급급한 사이에 백성들이 피해를 보고 있다는 김정의 글이 말하는 바가 크다.

제주 사람들은 특히 풍수지리에 대한 믿음이 지극하다. 아무리 가난한 사람일지라도 명당에 묘를 쓰고자 했다. 그뿐만이 아니다. 모든 무덤에 돌담을 둘렀는데 이것 또한 쉬운 일이 아니어서 많은 인력과 돈이 들었다.

성황당 나무

성읍민속마을에 가면 마을 가운데에 커다란 성황당 나무가 있다.
용왕굿과 마을의 안녕을 기원하는 풍속이 남아 있다.

제주 애장터

제주도 마을 어귀나 산기슭에는 애장터가 곳곳에 있다.
묘를 만들지 않고 돌을 쌓아 놓고 아기 모양의 돌을 세워 놓은 경우가 많다.

이형상의 미신 타파

제주에서는 신당을 대체로 1년에 네 번 정기적인 당굿을 하는 본향당과 매 7일에 제를 지내는 일당, 매 8일에 제를 지내는 여드렛당, 해안 마을에서 어선과 어장을 차지하고 있는 해신당으로 분류한다. 본향당만 마을 공동체의 신을 모시며 나머지는 개별 신앙의 성소다. 그런데 이 신당과 절을 모조리 혁파한 사람이 제주 목사 이형상이었다. 그가 제주에 와서 목격한 폐단을 장계로 올렸는데 이형상이 올린 장계의 내용을 보자.

무격의 무리가 혹세무민하는 버릇은 본디 예로부터 있어 온 병폐라고 말하는 것은 또한 이롭지 않습니다. 그러나 이 섬에 이르러서는 더욱 별납니다. (…) 무뢰한 놈들이 당놈〔堂漢〕이라고 일컬으며 상호 계契를 맺었으니 그 수가 1000명이 넘습니다. 혹은 마을에서 털어 먹기도 하고 혹은 신당에서 소를 잡아 먹습니다. 촌백성들이 보관하여 둔 면포와 비단이 있으면 처음에는 귀신의 재앙으로 두렵게 합니다. 만약 내놓지 않으면 귀신의 차사差使라고 일컬으며 당놈들을 보내어 결박하고 약탈합니다. 심지어 우마도 약탈하는데, 그 수가 100필에 가깝습니다. 또 그 논밭을 약탈하기에 이르면 각자 나누어 먹으며 혹 위전位田이라고 일컫거나 혹 사시捨施라고 일컫습니다. 밭은 이어져 밭둑길까지 닿고 당堂에는 주패珠貝가 쌓입니다. 무릇 배를 탈 때는 그저 신의 재앙이 있는 것만 알지 관령官令이 있음은 알지 못합니다. 진상하는 배도 바람을 기다릴 때는 역시 반드시 신당에 하직합니다. 이와 같은 풍습은 다른 고을에는 없습니다. (…)
섬의 풍속이 어리석고 성화聖化에 젖지 못하여 동성同姓과 근족近族이 서로 혼인하고, 혼인할 때 교배의 예를 행하지 아니하고, 남자는 혼인 때 여자 쪽에 찬찬饌을 보내고, 여자의 몸을 가리지 아니하고, 또 처 있는 자가 처를 취하고, 남편이 있는 자가 개부改夫하는 것은 가장 수치스러운 일입니다. 지금부터는 서로 금하겠습니다. 그 음사 같은 것은 각각 헐어서 치워 버려 그 은혜를 머금고 그 덕을 그리워하는 마음을 드러내려고 합니다. (…)

다음 날에는 각자가 세 읍에 있는 신당 129개소를 소각하고, 또 사가私家에서 신에 기도하는 물건이나 길가 총림에 있는 것과 무격배巫覡輩의 신옷〔神衣〕과 신쉐〔神鐵〕 일체를 다 불태웠습니다. 심지어 나무뿌리를 파고 불상을 헐어 없애니 지금은 하나도 남은 것이 없다고 세 읍의 수령들이 연이어 첩보하였습니다. 또 다음날에는 무남巫南 수백 명이 일제히 와서 호소하기를, "이는 백성들이 즐거이 하는 일이 아닙니다. 관용官用의 면포를 전적으로 무격에 책임을 지우니 적수공권赤手空拳으로 갖추어 납부할 수 없어서 서로 굿에 뛰어든 것이 전전하여 풍속이 된 것입니다. 지금 이미 없애 버렸으니 이 폐단은 영구히 없어질 것입니다. 무안巫案에 이름이 올라 있는 것을 또한 제거해 주시면 대대로 서로 금하고 사람마다 각자가 면려하여 영원히 무명을 폐하여 범민凡民이 되기를 원합니다"라고 하였습니다. (…)

또 들으니 백성들 사이에서 모두 이전에 숭상하고 받들어 치성을 다하지 않은 것은 아니었지만 질풍疾風과 괴우怪雨가 매양 화곡禾穀을 해쳤고, 또 배도 많이 전복시켰다고 여기고 있습니다. 이제 소각하고 없앤 지 반년이 되었지만 이익이 있고 해가 없으니 전에 속았음을 알게 되어 극히 분한 일로 여깁니다. 남녀노소가 만나면 서로 축하하고, 무격을 원수 보듯 하며 그들과 더불어 무리를 지었던 것을 부끄러워합니다. (…)

153

이형상의 미신 타파 이후 이야기들은 전설처럼 전해지기도 하는데, 그는 무당들의 폐해를 막는다는 명목으로 세 곳의 읍을 돌아다니면서 당과 절을 찾아가 신령이 있으면 보이라고 했다. 보이지 않으면 그 즉시 불태우거나 도끼로 찍어서 넘겼다. 무당에게 굿을 치게 한 다음, 눕힌 왕대가 일어나면 신령이 있다고 여겼으며 일어나지 않으면 신령이 없는 것으로 여겼다. 신령이 약하여 왕대가 덜덜 떨면서 일어나다가 다시 쓰러져 파괴당한 할망당이 50군데가 넘었다고 한다.

이형상에게 변을 당한 무당들은 그에게 저주를 퍼부었는데, 그 결과 그의 어린 두 아들의 팔을 새끼 꼬듯 배배 꼬아 곰배팔로 만들었다고 한다. 또 군졸들을 데리고 김녕사굴의 이무기를 죽인 판관 서련徐憐은 핏빛 비〔血雨〕를 맞고 말에서 떨어져 시름시름 앓다가 10여 일 뒤에 숨을 거두고 말았다고 한다. 이렇게 미신의 폐단을 바로잡고자 수많은 당집과 절을 부쉈는데도 제주도에서 무당과 굿은 사라지지 않고 여기저기 수없이 남아 400여 개에 이르렀다.

이웃한 일본에는 몇천 년 된 나무들이 남아 있는데, 제주에는 별로 없는 게 이형상의 미신 타파 때문일지도 모르겠다. 진시황의 '분서갱유'와 모택동의 '문화대혁명', 제5공화국의 신도안 일대 종교 시설 타파와는 질적으로 다르겠지만 자신만 옳고 남은 그르다는 것이 그때 이형상의 미신 타파가 아니었을까? 제주도에는 여전히 불교를 믿는 사람들도 많다. 굿당에 가서 굿도 많이 한다. '절에 가서 불공하고, 심방(무당) 빌려 굿도 한다'는 말이 지금도 이어지고 있다.

가시리 당나미 문씨아기당

서귀포시 표선면 가시리 당남우영에는 문씨아기당이 있다. 당堂은 큰 후박나무를 중심으로 잡목이 우거져 있고, 그 앞에 돌로 제단을 만들었다. 주위를 돌담으로 울타리를 두른 형태이다. 신神의 이름은 '당나미 문씨아기'인데 잘 받들면 수렵의 풍요와 여러 가지 복을 내려 주지만, 그렇지 않으면 옴 등 여러 가지 피부병과 눈병을 앓게 한다.

이 신은 본래 가시리 문씨 영감의 딸이었다. 일곱 살 때 들판에 딸기를 따 먹으러 갔다가 모진 강풍에 길을 잃고 헤매다가 한라산 백록담에 가서 7년을 살았다. 그동안 몸은 산속의 가시덤불에 긁혀 허물이 생기고 나무같이 되어 이끼가 돋아 얼굴과 손발만이 사람의 것이었다. 어느 날 호근리에 사는 포수 허씨가 사냥을 하러 갔다가 발견하고 짐승인 줄 알고 쏘려다가 사람임을 확인하고 문씨 영감에게 데려다주었다. 7년 만에 딸을 만나 기뻐하는 문씨 영감에게 딸은 "나는 이 세상 사람이 아닙니다. 한라산의 산신백관山神百官입니다"라고 했는데, 세상일을 척척 알아맞히는 사람이 되어 있었다.

어느 해 정의현에서 인궤印櫃를 잃어버려 찾지 못하니 문씨 아기를 청해서 물었다. 문씨 아기는 통인이 숨긴 곳을 알아맞혀 인궤를 찾아 준 뒤 후한 대접을 받고 돌아왔다. 돌아온 그는 부모에게 "나는 산신백관이 될 사람이니 죽으면 아버지가 살던 당남우영 큰 바위 아래 좌정하여 정축 일에 마을 사람들에게 치성을 받겠습니다"라는 말을 남기고 죽었다. 마을 사람들은 이곳에 당을 만들어 문씨 아기를 모시고 받들기 시작했다. 지금도 정축 일이 되면 마을 사람들은 심방을 청해 제물을 차리고 집안의 안녕과 생업의 풍요를 개별적으로 기원한다.

토산리 여드렛당

제주도 서귀포시 표선면 토산리에 있는 여드렛당은 토산당이라고도 불린다. 매월 8일, 18일, 28일에 제를 지내서 여드렛당이다. 이곳은 뱀신을 모시는 당인데 이 신을 모시다가 중단하면 갖가지 재앙이 일어나 집안이 망한다고 한다. 또한 이 신은 마을 사람들의 딸에서 딸로 계승되어 딸이 시집갈 때 그 뒤를 따라가 섬김을 받는다고 알려져 있다. 다른 마을 사람들은 '토산 귀신이 따라온다' 하며 그들 집안에 장가들기를 꺼렸다. 따라서 이 당은 토산리의 당들을 대표하는 당처럼 인식되었다. 일제 강점기에 당을 허물고 굿을 금지한 뒤 돌보지 않아 현재는 당의 잡목과 제단 등의 자취만 남아 있다.

세화리 본향당

제주시 구좌읍 세화리에 본향당이 있었는데 지금은 없어지고 이 마을 동항동 바닷가에 옮겨져 있다. 당에는 자연석으로 소박한 제단이 만들어져 있고 매년 영동손맞이대제(2월 12일)와 마불림대제(7월 12일), 신만곡

약천사 대웅전 불상

본존불 위에 집 모양의 닫집을 만들어 올린 것이 특징이다.
주로 바닷가에 위치한 사찰 대웅전에서 볼 수 있다.

대제(10월 12일)에 당굿을 크게 해 왔으나 굿이 없어지고 간단히 축원하러 가는 사람만이 있다. 이 당의 신은 천자또, 백주또, 금상님 등 3위인데, 천자또는 백주또의 외할아버지이며 금상님은 백주또의 남편이다.

한수리 영등당

제주시 한림읍 한수리 영등당은 영등대왕을 모신 신당이다. 예로부터 영등신이 정월 그믐날에 소섬(구좌면)으로 들어와서 하룻밤을 묵고, 2월 초하루에 산저포(제주시 건입동)로 들어온 뒤 섬을 일주하고 묘일이나 축일에 돌아간다고 한다. 이때 농사를 지으면 흉작이 되고, 빨래를 하면 구더기가 생기며 조개나 소라를 잡으면 속이 빈 것만 잡게 된다고 한다. 그래서 이 시기에 마을 사람들은 모든 일손을 놓고 집집마다 쌀을 거두어 정성으로 떡과 밥, 과일, 생선, 제주를 장만하여 제사를 지냈다. 소지燒紙를 올리고 굿을 매우 성대하게 한다. 끝나는 날에는 약 한 자 길이 안에 모든 제물을 골고루 덜어 넣어서 정성껏 바다로 보냈다. 한림읍 귀덕리와 구좌읍 김녕리에서는 장대 열둘을 세워서 신을 맞이하여 제사를 지냈고, 애월읍 애월리에서는 오색 비단으로 꾸민 말놀이로 신을 즐겁게 했다.

예전에 영등대왕이 용왕 나라에 갔는데, 하루는 한수리(한림읍)의 고깃배가 폭풍을 만나서 애꾸눈들이 사는 나라 쪽으로 떠내려가는 것을 보고 큰 바위에 나가 앉았다. 그리고 그 배를 끌어다 바위 뒤에 숨겼다. 애꾸눈들이 개를 몰고 뒤쫓아 와서 "방금 좋은 반찬이 이쪽으로 왔는데 어디로

제주민속촌

1890년대를 기준으로 제주도 옛 문화를 원형 그대로 되살려 놓은 곳이다.
제주민속촌에는 무속신앙촌이 있어 점집과 심방집을 비롯해 처녀당, 포제단, 미륵당,
해신당, 본향당 등 제주의 다양한 민간 신앙의 특징을 한곳에서 볼 수 있다.

갔느냐"고 물었다. 영등대왕이 못 보았다고 속여 돌려보냈다. 그리고 어부들에게는 "무사히 고향으로 돌아가려거든 '관세음보살 관세음보살' 하면서 가라"라고 단단히 일렀다. 어부들은 관세음보살을 외면서 배를 저었다. 어느덧 고향이 가까워 오자 어부들은 기뻐 관세음보살을 부르지 않았는데, 갑자기 폭풍이 일어 배가 다시 애꾸눈이 나라로 흘러가고 있었다. 그때 마침 영등대왕이 나타나 꾸짖으면서 "관세음보살을 계속 부르며 가야 무사히 갈 수가 있다" 하고 다시 그 말을 따르자 풍랑이 잦아졌다. 덕분에 어부들은 무사히 고향으로 돌아올 수 있었다. 모든 전말을 알게 된 애꾸눈이 무리는 화가 나 영등대왕을 세 토막 내어 바다에 던졌다. 머리는 소섬(구좌읍), 사지는 한수리, 몸은 성산(성산읍)에 떠올랐다고 한다. 그 뒤부터 해마다 2월 초순에 영등대왕을 위한 제사를 지낸다.

추자도의 최영 장군 사당

제주시 추자면 상추자도에는 최영 장군 사당(제주도 기념물 제11호)이 있다. 공민왕 23년(1374) 제주도에서 발생한 반란을 진압하기 위해 최영이 전함과 군사를 이끌고 원정에 나섰는데 가는 도중에 거센 바람이 불어 잠시 추자도에 대피했다. 이때 머물면서 추자도 주민들에게 최영이 고기잡는 법을 가르쳤고 그 은덕을 기리기 위하여 사당을 세웠다는 전설이 있다. 이 사당에서는 매년 백중날과 음력 섣달그믐에 제사를 지내며 풍어와 풍농을 빈다.

김녕굴당 괴뇌깃도

제주시 구좌읍에는 김녕굴당의 주신主神인 태자 '괴뇌깃도 이야기'가 전해진다. 옛날 조천 지방에 당신堂神의 원조인 소천국 16번째 아들 괴뇌깃도가 살았다. 하루는 밭갈이를 하러 갔는데 지나가던 중이 밥을 나누어 먹자고 하여 싸 온 점심밥을 주었다. 막상 점심을 먹으려 했으나 중이 남긴 밥을 차마 먹을 수가 없고 배는 고파서 밭을 갈던 소를 잡아먹었다. 소가 없으니 쟁기의 손잡이를 자기 배에 대고 밭을 다 갈고 집으로 돌아왔다. 소가 없어진 사실을 알게 된 부모는 노발대발해서 괴뇌깃도를 무쇠 상자에 가두고 38개의 자물쇠를 채워 바다에 띄웠다.

무쇠 상자는 바다에 떠내려가다가 흑산호 가지에 걸렸다. 그것을 본 용왕이 상자를 가져다가 자기의 딸들에게 열게 했는데, 셋째 딸이 열었다. 용왕은 괴뇌깃도가 천자국을 평정하러 간다는 말을 듣고 셋째 딸과 혼인을 시켰다. 그러나 식탐 많은 괴뇌깃도 때문에 용궁의 창고가 텅 비게 되어 용왕 나라가 망할 지경에 이르렀다. 화가 난 용왕은 딸과 사위를 쫓아냈다. 두 부부는 강남 천자국에 가서 나라의 변란을 평정해 주고 상으로 탐라국 땅을 한쪽 얻어 돌아왔다. 거구의 장정으로 변모하여 찾아온 괴뇌깃도를 본 부모는 놀라서 백록담으로 도망했다.

그때 마침 김녕의 큰 당한집에 아들이 없자 소천국에가 사정을 해서 승낙을 받아 괴뇌깃도를 양자로 삼아 한라산에서 내려왔다. 입산봉에 자리를 잡고 앉았지만 누구 한 사람 물 한 모금 대접해 주는 사람이 없었다. 크게 화가 난 괴뇌깃도는 조화를 부려서 계절을 앞당겨 김녕에만 9~10월이 이어지게 해서 흉년이 들게 했다. 사람들이 심방을 청해 굿을 하고 괴뇌 깃도에게 어디든 좋은 곳에 좌정하면 큰 어른으로 모시겠다고 간청했다. 이 말에 노여움이 풀린 그가 동산 팽나무 밑 괴뇌기굴로 들어가 소리엉에 좌정했다. 그때부터 사람들이 제사를 지냈는데 제물로 3년에 한 번씩 돼지를 잡아 올린다. 이때 '반드시 100근이 넘는 돼지를 잡으라'는 지시를 따르고 있으므로 이 제사를 '돝제' 또는 '돗제'라 부르는데 옛 제주도 말로 '돝(돗)'은 돼지다.

없는 것은 까치뿐이다

이건의 〈제주풍토기〉는 17세기 초 제주의 풍속을 세밀화처럼 보여 준다. 책에는 육지에서는 볼 수 없고 오로지 제주에만 사는 동물이 있는가 하면 아예 존재하지 않은 동물도 있었다고 기록하고 있는데 자세히 살펴보자.

산중에는 곰, 호랑이, 승냥이, 이리 등의 흉악한 짐승이 없으므로 소와 말이 잘 자랄 수 있고 덕분에 고라니와 사슴도 번식하고 있다. 소 한 마리의 값은 많아도 사오 필에 불과 하며, 적으면 이삼 필 정도다. 소는 색깔이 모두 흑색이고 누런 것은 전혀 없다. 고라니와 사슴 떼가 어디에나 있어 사람들이 잡아다 먹는다. 전혀 없는 것은 토끼와 여우이고, 닭과 꿩, 까마귀, 제비 등과 같은 부류는 있으나 없는 것은 까치다.

사람들이 '길조'라고 좋아하는 까치는 원래 제주에는 없던 종이다. 까치의 날개가 장거리 비행에 알맞지 않아서 바다를 건너 제주까지 날아올 수 없기 때문이다. 까치가 본격적으로 제주도에 들어와 살기 시작한 것은 1989년 무렵이라 한다. 나라의 끝인 제주도에서도 길조인 까치 소리를 듣게 해 주자고 전국 각지에서 포획한 까치 60여 마리를 관음사에서 방류한 것이다. 까치가 제주도에서 정착하는 데는 제법 오랜 시간이 걸렸다. 그전에도 삼성혈에 네 쌍의 까치를 풀었지만 생존하지 못했다. 이곳 제주의 바람이 거셌기 때문에 서식과 산란이 어려웠을 것이다.

다행인지 불행인지 몰라도 이입종인 까치는 제주의 풍토에 잘 적응했으나 제주 토종 새들까지 잡아먹고 농작물에 해를 끼쳐서 길조가 아닌 대표적 흉조로 자리매김했다. 현재 제주 하늘은 까치들의 세상이 되었다. 제주에서 살고 있는 까치의 수가 약 3~4만 마리이며, 한전 제주지사가 파악한 바로는 제주시 인근에 사는 까치가 3000마리가 넘는다고 한다(2010년 8월 말 기준). 제주 토종 '큰부리까마귀'도 까치에 쫓겨 산악 지역으로 옮겨갔다. 전에는 몇백 마리 까마귀가 벌판에서 날아오르는 날갯짓과 울음소리는 제주도 겨울의 진풍경이었다고 한다.

제주 사람들은 참새를 '밥주리'라 부르는데, 초가집이 많았던 시절에는 제주 시내에 수많은 참새들이 와글와글했으나 근대화 과정에 사라지고 지금은 자주 볼 수 없다. 제주 텃세 중에 참새만큼 흔한 동박새는 늦은 겨울에 붉게 피는 동백꽃을 찾아 마을로 내려오는 새다. 동박새가 울 때마다 동백꽃이 한 송이씩 피어나면서 그 맵던 하늬바람이 조금씩 쫓겨 간다는 이야기가 있다.

제주의 마을과 우물

뉴스에서 제주 지방에 비가 500밀리미터 또는 700밀리미터가 왔느니 하는데 이어지는 속보가 없는 것을 보면 이상하게 여겨질 법도 하다. 육지라면 물난리가 나도 크게 날 터인데 말이다. 한라산으로부터 바다에 이르는 직선거리는 9킬로미터쯤 되는데, 급경사가 지지는 않았지만 항상 흐르는 하천이 거의 없기 때문이다. 장마나 태풍 때 큰비가 내리게 되면 '강물의 흐름이 빨라 한번 흘러서 천 리 밖에 다다른다'는 뜻과 같이 일사천리一瀉千里로 바다에 합류한다. 산에서 흘러내리는 물은 지하수가 되어 해안에 이르러서야 샘솟는다. 그래서 제주도 사람들에게 샘물이나 우물물은 매우 중요했다. 김정의 〈제주풍토록〉을 보자.

한라산과 주읍州邑 지역에는 샘물이 매우 적다. 주민들이 5리쯤 되는 곳에서 물을 길러 와도 매우 가깝다 여긴다. 하루에 한두 번 물을 길러 오나 짠 맛의 샘물이 많다. 길으러 갈 때는 목통을 등에 지는데(무릇 물통은 여자가 지는 경우가 많다) 물을 많이 긷고자 하는 것이다.

비가 멎고 하늘이 개면 몇 시간도 되질 않아 마른 내〔乾川〕로 바뀌기 때문에 해안가 큰 마을에는 대부분 큰 우물들이 여러 곳에 있었다. 그러나 좋은 샘이 있는 곳이라 할지라도 바닷가는 대개 피했다. 그것은 해일의 피해를 우려했기 때문이고 시도 때도 없이 쳐들어와 모든 것을 빼앗는 왜구들을 피하기 위해서였다.

우물

제주도는 현무암으로 이루어진 화산회토 지형이어서 우물이 많지 않다.
물이 귀한 까닭인지 우물 주변을 촘촘하게 돌담을 쌓아 보존했다.

육지의 규모가 큰 사찰에는 '쌀 씻은 물이 30리를 흘러갔다' 또는 '10리를 흘러갔다'는 말이 전해지는데 이 말은 물이 좋은 곳에 큰 절이 있고 밥을 얼마를 짓느냐로 그 절의 규모를 가늠할 수 있었기 때문이다.

제주는 지형 특성상 물이 부족하므로 대개 큰 마을은 물이 마르지 않는 못이나 내가 있는 중산간 지역이나 바닷가에 들어섰다. 그렇기 때문에 일주도로가 뚫리기 전에는 중산간 마을의 경제력과 생활 수준이 해안 지역보다 훨씬 나았다. 대정이나 성읍 등 제주도의 유서 깊은 마을이 중산간에 자리 잡고 지금껏 이어지는 것은 그러한 이유에서다. 제주항이나 서귀포항, 성산포나 모슬포항 부근이 활성화된 것은 근래의 일이다.

담 나라 제주

제주의 어딜 가나 지천인 것이 돌담이다. 밭이나 집이나 무덤이나 다 돌담으로 둘러싸여 있는데, 돌담의 매력에 흠뻑 빠진 사람들은 제주 돌담을 세계문화유산으로 지정해야 한다고도 한다.

제주의 옛 이름인 탐라耽羅는 '담 나라'의 이두음吏讀音이라 여겨도 될 만큼 제주 어디를 가든지 돌담은 모든 둘레의 경계를 명백히 하고 있다. 이는 제주의 많은 돌을 처치하는 방법이자 방풍방축防風放畜의 효과도 있어 이른바 일거양득이다.

《동문감東文鑑》에는 이 돌담들이 쌓인 연유를 다음과 같이 기록하고 있다.

돌담

제주도 서귀포 쪽에는 바람을 막기 위해 바닷가 마을 주변에 높은 돌담을 쌓았다.
지금도 신산리나 남원 인근에는 성처럼 높은 돌담이 남아 있다.

땅에 돌이 많고 건조하여 본래 논[水田]은 없고 보리와 콩, 조만이 생산된다. 예전에는 그 밭에 경계가 없어 강하고 사나운 집에서 날마다 차츰차츰 잠식하니 백성들의 고통이 심했다. 김구金坵(고려 후기 문신)가 판관이 되어 백성의 고충을 묻고 돌로 담을 쌓아 경계를 만드니 백성들이 편리하게 여겼다.

땅의 경계를 나누는 것보다 더 재미있는 풍속들이 제주도에 수도 없이 많다. 특히 제주는 지정학적으로 특수한 경우라 육지하고는 사뭇 달랐는데, 그 내용이 《여지도서》에 다음과 같이 실려 있다.

결혼 상대를 구하는 사람은 반드시 술과 고기를 마련해야 한다. 납채納采를 하는 자도 그렇다. 혼인날 저녁에 사위가 술과 고기를 갖추어 신부의 부모를 뵙고 취한 뒤에야 방에 들어간다. 여자는 많고 남자는 적다. 중[僧]이 모두 절 옆에 집을 가지고서 처자를 둔다. 비록 거지일지라도 모두 처첩을 거느리고 있다. 또한 공적인 물품이나 사적인 물품을 운반하거나 파는 배들이 잇따라 끊임없이 오간다. 그런데 바닷길이 험하고 멀어서 표류하거나 익사하는 일이 자주 벌어지기 때문에 제주 사람들은 딸을 낳는 것을 소중하게 여긴다.

그뿐만이 아니다. 《지지》에는 "서울이 멀리 떨어져 있어서 벼슬하기가 어렵다. 제주 사람으로 재간 있고 남들에게 촉망받는 사람은 진무가 되기를 구한다. 그러므로 풍속에 관아에서 일 보는 것을 영광으로 여기며 서울 벼슬의 귀함을 알지 못한다"고 실려 있다. '고기도 먹어 본 사람이 잘 먹는다' 또는 '알아야 면장을 한다'는 말처럼 벼슬아치들을 많이 보지도 못하고 별다른 교육을 받을 수도 없을뿐더러 서울이 수천 리 길이니 어디 벼슬을 할 엄두나 냈겠는가.

5

제주의 인물과 벼슬아치들

절해고도에서 꾸는 꿈

유배나 다름없는 제주 벼슬살이

조선 중기 문신 조사수趙士秀가 제주 목사로 나갔을 때 임억령林億齡이 그에게 시를 지어 보냈다.

일찍이 남악에 올라 보니
외로운 섬 바다에 있네
뱃길은 서쪽으로 절강으로 통하고
말들은 천상의 방성房星에 응했구나
관원으로 오는 것이 귀양과 무엇이 다르랴
이번 이별이 가장 상심되네

바다 건너 수천 리 제주로 벼슬살이하러 가는 것은 유배나 다름없다고 여겼던 것이 조선 사대부들의 생각이었다.

고려 때부터 조선에 이르기까지 1000여 년에 걸쳐 제주 해협을 건넜던

173

벼슬아치들은 수없이 많았다. 조선 500년간 제주에는 300여 명이 넘는 목사들이 부임했다. 그중 선정을 베푼 사람은 손에 꼽을 정도였다. 나머지 관리들은 탐관오리라 전갈이나 호랑이나 다름없었다. 제주부 아전들과 결탁하여 주민들의 삶을 핍박한 사람이 한둘이 아니었다. 오죽했으면 김정이 〈제주풍토록〉에 다음과 같은 글을 남겼겠는가.

제주 사람 가운데 생원生員 김양필金良弼 외에는 글 아는 자가 극히 드물며 인심이 거칠다. 품관 이하 말직에 이르기까지 모두 중앙 고관과 교제질을 하는데, 그중에서 잘났다고 우쭐거리는 자는 진무鎭撫(무관으로 지방의 치안을 담당하는 벼슬), 다음은 여수旅帥(제주 수비병의 지휘관), 그 다음은 서원書員(사무원), 지인持印(비서), 공생貢生(지방의 선비 중에서 과거에 추천받은 자) 등이 되기를 원한다. 일찍이 성주(제주 목사를 이름)가 있어 온 이래로 관습이 이미 그러하니 괴이할 것도 없다. 이들이 날마다 제가끔 이익만 좇고 터럭만 한 작은 연고일지라도 모두 뇌물을 보내니 염치와 의리가 어떠한 것인지를 알지 못하고 강자가 약자를 억누르고 모진 자가 어진 사람을 박하니 군자의 가르침이 미치지 못함이라. 그런 까닭에 관원들의 탐욕스러움이 목사 육한陸閑과 같으나, 이상하게 여기지 않는다.

수많은 벼슬아치들의 선정과 악명이 교차하며 흔적을 남긴 곳이 제주였다. "풍속은 주진朱陣(고려시대에 강원도 정선) 같아서 백성이 부리기가 쉽고, 땅은 유기幽冀(유주와 기주) 같아서 말이 좋은 것이 많다. 뽕나무와 삼밭에 비가 족하니 집집마다 기뻐하고, 귤과 유자에 서리가 무르익으니 나무 향기로다"라고 한 조선 전기 문신 이승소李承召의 시처럼 관리들의 눈에 비친 제주는 그런대로 평화로웠고 일종의 치외법권 지역이었다. 이곳을 거쳐 간 벼슬아치들의 행적을 보자.

반란군의 철수 조건은 최척경

고려 때 탐라령耽羅令을 지낸 최척경崔陟卿은 의종대에 관리부사 최윤의崔允儀가 그의 정직함을 듣고 탐라령으로 제수했다. 그가 제주에 부임하여 경제를 일으키고 여러 가지 폐단을 혁파하자 제주도민들이 모두다 최척경을 칭송했다. 그 후에 다른 관리들이 부임하여 관리의 부패와 세제稅制, 부역들이 문란해지고 폭정을 일삼자 제주도민들이 반란을 일으켰다. 곧 양수良守의 난이었다. 그들은 난을 일으키고서 말하기를 "만일 최척경이 다시 현령으로 부임한다면 마땅히 군병을 철수할 것이다" 하니 왕이 다시 그에게 비단을 주어서 탐라령으로 임명했다. 제주 사람들이 최척경이 다시 부임했다는 말을 듣고 무기를 던지고 늘어서서 "공께서 왔으니 우리들은 다시 살아날 수 있습니다" 하면서 옛날로 돌아갔다.

고려 고종 46년(1259)에 제주 부사로 부임한 김지석金之錫은 부임하자마자 공두공마貢豆貢馬의 폐를 없애고, 청렴한 관리 10여 명을 뽑아 청정을 베풀었다. 당시 제주 풍속에 보면 남자 15세 이상은 한 해마다 콩 1휘[斛: 10두]를 공납하고, 서리는 해마다 말 1필을 공납하는데 부사와 판관이 나누어 가졌다. 그 폐단을 없애자 "그가 닿으니 정사 맑기가 물과 같이 깨끗하다" 했고, "예전에 경세봉慶世封(제주 부사였던 고려 후기 문신)이 있더니 뒤에는 김지석이 있다"고 했다.

탐라인 고득종

세종 때 문신이었던 고득종高得宗은 본관이 제주로 자는 자부子傅이며 호는 영곡靈谷, 시호는 문충文忠이다. 태종 13년(1413)에 효행孝行으로 천거를 받아 직장直長이 되고, 이듬해 알성문과에 급제하여 대호군大護軍과 예빈시판관禮賓寺判官 등을 지냈다. 문장과 서예에 뛰어났던 고득종과 관련한 한 일화가 성현成俔의 《용재총화慵齋叢話》에 실려 있다.

고령공高令公 득종은 탐라인인데, 문학으로 벼슬이 2품에 이르렀다. 젊은 시절에 어머니를 뵈려고 제주도로 가는데, 바다 가운데서 큰바람을 만나 뱃전이 산산이 부서져 고령공과 어린 종이 부서진 배 조각에 의지하여 심한 파도 사이를 들락날락했다. 어린 종이 "두 사람이 같이 살 수는 없으니 소인이 이대로 하직하겠나이다" 하고는 고령공을 조각에 묶어 놓고 스스로 바닷속으로 빠져 버렸다. 파도를 따라 떴다 가라앉았다 하는 사이에 지칠 대로 지쳤는데 3일 만에야 해안에 닿아 바로 사람의 도움을 받아 회생했다.

고득종은 지금도 제주도 사람들에게 추앙받는 인물이다. 고득종은 제주 목축 문화와 관련이 깊다. 조선 초 말들이 농작물에 피해를 입히는 일들이 잦아져 피해가 극심해지자 세종 7년(1425)에 "목장을 한라산 중턱으로 옮기고 경계에 돌담을 쌓도록 하자"는 건의를 고득종이 올리자 세종 11년 8월부터 다음 해 8월까지 중산간 지대에 국마장이 만들어졌다. 당시의 상황이 《세종실록》에 다음과 같이 실려 있다.

상호군上護軍 고득종 등이 상언하여 청하였다.

"한라산 가의 사면四面이 약 4식息쯤 되는 면적의 땅에 목장을 축조하여, 공사의 말을 가리지 말고 그 목장 안에 들여보내어 방목하게 하십시오, 그리고 목장 지역 안에 살고 있는 백성 60여 호는 모두 목장 밖의 땅으로 옮기게 하십시오.

'그들이' 원하는 바에 따라 '땅'을 떼어 주도록 하고, 또 제주에서 도망하여 온 사람을 끝까지 가려내기 위하여 하륙下陸하는 초입인 해진海珍 경내인 입암笠巖과 어란於蘭 두 곳에 관館을 설치하고 성을 쌓은 뒤에, 제주 자제로서 능히 일을 맡을 만한 자를 선택하여 관승館丞에 임명하십시오.

하륙한 마필馬匹은 성안으로 몰아넣어서 번식하게 하며, 또 파선破船하여 표류한 사람들을 구휼하여 목숨을 살려 주는 일을 행하게 하며, 또 제주에 들어가고 나가고 할 때에는, 제주에서 나오는 사람이면 제주 목관의 행장에 좇고, 제주로 돌아가는 사람이면 육지의 각 고을의 행장에 좇아 관승이 엄중하게 검사하십시오.

행장이 없는 자는 감사에게 보고하여 본래 있던 데로 돌려보내게 하여, 이쪽과 저쪽 사람들이 유이流移하는 일이 없게 하고, 관승의 승진과 파면은 그 도

道의 감사로 하여금 주관하게 하십시오.

제주는 땅의 특성이 메마르므로 농부들은 밭 가운데에 반드시 팔장八場이란 것을 만들어서 소를 기르고, 쇠똥을 채취하여 종자를 뿌린 뒤에는 반드시 소들을 모아다가 밭을 밟게 하여야 싹이 살 수 있습니다.

그런데 지금의 수교 안에 소를 죄다 육지로 내보내라고 하여 본주의 백성들이 경농을 할 수 없습니다. 또 소를 번식시키고 있는 민호는 본래 많지 않으며, 낮에는 사람의 집 근처에 방목하고 밤에는 팔장에 들어가 있게 하기 때문에, 목장의 말과는 전연 서로 섞이지 않으니, 소를 육지로 내보내라는 명령을 정지시켜 백성들의 소망을 위안하게 하소서 하였습니다.

이 상언을 본조에 내리시어 처리하라고 명령하였던 바, 이제 자세히 계품합니다. 한라산 아래에 목장을 쌓아 말을 먹이는 것과, 하류하는 초입에 관소를 설치하는 일은 상언한 바에 따라 시행하게 하십시오.

그리고 관승은 따로 임명하지 말고 그 도의 역승으로 겸임하게 하며, 소를 육지로 내보내라는 명령은 선덕 3년의 수교에 의하여 3년에 한 번씩 관에서 그 값을 주고 자원에 따라 매매하여 육지로 내보내게 하소서."

고득종의 말을 들은 세종은 그대로 따랐다. 다만 한라산에 목장을 축조하는 것은 관리를 보내어 심사하여 결정하는 것이 좋다고 하고, 다시 전라도 감사에게 이문移文하여 관소館所를 설치할 만한 곳을 찾아보게 하자 "입암의 강변에는 성城과 관館을 설치할 만한 곳이 없고, 어란의 강변에서 10리 거리에 있는 해진海珍 남면南面의 구산성狗山城 안에는 경작할 만한 밭이 있고, 또 물과 샘이 있어서 성과 관소를 설치할 만합니다"라고 화답하여 왕이 그대로 하도록 했다.

고득종이 제주도 사람들에게 지금도 그렇게 지극한 존경을 받는 이유를 몇 가지로 요약하면 이렇다. 조정에 제주 사람들을 위한 토지 등급을 내려 주도록 요청하여 조세 부담을 덜어 주었고, 한라산 기슭 사면에 목장을 축조하여 제주도 목장이 10소장으로 나뉘게 되는 시초를 열었다. 또 참역의 폐단을 시정했으며, 서울로 올라가 종사하는 제주 출신 자제를 위하여 직료를 설치해 경제적 지원을 했다. 오늘날로 치면 장학회나 향우회 같은 것을 조직해 제주 사람들을 도와주었다는 것이다.

고득종은 특히 서체와 문장에 뛰어났다. 그가 남긴 제주목 건물의 홍화각 현판 글씨와 〈홍화각기〉는 유명한 문장이며 중요한 사료로 남아 있다. 안견安堅의 〈몽유도원도夢遊桃園圖〉에 신숙주, 서거정, 성삼문 등과 함께 찬시를 남기기도 했는데 글씨가 아담하다는 평가를 받는다. 〈몽유도원도〉는 현재 일본 텐리대학교 중앙도서관에 소장되어 있다.

제주 명환들

최해산崔海山은 조선 전기에 화포 분야를 발전시킨 무신이다. 최해산은 세종 16년(1434)에 제주 도안무사로 부임했는데, 고득종의 〈홍화각기〉에 그 내력이 자세히 나온다.

세종 15년(1433) 계축년에 가을부터 이듬해 여름에 이르기까지 제주도에 가뭄이 심해 산천은 타는 듯이 마르고 사람은 굶주리고 우마는 부지기수로 들에 쓰러졌다. 전하께서 이를 불쌍히 여기시어 신들에게 분부하시기를 "제주도이 나라의 속국으로 양마良馬와 기타 진품이 생산됨은 오직 제주도의 형편 나름이었으나 땅이 척박하고 백성은 가난하고 외구는 넘나들며 도적은 몰래 발생하여 이를 저지하기 힘들다. (…) 마땅히 의정부와 중추부의 제현 중에서 문무 재략이 뛰어나고 위엄과 은덕이 뛰어난 자를 신중히 선택하여 올리라" 하셨다. 이에 신들이 최해산 공을 간택하여 올렸다. 전하께서 기뻐하시며 이를 지당하다 하시고 세종 16년 8월 7일 최해산공은 제주도 안무사 겸 목사로 발령이 되었다.

최해산은 부임하자마자 기근과 빈민을 주재하는 정사에 매달리며 민생을 살폈다. 살기가 막막하여 신음하던 백성들이 변하여 노래를 부르고 굶주리던 백성들이 배를 두드렸다고 한다. 제주 관청에 불이나 문건과 서적이 잿더미가 되었던 것을 복원하기도 했다. 세상 사람들이 최해산을 이후 부임한 기건과 함께 명환名宦이라고 불렀다.

이약동도 제주 사람들에게 깊은 인상을 남긴 관리다. 성종 원년(1470)에 제주 목사로 부임해 3년간 근무하고 떠날 때 옷가지를 비롯한 모든 관청에 비치된 공공물을 관부에 두고 떠났다. 다만 채찍질하는 데 쓰는 회초리 한 자루를 가지고 가다가 말하기를, "이것 역시 섬의 물건이다" 하고는 관아의 누각에 걸어 두고 나갔다 한다. 그 뒤 섬의 관리들이 이것을 보배로 여겨 새로운 목사가 오면 보게 하려고 걸어 두었다. 세월이 흐르면서 그 회초리가 너무 낡아지자 제주도 사람들 그것을 걸어 두었던 자리

귤림당

복원된 제주목 관아에 위치한 귤림당은
조선시대 제주에 파견된 관리들이 손님을 맞던 공간이다.

에 회초리 그림을 그려 그의 정신을 기렸다고 한다.

　제주를 떠나 던 이약동과 관련한 재미있는 이야기가 하나 더 있는데, 그가 탄 배가 바다 한가운데에 이르렀을 때 배가 기우뚱하여 위험해지자 사공들의 얼굴이 모두 사색이 되었다. 이때 의연한 모습으로 앉아 있던 이약동 앞에 비장이 나와 말하기를 "섬의 백성이 공의 맑은 덕에 감사하여 금으로 만든 갑옷 한 벌을 가지고는 훗날 공께서 갑옷 입으실 날에 드리라 하였습니다" 했다. 이를 들은 이약동은 즉시 갑옷을 바다에 던지게 했고 금세 파도가 잔잔해졌다. 훗날 사람들은 이곳을 가르켜 '투갑연投甲淵'이라 불렀다.

　귤림서원에 배향된 송인수宋麟壽는 중종 29년(1534) 3월에 제주 목사로 부임 했다가 같은 해 6월에 병을 핑계로 사직하고 제주를 떠났다. 3개월 동안 제주에 있으면서도 청렴공정하고 자비심이 후했다고 알려졌다. 하지만《중종실록》에 보면 그는 제주 목사로 부임하지 않으려다가 불이익을 받았다는 기록이 있다. 그런데도 제주 사람들이 그를 추모하여 귤림서원에 배향되었다.

글을 배우지 말라

　이곳 제주에 인종 원년(1545) 11월에 목사로 부임하여 이듬해 10월에 파면된 사람이 임형수林亨秀다. 그는 엄격하고 공정했는데 얼마 안 있어 파면당하자 제주 사람들이 모두들 애석해했다. 파면되어 나주 집으로 돌

송인수 시비

규암 송인수는 성리학의 대가로 선비들로부터 추앙받았던 인물이다.
중종 39년(1544) 동지사로 명나라에 다녀온 뒤 대사성이 되어
유생들에게 성리학을 강론했다.

아온 임형수는 명종 2년(1547) 양재역 벽서사건에 연루되어 사사되었다. 임형수의 마지막 순간이 《대동야승》〈동각잡기東閣雜記〉에 전한다.

금부도사가 달려가 나주에 이르렀다. 전례에 그 고을 수령이 금부도사와 같이 가서 죽는 것을 지켜보았다. 그때에 마침 나주 목사와 판관이 다 연고가 있어 사문斯文 양희梁喜가 나주 교수로 있었는데, 임형수의 죽음을 지켜보기 위하여 갔다. 임형수가 나와 꿇어앉아 전지를 듣고는 그 부모에게 들어가 하직하기를 청하자 애처롭게 여겨 허락했다. 이미 들여보낸 뒤에는 결별하기 어려워 시간이 지체될까 염려하여 사람을 시켜 보게 하였더니 임형수가 안방에 들어가지 않고 다만 뜰아래에서 두 번 절하고 나왔다. 그의 아들이 열 살이 채 못 되었는데 불러서 훈계하기를 "글을 배우지 말라" 하였다가, 다시 불러 말하기를 "만약 글을 배우지 아니하면 무식한 사람이 될 것이니, 글은 배우더라도 과거는 보지 않는 것이 좋겠다" 하고 마침내 죽었다.

예로부터 '식자우환識字憂患'이라 했다. 그 말을 온몸으로 체득하고 간 사람이 바로 임형수였다.

명종 7년(1552)에 제주에 부임했던 남치근南致勤은 오자마자 무기를 수선하고 왜선 2척을 포착하여 그 공로를 인정받아 가의대부嘉義大夫로 승진했다. 3년 동안 근무하다가 동지중추同知中樞로 임명되어 떠났는데, 명종 10년 을묘왜변 당시 훗날 영의정이 된 이준경李浚慶과 함께 남평에서 대파하고, 녹도鹿島로 쳐들어오는 왜구들을 소탕했다.

남치근이 널리 알려진 것은 명종 17년(1562)에 황해도 일대에서 일어나 전국을 강타했던 '임꺽정의 난'의 주동자 임꺽정을 잡아 효수했기 때문이다. 그는 뛰어난 지략과 충용이 있어서 여러 싸움에서 혁혁한 공을 세웠다.

광해군 원년(1609) 3월 제주 판관으로 부임한 김치는 그 다음해 9월에 교체되어 떠났다. 어릴 적부터 학문에 정진하여 경서를 통달했고 특히 점술을 연구하여 천문에 밝았다. 백성들의 편의를 위해 여러 폐단을 혁파하여 명환이라고 선정비를 세웠으나 재물을 탐내어 제주 사람들에게 많은 비난을 받았다.

탐학을 일삼았던 제주 목사 양호

광해군 11년(1619) 10월에 제주 목사로 부임한 양호梁護는 조선 중기의 문신으로 광해군 때 이이첨李爾瞻과 결탁하여 왕의 총애를 받았다. 제주 목사에 임명되자마자 탐학이 어찌나 심했던지 여러 차례 사간원의 탄핵을 받았다. 하지만 그때마다 광해군의 비호로 무마되었다. 그의 탐학상은 제주부가 설치된 이래 가장 심하여 백성들은 그를 호랑이를 대하는 것처럼 두려워했다. 특히 양호는 당시 귀양 와 있던 인목대비의 모친 노씨 부인을 혹독하게 학대했다.

목사직에서 물러난 뒤에도 제주도에 남아 음행과 사냥에 몰두하며 도민들에게 심하게 행패를 부리자 조정에서 선전관 박명원朴明元을 파견하여 양호를 체포했다. 그를 압송해 가던 중 온양에 이르자 가도사假都

使 남일南佾이 도착하여 왕의 명에 따라 머리를 베어 제주도민에 효수되었다.

인조 16년(1638) 6월에 제주 절제사 겸 방어사로 부임한 심연沈演은 2년 뒤 9월에 교체되어 떠났다. 심연은 인조 13년에 병자호란이 일어나자 휘하의 군대를 이끌고 쌍령에서 싸웠으나 패했다. 문경에서 재기를 준비하던 중 패전의 책임을 지고 전라도 임피(현 군산)에 유배되었다. 제주 목사로 부임한 심연은 선정을 베풀어 비변사당상이 되었다. 심연도 제주 생활을 유배처럼 여겼는지 남긴 시가 슬프기 그지없다.

절해고도에서 삼 년을 보내니

별방성에 시월이 왔네

날은 저물어 연기가 모락모락

서리 겹겹이 내려 산은 공허하네

행역(국경을 수비하는 부역) 맡은 이 몸 점차 늙어

해마다 흉년이라 머물 수밖에

차가운 물결 거친 섬에 부딪치고

창밖엔 바로 하늬바람일세

하멜을 만난 목사 이원진

하멜이 가파도 부근에 표류했을 때 이원진이 제주 목사였다. 광해군 7년

(1615) 대북의 폐모론에 반대하여 이원익李元翼과 함께 유배를 갔다가 인조반정 후에 풀려났다. 효종 2년(1651) 7월부터 약 2년간 제주 목사로 있었고, 표류한 하멜 일행을 서울로 압송하기도 했다. 제주 목사로 재임할 때 제주도를 샅샅이 살펴본 것을 토대로《탐라지》를 편찬했다.

영조 20년(1744)에 방어사로 부임한 윤식尹植은 재임 중 제주도 사림에게 조정에 진상하는 공물을 바치도록 했는데 사림들이 그 부당함에 대해 항의하자 매질하여 내쫓고 계속 항의하는 사림들은 상부에 보고해 유배시켰다. 그러나 결국 영조 21년 조정에 부패한 청귤을 진상한 죄로 파면되었다. 영조 25년에 방어사로 부임한 정언유鄭彦儒도 청귤의 진상과 공마 문제로 2년 뒤 붙잡혀 갔다. 영조 39년(1763)에 제주 목사로 부임한 이명운李明運은 이듬해 가을에 홍수로 민가가 떠내려가고 곡식에 해가 있었음에도 탐욕을 일삼고 이재민을 구제하지 않아 백성의 원망을 많이 들었다. 척박한 환경과 공물 거기에 탐관오리까지 제주도민에게는 삼중고가 따로 없었을 것이다. 제주도에서 조정에 보낸 공물이 궁금한데, 이형상의《남환박물》에 언급된 것들을 보자.

공물의 종류를 보면, 1년 안에 공마 400~500필, 여러 가지 전복 9000여 첩, 오징어가 700여 첩, 산과가 3만 8000여 개, 말안장이 40~50부, 사슴 가죽이 50~60령, 노루 가죽이 50령, 사슴 혀가 50~60개, 사슴 꼬리가 50~60개, 말린 사슴 고기가 200여 오리, 각종 약재가 470여 근, 말에 입히는 여러 기구들이 680여 부입니다. 그 외에 표고, 비자, 백랍, 산유자, 이년목(종가시나무), 활집, 통개, 나전, 포갑, 총결(총 매듭), 양태모자, 빗, 솔, 휘장 등과 같은 작디작은 잡물들입니다. (…)

밭과 땅이 척박하지 않고 고기잡이와 소금 굽기에 의지할 수 있다면, 이것들이 모두 마땅히 하여야 할 본분이므로 왜 꼭 후한 배려가 필요하겠습니까? 돌자갈밭에서 경작하여 거두는 것이 소꿉놀이 같고, 소금 굽기와 고기 그물은 처음부터 방법을 알지 못합니다. 관에서는 온갖 부역을 내고, 백성들은 며칠이라도 쉴 틈이 없습니다. 이와 같이 하여 능히 목숨 부지할 길이 막연합니다.

이형상이 제주에 있을 때 삼읍을 합쳐서 대략 9200호가 있었다 한다. 이 기록을 보면 당시 제주도에서 나오는 물산과 함께 제주 사람들의 질곡이 눈앞에 활동사진처럼 아련하게 펼쳐지는 듯하다.

《산경표》의 저자 신경준

'산은 물을 넘지 못하고 물은 산을 넘지 못한다'는 개념을 중심으로 우리나라 산맥과 그 갈래를 정리한《산경표山經表》는 조선 후기 실학자 신경준申景濬이 편찬한 지리지다. 영조 50년(1774)에 제주도 방어사로 부임한 신경준은 제주 순무어사 홍상성洪相聖과 뜻이 맞지 않아 그가 제주도로 오면서 창기娼妓를 데리고 왔다는 문제로 불화를 일으켰다. 그 일로 인하여 신경준은 그 사실을 즉시 보고하지 않은 죄목으로 파직을 당하여 붙잡혀 갔고, 홍상성은 전라도 해남으로 귀양을 갔다.

정조 5년(1781) 3월에 부임하여 그해 7월에 유배 죄인을 가두지 않은 일로 붙잡혀 간 사람이 방어사 김시구金蓍耉다. 그는 제주도로 유배를 왔던 조정철과 악연으로 그의 연인인 홍윤애를 죽게 한 장본인이다. 김시구는 젊은 시절부터 성리학에 밝아 승지와 도총부부총관에 이르기도 했다.

순조 24년(1824) 정월에 제주도 방어사로 부임한 임성고任聖皐는 홍경래의 난에 연루되어 혹독한 고난의 세월을 보냈다. 그가 박천 군수로 있던 순조 11년에 난이 발생하여 홍경래의 포로가 되었다. 인부印符를 빼앗기고 항복을 강요받았으나 갖은 회유와 협박에도 넘어가지 않고 절개를 지켜 이를 안 백성의 요구로 죽음은 면했다고 한다.

이규원보다 나은 사람이 없을 것이다

홍경래의 난 이후 전국적으로 나라가 어지럽던 헌종 12년(1846) 2월에 제주 목사에 부임한 이의식李宜植은 삼읍의 원전세를 혁파하고, 남학당, 서학당, 우학당을 혁파했다. 부임한 이듬해에 북수구성北水口城을 밖으로 늘여 쌓고 그 위에 천일정天一亭을 세웠다. 그러나 탐관오리로도 악명이 높았다. 혹독한 그의 폭정에 제주도민들은 그를 호랑이처럼 무서워했다. 주민들은 그런 폭정을 자행한 이의식을 기리려 여러 곳에 비를 세웠는데 지금도 제주시 삼양동 제주민속박물관과 조천읍 조천리 비석거리에 그대로 서 있다.

고종 28년(1891) 9월에 제주 찰리사 겸 목사로 부임한 이규원李奎遠은 함경도의 단천 부사와 통진 부사를 지냈다. 고종 18년(1882) 4월과 5월

189

에 울릉도 감찰사를 다녀와 울릉도를 포기하지 말 것을 주장하기도 했다. 이 사건이 황현黃玹의《매천야록梅泉野錄》에는 다음과 같이 실려 있다.

제주에서 민란이 일어나 목사를 쫓아냈다. 온 섬이 크게 소요하여 평정되지 않고 유언비어가 서울까지 들렸다. 왕은 이를 근심하여 문무관원 중에서 위엄과 덕을 갖춘 자를 가려 보내고자 했으나 적당한 인물을 고르기가 어려웠다. 삼정승을 들어오도록 명하여 묻자 김병시 등이 또 겸손한 말로 감당할 수 없다고 아뢰었다. 왕은 한참 생각하고 나서, "내가 사람을 찾았다. 이규원보다 나은 사람이 없을 것이다" 하니, 여러 신하들이 좋다고 했다. 드디어 이규원을 뽑아서 찰리사를 겸하도록 했다. 이는 이규원이 지위가 높은 장신將臣인데 목사로 보내어 섬사람들이 그를 경시하게 하는 것은 옳지 않다고 생각했기 때문이다. 이규원이 제주에 부임한 지 1년 만에 민란이 평정되었다. 왕은 왕위에 있은 지 오래되어 여러 신하의 능력을 잘 알았으나 사정私情에 이끌려 사람을 쓰고 버리는 것을 공정하게 하지 못했다. 다만 일이 얽히고 엉켜 도저히 풀 수 없는 경우를 만난 뒤라야 인물을 제대로 뽑아 썼다. 예컨대 함흥 민란에 서정순徐正淳을 감사로 써서 진정시켰고, 북청 민란에 이규원을 남병사로 삼아 진압했는데 이번에 제주 또한 그러한 것이다.

황현은 덧붙여 이규원에 대해 다음과 같이 썼다.

이규원은 이건창李建昌의 일가로 그의 집안은 여러 대에 걸쳐 무武를 업으로 했으나 현달한 자가 없었다. 이규원은 재간이 있고 청렴결백한 것으로 알려

조천포

조천포는 조천항을 말한다.
조선시대에는 큰 포구여서 제주로 부임하는 벼슬아치들이
이곳에서 첫발을 내딛는 경우가 많았다.

졌다. 당하관으로 일곱 지역의 부사를 역임했는데, 그만두고 돌아온 날 저녁부
터 남에게 빌어서 식사를 꾸렸다. 거처 또한 정해진 집이 없이 이르는 곳마다
세를 살아 옮겨 다녔다. 민태호가 경기 관찰사로 있을 때 그가 통진 부사에 있
었다. 민태호閔台鎬가 그를 알아보고 힘써 조정에 천거하여 몇 년 사이에 금
위장, 해방사가 되었다.

조선 마지막 제주 군수

이재호李在護는 제주 민란 혹은 신축교란이라고도 불리는 '이재수의
난'이 일어난 1901년 4월에 프랑스 함정을 타고 제주 목사 겸 판사로 부
임했다. 이재수의 난을 진압한 그는 살림이 넉넉한 사람들을 찾아 온갖
방법을 다 동원하여 탐욕을 부렸다. 제주도민들은 그를 뱀이나 전갈 같이
보았다.

1903년 1월에 제주 목사 겸 판사로 도임하여 2년 뒤 4월에 교체되어
떠난 사람이 홍종우洪鍾宇다. 그는 중국에서 김옥균金玉均을 암살한 공
로를 인정받아 평리원의 재판장으로 재직하다가 좌천되어 제주 목사로
왔다. 한국인 최초로 프랑스에서 유학한 홍종우는 제주 민란으로 프랑스
와 외교적 마찰이 심각해지자 제주 목사로 임명된 것이다. 그에게 민란의
사후 처리와 함께 프랑스에 대한 배상금 문제를 해결하도록 했다.

홍종우는 영은정泳恩亭을 금산禁山인 곳에 건축해 놀이하고 잔치하
는 장소로 만들었다. 이때 망경루 징수를 빙자하여 산에 있는 오래된 소

망경루

제주목 관아에 있는 망경루는 특히 제주 앞바다로 침범하는
왜구를 감시하는 망루 역할도 했다.

나무를 많이 베었다. 주민들의 재물 1만 냥을 징수하여 삼군에 나누어 비치했는데, 그가 재직했던 당시 뇌물이 공공연하게 행해져 글로 다 기록할 수가 없었다고 한다.

조선왕조 마지막 제주 군수는 서병업徐丙業이다. 그는 1910년 4월 윤원구尹元求의 후임으로 군수로 부임했으나 같은 해 대한제국의 몰락과 함께 들어선 조선총독부로부터 발령을 받은 제주 군수 제1호가 되었다. 그는 1914년 3월까지 제주 군수로 근무하고 일본인 도사島司에게 업무를 인계하고 물러났다.

제주 큰손 김만덕

텔레비전 드라마로 방영되어 전 국민의 마음을 사로잡은 여성이 바로 김만덕金萬德이다. 《조선왕조실록》, 《승정원일기》, 《일성록》에도 등장하는 김만덕의 삶을 〈만덕전萬德傳〉으로 기록한 사람이 정조 때 문신인 채제공蔡濟恭이다. 〈만덕전〉에 의하면 만덕의 본관은 김해 김씨이고, 아버지 김응열과 어머니 고씨 사이에서 태어났다. 양인이었던 아버지와 어머니를 일찍 여의고 외삼촌 집에서 유년 시절을 보내다가 기안妓案에 이름을 올리게 되었는데 스물셋에 제주 목사의 허락을 받아 양인으로 복귀할 수 있었다. 만덕은 제주도 남자들을 촌스럽게 여겨 혼인하지 않고 지냈는데, 장사 수완이 뛰어나 수십 년 사이에 내로라하는 부자가 되었다.

정조 14년(1790)부터 5년간 계속된 흉년으로 제주 사람들이 기아에 허덕였는데 특히 정조 19년의 흉년은 많은 사람들을 죽음으로 내몰았다. 제주도 사람인 변경붕邊景鵬의 글을 보면 당시 10만이던 제주도 인구가 3만으로 줄었을 만큼 큰 기근이었다. 이에 만덕이 육지에서 쌀을 사들여 친척들과 굶주린 백성들을 구휼하자 수많은 이들이 그녀의 덕을 칭송했다. 조선 후기 문신 이면승李勉昇의 글을 보자.

사해四海가 모두 내 형제다. 하물며 같은 섬사람 아닌가! 재물이란 외물外物이다. 모이고 흩어지는 때가 있다. 내가 어떻게 수전노가 되어 굶어 죽는 사람을 뻣뻣하게 보기만 하고 구휼하지 않겠나.

당시 제주 목사가 만덕의 선행을 조정에 보고하자, 정조는 김만덕에게 내의원 의녀반수醫女班首의 벼슬을 내렸다. 김만덕은 나이 58세(정조 20, 1796)에 정조를 알현했다. '제주도 여자는 뭍(육지)에 오를 수 없다'는 금기를 깨뜨린 김만덕은 제주에서 서울로 오는 도중에 각 고을 역참의 융숭한 호위를 받는 특전을 누리며 서울에 입성했다.

서울에 도착한 만덕은 당시 좌의정이던 윤시동尹蓍東의 부인 처소에 머물렀다. 궁궐에 나가서 혜경궁 홍씨를 알현하기도 했다. 그때 혜경궁 홍씨는 "네가 여자의 몸으로 굶주린 수많은 백성을 의롭게 구했다니 참으로 기특하다"며 후한 상을 내렸다. 그리고 영의정 채제공과 선혜청의 배려로 금강산을 유람했다.

만덕의 두 얼굴

그 당시 형조판서를 지냈던 이가환李家煥은 제주로 돌아가는 김만덕을 전송하며 다음과 같은 시를 남겼다.

만덕은 제주도의 기이한 여인

예순의 얼굴 마치 마흔으로 보이네

천금을 던져 쌀을 사다 굶주린 백성을 구하고

처음 바다를 건너 왕을 뵈었네

다만 한 번은 금강산 보기를 원했는데

금강산은 동북쪽 멀리 안개 속에 싸여 있네

왕께서 날랜 역마를 내려 허락해 주시니

천 리를 번쩍하고 관동을 떠들썩하게 하였네

높이 올라 멀리 조망하며 눈과 마음 확 트이게 하더니

표연히 손을 흔들며 바닷가 외진 곳으로 돌아가려 하네

탐라는 아득한 옛날 고양부 신인에서 비롯되었는데

한양을 구경한 여인은 만덕이 처음이었네

우렛소리처럼 와서는 백조처럼 홀연히 떠나니

높은 기상을 길이 남겨 세상을 씻어 주었네

인생에 이처럼 이름을 드날리니

진나라 과부 청淸을 어찌 부러워하리

만덕은 스님들이 메는 가마를 타고 금강산을 두루 구경한 뒤 서울로 돌아왔다. 정순왕후를 비롯한 조정의 대신들을 만난 뒤 다시 제주도로 돌아갔다. 왕의 배려로 제주도 여성이 도성과 금강산을 유람한 것은 보기 드문 일이었다.

정조 20년(1796) 11월 28일자 《일성록》에 따르면 정조는 당시 초계문신 친시親試의 과제로 '만덕'을 출제했다. 왕이 여인의 이름을 시험 문제로 출제한 것은 파격이었다. 이때 서준보徐俊輔가 삼상三上을 맞아 수석을 차지했다. 여기에 더해 왕의 명으로 지어진 '만덕전'도 여럿이다.

만덕은 순조 12년(1812) 10월 22일 74세를 일기로 제주도에서 사망했다. 평생 독신으로 살았다. 죽기 직전 가난한 이들에게 남은 재산을 골고루 나누어 주고 양아들에게는 살아갈 정도의 적은 재산만을 남겼다고 전한다.

제주시 건입동 사라봉 기슭 모충사에 만덕을 기리는 작은 비석 하나가 있다. 묘비에는 "행수내의녀김만덕지묘行首內醫女金萬德之墓"라 고 적혀 있다. 묘비의 뒷면에는 다음과 같은 글이 적혀 있다.

김만덕의 본관은 김해요, 곧 탐라 양가의 딸이다. 어려서 어머니를 여의고 의지할 데 없이 가난하여 고생하였다. 자라서는 약하고 부드러워 교방에 의탁하였는데, 옷을 동여매고 식비를 줄여서 재산을 크게 불렀다. (…) 비록 옛날의 현명한 여인이라 하더라도 아직 이런 일은 없었다. 칠순에도 얼굴과 머리가 신선과 부처를 방불케 하였고 두 겹 눈동자가 빛나고 맑았다. (…)

만덕은 많은 사대부에게 얻은 시문으로 시문집을 엮었는데 정약용丁
若鏞도 이 발문을 써 주었다. 정약용은 발문에 만덕에게 세 가지 기특함
과 네 가지 희귀함, 즉 '삼기사희三奇四稀'가 있다고 했다.

나는 만덕에게는 세 가지 기특함과 네 가지 희귀함이 있다고 말하고 싶다.
기적妓籍에 실린 몸으로서 과부로 수절한 것이 한 가지 기특함이고, 많은 돈
을 기꺼이 내놓은 것이 두 가지 기특함이고, 바다 섬에 살면서 산을 좋아함이
세 가지 기특함이다. 그리고 여자로서 중동重瞳(겹으로 된 눈동자)이고 종의 신
분으로서 역마驛馬의 부름을 받았고, 기생으로서 중〔僧〕을 시켜 가마를 메게
하였고, 외진 섬사람으로 내전內殿의 사랑과 선물을 받은 것이 네 가지 희귀
함이다. (…)

만덕이 '중동'이었다는 글이 눈에 띄는데, 겹 눈동자였던 것이 사실일
까? 소문이 자자하자 정약용이 그를 불러서 확인한 결과, 만덕도 다른 사
람의 눈동자와 별반 다르지 않았다. 그러나 정작 본인은 스스로 자기 눈
동자가 겹 눈동자라고 믿고 있었다고 한다. 소문과 사실의 차이는 그처럼
다른 것이다. '겹 눈'의 소문은 일제 강점기 제주 출신 향토사학자 김두봉
金斗奉의《제주도실기》에까지 이른다.

사람됨은 몸이 비대하고 키가 크며 말씨가 유순하고 후덕한 분위기가 나타
났고 눈은 겹 눈이었다. 칠순이 되도록 성상이 잡으셨던 왼 손목을 비단으로
감싸서 살빛을 감추었고 흰머리와 얼굴빛은 희여서 부처라 불렀다.

김만덕의 묘비

정조는 제주도민들을 구휼한 김만덕에게 내의원 의녀반수의 직책을 내렸다.
제주도 사람들은 아직도 만덕을 기리는 제사를 지낸다.

채제공은 그런 만덕을 두고 "너는 탐라에서 나고 자라 한라산 백록담의 물을 먹고, 이제 또 금강산을 두루 구경하였으니 온 천하의 사내 중에서 이런 복을 누린 자가 있을까" 하면서 칭찬을 아끼지 않았다.

그런 만덕의 행적을 다르게 표현한 사람도 많이 있다. 그중의 한 사람이 조선 후기 문신 심노숭沈魯崇이다. 정조 18년(1794) 제주 목사인 부친을 만나고 제주에서 얼마 동안 머물렀던 심노숭은 사람들로부터 만덕에 관한 많은 이야기를 들었다. 뒷날 여류명창 계섬의 전기 〈계섬전桂蟾傳〉을 쓰는데 그 말미에 만덕의 이야기를 다음과 같이 덧붙였다.

지난날 내가 제주에 있을 때 만덕의 얘기를 상세히 들었는데 품성이 음흉하고 인색해 돈을 보고 따랐다가 돈이 다하면 떠나는데 문득 그 입은 바지저고리까지 빼앗으니 가지고 있는 남자의 바지저고리가 수백 벌이 되어 매번 쭉 늘어놓고 햇볕에 말리니 군의 기녀들조차도 침을 뱉고 욕하였다. (…) 그 형제 가운데 음식을 구걸하는 이가 있었는데 돌아보지도 아니하더니 도에 기근이 들자 곡식을 바치고는 서울과 금강산 구경을 원한 것인데 그녀의 말이 낙락가관犖犖可觀타 여겨 여러 학사들이 전을 지어다 칭찬하였다. (…)

만덕이 살았던 그 당시 제주도 사람들에게 직접 들은 말을 근거로 쓴 심노숭 글의 만덕과 여러 문헌에 남아 있는 만덕의 행적 가운데 어느 것이 옳은지를 가려낸다는 것은 쉬운 일이 아니다.

추사秋史 김정희金正喜도 제주 유배 시절에 만덕의 양손자인 김종수에게 '은혜의 빛이 온 세상에 퍼졌다'라는 뜻이 담긴 '은광연세恩光衍

世'라는 편액을 써 주었다. 그 뒤로도 수많은 명사와 시인들이 만덕의 선행을 기리는 글과 시를 남겼다. 현재 '김만덕 기념사업회'가 설립되고 '만덕상'이 제정되어 그녀의 자선을 기리고 있다.

삼별초 항쟁의 마지막 현장 탐라

제주 역사는 한의 역사고 고난의 역사라고 해도 과언이 아니다. 제주에서는 크고 작은 난이 셀 수도 없이 많이 일어났다. 그중 가장 큰 사건이 바로 삼별초 항쟁이다. 삼별초 항쟁의 현장인 항파두리성은 제주시 애월읍 고성리와 상귀리, 김녕리에 걸쳐 있으며 내성과 외성으로 쌓은 겹성이다.

진도에서 몽골군과 격전 중이던 장군 김통정이 별장 이문경李文京 부대를 파견하여 확보한 제주의 거점으로 들어왔다. 고려 원종 12년(1271) 5월에 성을 쌓은 뒤 성안에 궁궐과 관아를 두었다. 그러나 원종 14년에 여몽연합군에게 패한 뒤 폐허가 되어 700여 년의 세월을 수풀 속에 묻혀 있다가 1978년에야 다시 정비되었다. 그들의 뜻을 기리어 항몽순의비抗蒙殉義碑를 세웠다. 항파두리성의 안쪽 성은 돌로, 바깥 성은 흙으로 쌓아 민가를 두었다. 그 둘레가 약 6킬로미터였으나 거의 없어지고 그 흔적만 남아 있다.

삼별초 항쟁은 고려가 몽골에 복속되던 초기에 일어난 군대의 반란이다. 삼별초는 고려 고종 때 최우崔瑀가 자신의 권력을 확보하고 유지하기 위해 설치한 상비군 야별초에서 비롯되었다. 이후 둘로 나뉜 좌·우별초와 여기에 몽골 병사와 싸우다 탈출한 병사들로 조직된 신의군神義軍을 총칭하여 삼별초라 부른다.

삼별초는 선택된 특수군으로 나라에서 많은 봉급을 주었고, 공을 세우면 죄인들의 재산을 나누어 주었는데, 그러다 보니 무신 정권의 하수인으로 전락했다. 삼별초는 그 주인의 지시를 받기도 했지만 경우에 따라서는 그 주인을 내몰기도 했다. 김준金俊, 임연林衍, 임유무林惟茂를 몰아내는 데 동원되었던 삼별초는 정작 강력한 무신 정권이 등장하지 않자 그들에게 주어졌던 일도, 특권도 사라졌다.

그러한 상황에서 몽골의 지원을 받은 원종이 강화도에서 개경으로 환도하자 삼별초가 이에 반항했고, 왕은 삼별초를 해산한다는 조서를 발표했다. 조정이 환도를 결정한 뒤 강화에 임시로 터를 잡고 살았던 고려의 관리들과 백성들이 짐을 싸 배를 타고 개경으로 나가기 시작했다.

삼별초의 배중손裵仲孫과 야별초의 노영희盧永禧가 "오랑캐 군사들이 대거 밀려와 백성들을 살육하니 무릇 나라를 돕고자 하는 사람들은 구정毬庭으로 모이라" 했다. 그들의 말에 동조한 수많은 사람들이 구름처럼 몰려들었다.

삼별초의 군사들은 바닷가로 나가서 "배에서 내리지 않는 사람은 모조리 베어 죽이겠다"고 했지만 이미 대세는 개경으로의 환도였다. 강화를 오래 지킬 수 없다고 판단한 배중손과 노영희는 반란을 일으켰는데, 그때가 원종 11년(1270) 6월이었다. 당시 백성들은 친몽 왕실파의 패배주의적 태도에 비판적이었다. 이러한 민간의 여론에 힘입어 삼별초는 반몽골·반정부의 자주독립 수호를 내세워 원종을 폐하고, 왕족인 승화후承

化侯 온溫을 새로운 왕으로 옹립한 뒤 관부를 설치했다.

삼별초는 끝까지 강화도에서 버틸 생각이 없었고, 반란 3일 뒤에는 공사 재물을 접수했다. 강화도에 남아 있는 귀족 고관의 가족들을 인질로 잡고 배를 태워 진도로 옮겼다. 이때 동원한 선박이 1000여 척이었고, 그 배에 재물과 군사와 가족들을 태웠는데 인질들도 많아 통곡이 하늘을 뒤덮었다고 한다.

그들이 강화에서 옮기기 전 태사국太史局의 관리인 안방열安邦悅에게 개경 환도를 두고 점을 치게 했다. 그때 점괘가 "반은 보존하고 반은 망한다"는 점괘가 나왔다. 이 말을 들은 그들은 나라가 둘로 나눌 것이라고 여겼다. 또 고려는 12대에서 망하고 남쪽에 가서 도읍을 정하면 그 뒤를 잇는 왕조가 들어선다는 소문이 돌았다.

근거지를 진도로 옮긴 그들은 몽골군의 반격을 예상하고 섬에 강력한 군사 기지를 설치하여 제해권制海權을 장악했다. 그것은 해전에 약한 몽골군에 대항하여 전략상 우세한 위치를 확보하려는 작전이었다. 진도에 이동한 삼별초는 곧 전라도 일대를 제압했다. 해안 도서 지역은 물론 내륙도 점차로 삼별초의 세력권 안에 들어오기 시작했다. 진도에 있는 삼별초 본거지에 사자使者를 보내어 복속의 뜻을 표하는 세력들도 있었다.

하지만 삼별초는 초반의 우세를 계속 잇지 못했다. 원종 12년 5월에 홍다구洪茶丘가 새 몽골군 지휘관에 임명되었다. 김방경, 흔도忻都, 홍다구의 지휘 아래 여몽연합군이 진도에 총공격을 가하여 함락시켰다. 이때 승화후 온은 홍다구의 손에 죽고 배중손도 전사하고 말았다.

진도가 함락되던 당시 남녀 포로가 1만여 명이 넘었다. 그중에는 인질로 잡힌 귀족과 고관의 가족들이 많았다. 삼별초는 재기 불능이라 보일 정도로 큰 타격을 받았으나 완전히 굴복하지는 않았다.

살아남은 삼별초군은 김통정을 우두머리로 제주로 본거지를 옮겨 계속 항전했다. 제주도로 이동한 그해에는 방어 진지의 구축에 바빠 크게 활약할 겨를이 없었다. 그러나 이듬해부터는 본토를 자주 공격해 전라도와 경상도 요지가 큰 피해를 보았다. 《고려사》에 실린 내용을 보자.

6월 무자일. 왕이 봉은사에 갔다. 전라도 지휘사의 보고에 "삼별초 전선 6척이 안행량을 지나 서울로 향하였다"고 하여 개경 사람들이 두려움에 떨었다. (…) 이달 14일에 도망해 나온 노효제라는 자가 이번에 보고하기를, "역적들이 배 11척에다 군사 390명을 나누어 싣고 경상도와 전라도의 조운선을 탈취하는 한편 연해의 고을들을 함락시키려 한다"고 하였다.

이와 같이 삼별초는 최후까지 분투했으나 기울어진 대세는 어찌할 수 없었다. 마지막 총공세가 펼쳐진 것은 원종 14년(1273) 4월이었다. 《고려사》의 기록을 다시 보자.

병오일. 왕이 현성사에 가서 오교五敎와 양종兩宗의 승도들을 모아 놓고 남산궁에 도량을 열어 역적들을 평정시켜 달라 기도하였다.

경술일. 김방경이 흔도, 홍다구 등과 더불어 전라 함선 160척과 수군과 육군 1만여 명을 지휘해 탐라에서 싸워 수많은 적군을 죽이거나 노획하니 역적들의 무리가 크게 붕괴되었다. 김원윤金元允 등 6명을 죽이고 항복한 1300여 명을

항몽순의비

삼별초군의 항몽 정신을 기리기 위해 애월읍 고성리 항파두리성 유적지에 세운 기념비다.
이 기념비가 있는 자리는 본래 삼별초 본영이 있던 대궐터였다.

여러 배에다 나누어 실었으며 원래 탐라에 거주했던 자는 예전처럼 안거하게 했다. 적이 완전히 평정되자 장군 송보연宋甫演 등을 시켜 그대로 머물러 지키게 한 후 귀환하였다.

김통정은 산중으로 피신했다가 자결했는데 삼별초의 반란이 시작된 지 약 3년 만인 원종 14년 4월 28일이었다. 그해 6월 대장군 김수金綏를 원나라에 보내 탐라에 있던 역적들을 평정한 것을 보고하게 했다.

해적들의 침구가 심해지는 바람에 온 나라가 오랫동안 고통을 받던 중, 천자의 군대가 도착하니 그 군세에 의지해 마침내 적도들을 소탕했습니다. 엎드려 생각건대 폐하의 지극한 인덕 덕분에 섬을 나와 옛 도읍으로 돌아왔으나 역적들이 오만 방자하게도 반란을 일으켰기에 폐하에게까지 우리 실정을 호소했으며 마침내 흥망을 걸고 죄인들을 토벌하게 되었던 것입니다. (…)

김통정의 시신을 발견했다는 송보연의 보고가 올라왔고, 숨어 있던 김혁정金革正과 이기李奇 등을 체포하여 홍다구에게 보내어 다 죽게 했다고 한다.

삼별초가 여몽연합군의 압도적 병력의 공격을 받으면서도 3년이라는 오랜 기간을 버틸 수 있었던 이유는 여러 가지다. 삼별초 자체가 무척 우수한 전투 병력이었다. 또한 그 배후에는 삼별초 항거에 적극 호응한 남도 각 지역의 농민들이 있었다. 이들에게는 정부와 몽골군에 투쟁하려는 굳은 결의가 고양되어 있었던 것이다.

삼별초 항쟁에 대한 평가는 저마다 다르다. 중요한 점은 무신 정권의 하수인이었으나 나라에 반기를 들었던 삼별초의 역사가 이곳 제주 곳곳에 깊이 각인되어 있다는 것이다.

제주 민란

조선 후기인 순조 11년(1811)에 일어난 홍경래의 난 이후 조선 전역은 민란이 그치지 않았다. 특히 철종 13년(1862)에 진주에서 일어난 진주 민란 이후 민란은 요원의 불길처럼 전국으로 번졌다. 제주도 역시 피할 수 없었다. 제주 민란은 이 지역 특유의 경제적 수탈과 함께 육지 민란에 영향을 받아 일어난 사건이다.

철종 13년 11월 제주에서는 '임술년 농민란' 또는 '강제검의 난'이라 불리는 제주 민란이 일어났다. 제주 농민들은 장세를 지나치게 많이 거두어 가는 것과 부역을 불공평하게 매기는 것, 환곡 과정에서 일어나는 옳지 않은 일들에 분노했다. 또 한 감관과 색리에 대한 불만도 높았다. 그들은 빼앗긴 재물과 화전세, 수세 문서를 불태우고, 색리들을 구타한 뒤 모든 잘못을 시정하겠다는 제주 목사 임헌대任憲大의 약속을 받고 해산했다. 그러나 요구 사항이 시정되지 않자 다시 일어섰다. 대정과 정의에서 모인 농민들은 제주성을 점령했고, 목사 임헌대를 성토하여 내쫓았다. 그리고 평소에 작폐가 심했던 세 아전을 몰매를 쳐 죽였다. 그때 성안의 집을 부수고 불태운 것이 141회, 재물의 손실이 수만 냥에 이르렀다. 제주 방어사로 부임한 정기원鄭岐源과 찰리사 이건필李建弼이 난을 수습하고, 목사 임헌대는 초산으로 귀양을 보냈다. 그리고 강제검姜悌儉과 김흥채金興采는 효수형에 처하며 제주 민란이 수습되었다. 정기원의 영세불망비永世不忘碑가 현재 제주시 조천읍 조천 비석거리에에 서 있다.

이후에도 제주에는 크고 작은 민란이 발생했다. 고종 27년(1890) 12월에는 탐관오리인 전임 목사 송구호와 신임 목사 조균하의 횡포로 민생이 피폐해지자 김지를 중심으로 '김지의 난(경인 민란)'이 일어났다. 1896년 3월에는 강유석과 송계홍이 수천 군중을 이끌고 난을 일으켰다.

방성칠의 난

제주시 애월읍 유수암리 자랑은 '자아랑' 또는 '자랑못'이라고도 한다. 금덕리와 소길의 경계에 있는 못이다. 본래 이곳에 집이 있었는데, 역적이 살았던 곳이므로 나라에서 집을 헐고서 못을 팠다고 한다. 오래전 이 부근 땅에서 돌함이 나왔다고 한다. 역적이 나면 숯으로 지지고 못을 파서 그 근원을 깡그리 없앴던 것이 조선왕조의 전통이었다.

제주 4·3항쟁이 발생하기까지 역사적 사건들과 이야기를 제주를 중심으로 풀어 가는 한림화의 장편소설 《한라산의 노을》을 보자.

구한말 전라도 근방에서 동학 농민 혁명을 일으켰다가 실패한 무리의 사람들이 남학당南學黨을 조직하여 제주에 들어와 대정 근방 산속에서 화전을 일

영세불망비

정기원의 공을 알리는 비석이다.
강제검과 김홍채가 효수형을 당하며 강제검의 난이 수습되었다.

구면서 살았다. 그런데 화전세가 하도 혹독한지라 그들은 제주 사람들을 규합하여 제주 목사한테 세를 감면해 달라고 갔다가 쉬는 틈에 딴 맘을 먹었다. 아예 이 제주에서 제주 목사를 밀어내고 나라를 세우는 것이 어떻겠는가?

방성칠의 난은 1898년에 일어났다. 화순에서 태어난 방성칠房星七은 남학도였다. 고종 31년(1894)에 방성칠은 강벽곡姜辟穀, 정선마鄭先馬 등과 함께 남학당 교도 수백 명을 이끌고 전라도에서 제주도로 갔다. 지금의 제주시 오라동에 거주하며 화전민을 상대로 포교했다. 당시 제주 목사였던 이병휘李秉輝는 1896년에 부임했는데 탐관오리로 제주도민들의 원성이 자자했다. 제주도로 유배를 와서 당시의 상황을 목격한 김윤식金允植은《속음청사續陰晴史》에 다음과 같이 기록했다.

제주 목사 이병휘는 탐암貪黯하여 오랫동안 백성의 원망을 사고 있는데, 들으니 시골 사람들이 통문을 내어 모두 모여 부府에 들어가 장차 억울함을 호소한다고 한다.

주목이 백방으로 금지하려 하지만 안 되고 있다고 한다.

마침내 방성칠은 수백 명을 이끌고 제주목 관아에 들어가서 탐관오리 징벌과 무명잡세 반대, 토호배 처벌 등을 요구하는 소장을 제출했다. 제주 목사가 시정을 약속했지만 지키지 않았다. 게다다 장정 60명을 시켜 방성칠과 주모자들을 잡아들이려고 했다. 이 사실을 알게 된 방성칠과 그 일행들은 수많은 사람들을 선동하여 봉기했다. 그들은 머리에 흰 수건을

비석거리

조천 비석거리에는 제주의 민란을 제압한 벼슬아치들의 공덕비가 줄지어 서 있다.

질끈 동여매고 몽둥이를 들고서 제주성 밖에 모였다. 그때 모인 사람이 몇만에 이르렀으며, 당시 유배 중이었던 김낙영金洛榮, 최형순崔亨淳이 민란군 지도부에 합류했다.

그들은 성 밖에 진을 치고 있다가 3월 1일에 성안으로 들어갔다. 성난 민중들로부터 심한 몰매를 맞고서 중상을 입은 목사 이병휘는 어둠을 틈타 당시 화북포에 정박해 있던 배를 얻어 타고 섬을 빠져나갔다.

대정 군수 채구석蔡龜錫도 심하게 맞아 중상을 입었고, 나머지 관리들도 성난 군중에게 맞아 죽거나 도망쳤다. 성을 점령한 민중들은 관아를 부수고 공문서를 불태운 다음 목사의 비리를 낱낱이 밝혔다. 제주성을 장악한 방성칠은 독립된 나라를 세워 법사法司가 되려 했다. 특히 제주 유배인들로 하여금 육조六曹를 구성하게 하여 중앙 정부와 같은 체제를 수립하려 했다. 그러나 그들의 뜻대로 일이 전개되지 않았다. 정의 군수를 지낸 홍재진과 대정 군수를 지낸 송두옥이 지방의 토착 세력들과 유배중이었던 이용호, 정병조, 김사찬과 협의하여 창의군을 일으켰다. 이에 호응한 사람들이 4000~5000명에 이르렀다.

토착 세력으로 구성된 반군이 전열을 정비하여 3월 13일 방성칠이 제주성을 비운 사이 진입하여 다시 성을 장악했다. 이에 방성칠 등은 일본에 소속되기를 청했으나 실패했고, 오히려 민란군에 참여한 사람들의 신뢰를 잃었다. 사기가 떨어진 방성칠과 남학당은 제주군 귀리로 퇴각했다. 다음 날 창의군이 민가에 숨어 있던 방성칠과 김낙인 등의 주모자들을 찾아 죽이면서 난이 진압되었다.

알베르 카뮈는 '한 사람의 칼을 든 사내가 기관총 부대를 습격하는 행

212

위'를 부조리라고 했는데, 대개의 민란은 결국은 패할 수밖에 없는 부조리한 싸움이었다.

이재수의 난의 진원지

방성칠의 난이 일어난 지 3년째 되던 1901년 제주도 역사에서 빼놓을 수 없는 비극적인 사건이 일어났다. 1901년 5월 외래 종교, 즉 천주교로 대표되는 서구 열강의 문화적 침탈에 저항한 제주 토박이들의 민중 운동 이재수의 난이 일어났다. '이재수의 난'이라고도 하고 신축년 辛丑年에 일어났다고 해서 '신축교난' 또는 '제주 민란', '제주교난'이라고도 부른다.

당시 제주 목사였던 이상규 李庠珪는 사사로이 납세를 자행하여 백성들의 고혈을 짜냈다. 원래 제주도는 워낙 토질이 척박하여 지세를 내지 않는 대신 말, 귤, 전복, 버섯 등과 한약재 등을 진상물로 바쳤는데, 지세와 산림세가 생긴 것이다.

현기영의 소설 《변방에 우짖는 새》를 보자.

임자 있는 솔밭은 물론 무주공산의 상수리 숲, 마을 안 둥구나무, 마을 밖의 교인들이 벌독하고 남은 신당의 당나무에도 세를 매겨 마을 공동으로 부담시켰다. 집 뜰 안의 귤나무·유자나무·감나무에도 세가 나왔다. 더욱 기가 막힌 것은 일곱 해 전인 갑오년 대흉년에 면제해 주었던 호포세까지 납부하라고 독촉장을 보낸 일이다. (…) 호포세는 집 간수를 헤아려 매겼는데, 감색을 잘못 만나면 뒷간에까지 세가 붙었다. 마소뿐만 아니라 개, 돼지, 닭에도 호세가 나왔다. 죽은 병아리에나 세가 없을까. 계란에도 세가 붙었으니, 계란이 열 개면 다섯은 내놓아야 했다.

탐관오리의 횡포도 무서웠지만 엎친 데 덮친 격으로 천주교도들까지 나서서 백성들을 괴롭히고 있었다. 이재수 난의 직접적인 발단은 1901년 2월 9일 대정현 인성리에서 있었던 군민과 천주교도의 충돌에서 발생한 오신락吳信洛 사망 사건 때문이었다. 천주교인들은 오 노인이 감나무에 목매달아 죽었다고 했고, 노인의 두 아들은 천주교도들에게 매를 맞아 죽었다고 했다. 기축옥사(선조 22년, 1589) 당시 정여립의 의문사와 비슷했다. 서인들은 역모가 발각되자 칼을 땅에 꽂아 놓고 스스로 목을 찔러 죽었다고 했고, 동인들은 단풍놀이 가자고 해 놓고서 때려죽였다고 했던 자살과 타살 사이에서 사건이 발생한 것이다.

오 노인과 대립하고 있던 현유신玄有信 부자는 이 사건을 천주교인들의 탓이라는 낭설을 퍼뜨렸다. 그 무렵 제주도의 민생은 계속되는 흉년과 서울에서 내려온 관리들의 탐학으로 도탄에 빠져 있었다. 정부에서 파견된 제주도 봉세관封稅官 강봉헌姜鳳憲은 평안도 출신으로 엄청난 잡세를 징수하면서 천주교인들을 채용하고 있었다. 대정 군수 채구석과 제주 바다의 고기를 잡으러 온 일본인들은 경제적으로 봉세관의 방해를 받게 되면서 천주교도들에게도 적의를 품기 시작했다. 그 무렵 천주교도들은 자신들이 차지한 토지 내에 있던 신당과 신목들을 불살라 도민들의 배타적이고 미신적인 감정을 더욱 자극했다.

대정 군수였던 채구석은 유림 오대현吳大鉉과 관노였던 이재수 등과 결탁하여 상무사를 설립했다. 대표로 채구석을 추대한 뒤 도민회를 연 그들은 봉세관의 탐학과 천주교도들이 저지른 비행을 낱낱이 성토했다. 그들이 내세웠던 천주교도들의 비행은 다음과 같다.

첫째, 천주교도가 사람을 죽여도 관가에서 체포하지 못했다.

둘째, 천주교도가 남의 부인을 강탈하거나 강간해도 처벌하지 못했다.

셋째, 천주교도들은 감옥과 형구를 멋대로 갖추어 놓고 백성들을 끌어다가 매를 치기도 하고 가두어 두었다.

넷째, 천주교도가 관헌에 체포된 사람을 교도라고 하여 도중에서 빼돌리거나 옥에 갇힌 사람을 강권으로 석방하도록 했다.

다섯째, 교도들을 비방하거나 교도와 언쟁을 벌이면 천주교를 모독한 행위라고 하여 천주교도가 교회로 끌고 가 매질을 했다.

여섯째, 천주교도들은 마음이 내키면 땅을 빼앗고 제주도의 민간 신앙과 직결된 신당을 파괴하여 토속 신앙을 유린했다.

일곱째, 교도들이 이미 팔았던 땅을 다시 사들일 때 시세가 올랐더라도 예전에 받은 돈만 치르고 우격다짐으로 되돌려 받는 것이 당연시되었다.

그러자 천주교도들이 그것을 막으려고 완력을 사용했고 몇 차례 충돌이 일어났다. 그 뒤 5월 12일에 다시 모인 사람들은 장두로 오대현을 선출했다. 다음 날 제주 목사에게 이 사건을 호소하기로 하고 대정을 출발했는데, 그 인원이 몇천 명이었다. 그 소식을 접한 천주교도들 800여 명은 신부 마르셀 라크루와 함께 총과 칼로 무장하고 출동했다. 그들은 명월성에서 잠을 자고 있던 진정단 간부들을 습격하여 오대현을 비롯한 우두머리 6명을 납치했다. 천주교도들은 기선을 제압하면 오합지졸인 나머지 사람들은 해체할 것이라고 여겼다. 그때가 1901년 5월 14일이었다.

장두를 잃고 혼란에 빠진 진정단 앞에 나타난 사람이 바로 이재수였다. 그렇다면 이재수는 어떤 인물인가? 일명 '제수'라고도 불렸는데 관노 또는 마부였다고 알려져 있다. 그는 어려서부터 칼과 활 등을 다루는 무예에 뛰어났다고 한다.

이재수의 지휘하에 진정단원들은 대정으로 철수하여 격문을 돌려 장정과 포수를 모았다. 하루에 모인 장정이 몇천 명에 이르렀다. 그들은 총검과 죽창을 들었고 총포를 든 포수도 40여 명이 합류했다. 동진과 서진으로 나누었는데, 동진의 우두머리는 강우백이고 서진의 우두머리는 이재수가 맡아서 제주성을 향해서 쳐들어가 성을 포위했다.

천주교도들은 성문을 굳게 닫고 김창수 목사에게 요청하여 무기고를 헐고 대항했다. 제주 군수 김창수와 대정 군수 채구석이 천주교 신부에게 오대현을 석방하도록 중재했으나 실패하고 말았다.

우여곡절 끝에 이재수를 대장으로 한 제주도민들은 성을 함락시키고 입성했다. 전립을 쓴 서진 대장 이재수는 떨어진 옷에 칼을 차고 포수들의 호위를 받으면서 말 위에 앉아 당당하게 입성했다. 그때가 5월 28일이었다. 관덕정에 앉은 이재수는 천주교도들의 죄상을 낱낱이 성토하면서 붙잡힌 교도나 민가에 숨어 있는 천주교인들을 모조리 색출하여 처단하라고 호령했다. 이틀간 그들에게 피살된 천주교인들이 300명이 넘었다.

사건이 급속도로 전개되자 프랑스 신부들은 확대를 염려하여 뮈텔 주교를 통해 프랑스 함대의 도움을 빌리게 되었다. 그러나 프랑스 함대가 제주에 도착했을 때는 이미 난이 고비를 넘기고, 수백 명의 교인이 학살된 뒤의 일이었다.

함정을 타고 온 신임 목사 이재호, 찰리사 황기연은 방문을 내걸고 그때까지 남아 있던 군중 만 명을 달랜 뒤 해산시켰다. 6월 11일에는 민란의 지도자인 채구석, 오대현, 이재수 등 주모자들과 봉세관 강봉헌을 잡아들였다. 그것을 지켜본 민중들이 다시 모여 이재수의 석방을 요청했다. 그러나 진위병이 그들을 곧바로 압송하여 서울로 보냈다.

이재수의 난은 제주도 내부의 여러 요인으로 인해 일어난 사건이었으므로 후속 처리도 그만큼 복잡할 수밖에 없었다.

7월 30일 프랑스 공사 플랑시는 조선 정부에 서울로 압송된 자들을 처벌할 것과 함께 피해에 대한 배상금을 요구했다. 8월 1일부터 그들에 대한 재판이 서울 평리원에서 열렸고, 프랑스 신부들과 미국인 고문관 등으로 하여금 조선 측 판검사와 함께 이 사건을 심사하도록 했다. 그 결과 10월 9일에는 판결이 내려져 오대현, 강우백, 이재수 등 주모자들은 교수형을 받았으며 그 밖의 선동자들은 징역을 선고받았다.

전하는 말로 이재수는 법정에서 프랑스 공사가 회심관들과 귀엣말을 나누자 "너는 어떤 놈이길래 감히 계상階上에 올라 서 있느냐. 당장 내려오지 않으면 마땅히 네놈을 쳐 죽이리라" 하고 당당하게 호통을 쳤다고 한다. 동학 농민 혁명의 지도자 전봉준이 공초에서 일본 법관에게 당당했던 것처럼 이재수 역시 자신과 제주도 사람의 자존심을 정정당당하게 지켰다.

채구석은 사형 선고를 받았으나 아무런 형벌도 받지 않고 방면되었다. 프랑스 공사가 이 소식을 듣고 항의문을 조선 정부에 보냈다. 결국 채구석은 다시 서울로 압송되었다. 그 뒤 제주도민의 청원과 배상금 문제로 채구석은 1903년 11월 20일에 석방되었다.

또 하나의 문제는 사망자들의 영장지를 정하는 것이었다. 본래 영장지는 프랑스 함장과 제주 목사 사이에 이루어진 약속이 있었으나 사건 1년이 지나도록 유골이 그대로 방치되어 있어 프랑스 공사가 해결을 요청한 것이다. 이 문제는 그 뒤에도 오랜 시일을 끌다가 1903년 황사평에 유골을 안장함으로써 끝이 났다.

영장지 문제의 종결과 함께 1903년 11월 16일에 배상금 5160원이 조선 정부에 의하여 청산되었다. 그리고 앞서 석방된 채구석은 1904년 6월 27일에 이자인 722원을 도민들에게 십시일반 거두어 처리했다. 사건이 일어난 지 3년 만이었다.

현재 서귀포시 대정읍 홍살문거리에는 '제주 대정 삼의사비'가 서 있다. "무릇 종교가 본연의 역할을 저버리고 권세를 등에 업었을 때 그 폐단이 어떠한가를 보여 주는 교훈적 표석이 될 것이다"라고 쓰여진 이 비는 1961년에 대정 지역 유지들과 이재수의 후손들이 '이재수의 난'의 지도자였던 이재수, 오대현, 강우백을 기리기 위해 세운 것이다.

제주 대정 삼의사비

이 비석은 이재수의 난 60주년에 민란의 장두 3인을 기리기 위해 세워졌다.

4·3항쟁의 현장

제주의 역사에서 가장 큰 상처를 남겼으면서도 한동안 누구도 말할 수 없었던 사건이 있다. 바로 4·3항쟁이다. 4·19혁명 직후 겨우 일기 시작한 진상 규명 운동은 이듬해 발생한 5·16군사정변으로 된서리를 맞았다. 4·3항쟁 진상 규명을 요구했던 사람들은 옥고를 치렀고, 4·3항쟁에 관한 글은 판금되거나 필화 사건을 일으키기 일쑤였다. 군부 독재 정권은 4·3항쟁을 은폐, 왜곡했고 철저히 금기시했다. 유족들은 억울함을 호소하기는커녕 부모가 토벌대에게 총살당했다는 이유 하나로 어려서부터 '폭도 자식'이라는 소리를 들었다. '연좌제'의 사슬에 묶여 장래가 막혔다. 깡그리 불태워져 잿더미가 된 마을로 돌아온 후 굶주림에 벗어나기 위해 맨손으로 척박한 땅을 일구며 몸부림쳤다.

국민들은 고립무원의 섬에서 발생한 이 처절한 학살극에 대해 사건 당시는 물론이고 이후에도 제대로 알지 못했다. 교과서는 왜곡된 내용만을 가르쳤고 언론도 오랫동안 침묵으로 일관해 왔다. 박세길의 《다시 쓰는 한국현대사》를 보자.

1948년 4월 3일 오전 2시! 어둠을 가르는 한 발의 총성은 순식간에 제주도를 흔들어 전화의 소용돌이 속으로 밀어 넣었다. 한라산의 봉우리마다 붉은 봉화가 오르고 이상한 공기가 제주도 전체에 감돌았다. '탕' 하는 총성은 5·10망국선거를 실력으로 저지하기 위한 전 무장 세력에 대한 공격 개시의 신호임과 동시에 제주도민 전체의 궐기를 촉구하는 호소였다. 그것은 또 폭력에 의하여 단독 정권을 수립하려는 자들에 대한 일대 철퇴이며 제주 민중의 대대적인 궐기를 예고하는 것이기도 하였다.

1. 미군은 즉시 철수하라.
2. 망국 단독선거 절대 반대.
3. 투옥 중인 애국자를 무조건 즉시 석방하라.
4. 유엔 한국 임시위원단은 즉각 돌아가라.
5. 이승만 매국도당을 타도하자.
6. 경찰대와 테러집단을 즉시 철수시켜라.
7. 한국통일 독립 만세.

이러한 슬로건과 함께 300여 명의 무장·비무장대원들은 각지의 산봉우리부터 일제히 올려진 봉화와 총성에 동서남북으로 호응하여 봉기의 포문을 열었다.

은밀하게 산에서 내려온 여러 무장대는 전격적인 공격을 가하여 순식간에 제주도 전체를 완전하게 제압했다.

1948년 4월 3일 새벽 2시에 한라산 정상과 그 일대 주요 오름에서 일제히 타오른 봉횃불을 신호로 무장한 세력들이 경찰관서와 우익 단체의 사무실에 불을 지르고, 경찰관과 지역 유지들을 닥치는 대로 죽였다. 당시 제주도에 경찰관서가 20군데가 있었는데 14곳이 불에 탔다.

이 사건을 접한 이승만 대통령은 "제주 놈들은 모조리 죽이시오"라고 했고, 조병옥은 "대한민국을 위해 전 도道에 휘발유를 부어 30만 도민을 모두 죽이고, 모든 것을 태워 버려라"라고 명령을 내렸다. 신성모는 그보다 한술 더 떠서 "제주도의 30만 도민이 없어지더라도 대한민국의 존립은 아무렇지도 않다"고 말했다. 곧바로 미군정과 국방경비대의 대대적인 토벌이 시작되었다. 제주도 전역에서 초토화 작전과 대량 학살이 이루어졌다. 유격대는 1949년 초 신년 대공세를 펼쳤지만 토벌군의 압도적인 우세와 지리적인 고립 그리고 병력 보충과 보급품 조달이 중단되면서 여러 가지 어려움이 야기되었고, 결국 비극적인 종말을 고하게 되었다.

4·3항쟁으로 제주도는 쑥대밭이 되었다. 희생된 사람이 8만 8000명에 이르렀고, 1만 5000호가 불에 태워졌다. 7만 8000두의 소와 2만 2000필의 말 및 2만 9000마리의 돼지가 도살되었다. 곡류 13만 5000석, 고구마 420만 관, 면화 9만 9000관, 소채 90만 관이 소각되었다.

제주 4·3의 진실을 폭로한 이산하의 장편 서사시 《한라산》을 보자.

움직이는 것은 모두 우리의 적이었지만
동시에 그들의 적이기도 했다.
그러나 우리는 보고 쏘았지만
그들은 보지 않고 쏘았다.
학살은 그렇게 시작되었다.

그날
하늘에서는 미군 정찰기가 살인예고장을 뿌리고

절해고도에서 꾸는 꿈

바다에서는 미군 함대들이 경적을 울리고
지상에서는 미군 장교들과 토벌대가 총칼을 휘두르며
모든 처형장을 진두지휘하던 그날
한국판 'KKK단'인 서북청년단이 아편에 취한 채
한림의 금악리를 빨갱이 마을로 지목해
80여 명의 남녀 중학생들을 금악벌판으로 끌고 가
집단총살을 하고 바다에 수장한 다음
서귀포 정방폭포와 천지연폭포로 몰려가
빨치산의 젊은 아내와 딸들을 발가벗겨
나무와 바위에 묶어 표창연습으로 삼다가
마침내 모두 대검으로 젖가슴을 하나씩 천천히 도려내
폭포 속으로 던져버린 그날
(…)
서귀포 임시감옥에서는 친일경찰이
빨치산과 그 가족들의 손톱과 발톱 밑에 못을 박고
일제 뺀찌로 혓바닥 뿌리까지 뽑아버린 그날

바로 그날 관덕정 인민광장에서는
온몸이 총탄에 맞아 벌집으로 변한 사람
머리가 돌과 소총 개머리판에 맞아 함몰된 사람
복부가 대검에 찔려 창자가 삐져나온 사람
음부에 긴 쇠꼬챙이가 꽂혀 있는 사람

손톱과 발톱과 이빨과 혓바닥이 모두 뽑힌 사람

손바닥과 발등에 대못이 박혀 있는 사람

두 젖가슴이 모두 잘려나간 사람….

그런 사람들이, 한때는 사람이기도 했던 그런 빨치산들이

십자가 나무기둥에 묶여 나란히 전시되어 있었다.

(…)

    당시 제주도에 살았던 대부분의 사람들은 이중고에 시달리고 있었다. 밤에는 마을 출신 공비들이 나타나 입산하지 않는 자는 반동이라고 대창으로 찔러 죽이고, 낮에는 토벌대와 경찰들이 찾아와 도피자를 수색했다. 결국 마을의 남정네들은 낮이나 밤이나 숨어 지낼 수밖에 없었다. 4·3항쟁으로 제주도가 입은 피해는 상상을 초월할 정도였다. 2003년 10월 15일 대한민국 정부가 확정한 《제주 4·3사건 진상조사보고서》에 의하면, 인명 피해는 2만 5000∼3만 명으로 추정되고, 강경 진압 작전으로 중산간 마을 95퍼센트 이상이 불타 없어졌으며, 가옥 3만 9285동이 소각되었다. 4·3사건진상조사위원회에 신고 접수된 희생자와 유가족에 대한 심사를 마무리한 결과(2011년 기준), 희생자 1만 4032명, 유족 3만 1255명이 결정됐다. 4·3항쟁은 지금도 제주 사람들의 아물지 않은 상처로 남아 있다.

    현기영의 〈순이 삼촌〉은 4·3항쟁 이후 제주의 슬픈 이야기를 들려준다.

    한날 한시에 이집 저집 제사가 시작되는 것이었다. 이날 우리 집 할아버지 제사는 고모의 울음소리부터 시작되곤 했다. 이어 큰어머니가 부엌일을 보다

4·3항쟁으로 폐허가 된 집터

4·3항쟁 당시 토벌대에 의해 전소된 마을은 민중 봉기와 민간인 집단 학살이 점철된
역사적 기억의 장소로 남아 있다.

225

말고 나와 울음을 터뜨리면 당숙모가 그 뒤를 따랐다. 아, 한날 한시에 이집 저 집에서 터져나오던 곡성소리, 음력 섣달 열여드렛날, 낮에는 이곳 저곳에서 추 렴 돼지가 먹구슬나무에 목매달려 죽는 소리에 온 마을이 시끌짝했고 5백 위 도 넘는 귀신들이 밥 먹으러 강신하는 한밤중이면 슬픈 곡성이 터졌다. 그러나 철부지 우리 어린것들은 이 골목 저 골목 흔해진 죽은 돼지 오줌통을 가져다가 오줌 지린내를 참으며 보릿짚대로 바람을 탱탱하게 불어넣어 축구공 삼아 신 나게 차고 놀곤 했다. 우리는 한밤중의 그 지긋지긋한 곡성소리가 딱 질색이었 다. 자정 넘어 제사 시간을 기다리며 듣던 소각 당시의 그 비참한 이야기도 싫 었다. 하도 들어서 귀에 박힌 이야기, 왜 어른들은 아직 아이인 우리에게 그런 끔찍한 이야기를 되풀이해서 들려주었을까?

1949년 4월에 대대적으로 벌인 토벌 작전으로 공비의 우두머리인 이 덕구가 사살되었고 주요 근거지는 점령당했다. 토벌대들이 그들의 무 기를 빼앗으면서 소강상태에 접어들었다. 하지만 산으로 숨어든 그들 은 5년이 지난 1954년까지 저항을 그치지 않았다. 9월 21일에야 20명쯤 으로 줄어들어 저항 능력을 상실하면서 4·3항쟁은 마무리 단계에 접어들 었지만 마지막 폭도가 잡힌 것은 1957년이었다.

세월이 흐른 지금도 살아 있는 사람들의 기억에 지울 수 없는 큰 상처 로 남아 가끔 들쑤시고 일어나는 것이 4·3항쟁이다.

6

제주의 유적과 지명

생명과 평화의 땅

제주의 상징 관덕정

《여지도서》는 대촌大村을 "세 도徒가 합해 큰 마을을 이루어 살았느니, 지금의 제주성이다. 사람들이 제주성 안을 '대촌'이라 하였다"고 기록하고 있다. 제주성은 고려시대부터 조선시대에 이르기까지 제주 행정의 중심지로 그와 관련한 여러 유적이 있는데 가장 대표적인 건물이 관덕정과 제주목 관아에 들어선 건물들이다.

서거정이 제주목을 두고 다음과 같은 시 두 편을 남겼다.

> 눈이 꽃 사이에 가득한데 푸른 새가 울고
> 서리가 울타리 깊었으니 황감黃柑이 익었도다
> 구름이 봉도에 열리니 오잠鰲岑이 가깝고
> 해가 부상에서 나오는데 바다 기운에 휩싸였도다
>
> 땅이 선도에 연하였으니 사람 살기가 좋고

공물 바친 것이 조정에 들어가니 산물이 풍부하도다

이름난 기마騎馬는 이미 대원(예전의 중앙아시아에 있던 나라 이름)의 요뇨(옛 양마의 이름)보다 뛰어나고

향감香柑은 한나라 포도보다 더 좋다

제주시 삼도 1동 중심가에 있는 관덕정觀德亭(보물 제322호)은 제주에서 가장 오래된 건물로 이중 기단 위에 세운 정면 5칸에 측면 4칸인 단층 팔작지붕의 양식을 하고 있다. 세종 30년(1448)에 제주 목사인 신숙청辛淑晴이 군사들을 훈련시키기 위해서 지은 관덕정은 성종 11년(1480)에 중수되었다. 관덕정은 그 뒤 여러 차례 중수를 거쳐 오늘에 이르렀다. '관덕'은 '평소 마음을 바르게 하고 훌륭한 덕을 닦는다'는 뜻으로 '사자소이관성덕야射者所以觀盛德也(활을 쏘는 것은 높고 훌륭한 덕을 보는 것이다)'에서 따온 이름이다.

안평대군이 처음 썼던 현판은 불에 타 사라지고 지금은 선조 때 영의정을 지냈으며 이덕형李德馨의 장인이기도 한 이산해李山海가 쓴 현판이 남아 있다. 관덕정 내부 들보에는 정조 4년(1780) 제주 목사 김영수金永綏가 쓴 '탐라형승耽羅形勝'과 고종 19년(1882) 제주 방어사 박선양朴善陽 쓴 '호남제일정湖南第一亭' 등의 편액이 걸려 있다.

성종 11년 관덕정 중수기를 서거정이 지었는데 다음과 같다.

제주는 본래 옛날의 탁라국, 곧 우리 동방의 구한九韓의 하나다. 신라 때 비로소 와서 조회하였고 고려 초에 와서 항복하여 나라가 없어지고 현縣이 되었

관덕정

시내 한복판에 자리한 관덕정은 제주 역사의 산증인과도 같은 건물이다.
'이재수의 난'은 관덕정 앞 광장에서 시작되고 끝을 맺었으며,
1947년 3월 1일 기념식 도중 관덕정 앞 경찰서 망루에서 울린 총성은
제주 4·3항쟁의 도화선이 되었다.

다. 고려 말에 기황후가 빌리어 목장을 두었는데 명나라 때 이르러 다시 우리 나라에 예속시켰다.

대개 제주는 바다 한가운데 있고 땅의 너비가 거의 500리이며 사는 백성이 8000~9000호이다. 기르는 말이 수만 필이나 되며 그 산물產物의 풍부한 것이 다른 고을의 배나 된다. 이 고을이 또 일본과 서로 이웃하였으니 방비하는 방책이 실로 복잡하고 어렵다. (…)

이제부터 고을 사람들이 날마다 여기에서 활 쏘는 것을 익히되 한갓 쏘는 것만이 아니라 말 타고 쏘는 것을 익히고, 한갓 말 타고 활 쏘는 것만 익힐 것이 아니라 그곳에서 싸우고 진을 치는 것을 익혀야 할 것이다.

관덕정은 제주의 역사를 말없이 지켜보았다. 1901년에 일어났던 신축교난 당시 지도자였던 이재수가 관덕정 광장에서 효수되었다. 1947년 2월 10일에는 제주 시내의 중학교 학생들이 이곳에 모여 "조선을 식민지화하는 양과자를 먹지 말자"고 외쳤다. 그리고 4·3항쟁 당시 무장 유격대 사령관이었던 이덕구의 시신이 며칠이나 내걸려 있었던 비운의 현장이기도 하다.

제주목 관아에 있던 홍화각

제주목 관아에 있던 정자 중의 하나였던 홍화각弘化閣은 목사 최해산이 세웠다. 홍화각 터 남쪽에 우연당友蓮堂이 있었다. 중종 21년(1526)

제주목 관아

제주 목사는 부임하면 이곳 관아에서 생활하고 업무를 보았다.
관덕정을 중심으로 좌측인 북쪽에는 객사와 동헌 등의 주요 시설들이 있었고,
우측인 남쪽에는 판관과 관련된 향청과 질청 등의 시설이 있었다.

에 목사 이수동李壽童이 성안에 우물이 없어서 적에게 포위되거나 불이 났을 때를 대비하여 못을 파서 연을 심고, 그 위에 정자를 세워 우연당이라 했다. 선조 때 목사 양대수梁大樹가 못의 개구리 소리가 듣기 싫다 하여 못 일부를 메워 평지를 만들어 '양대수 개구리 미워하듯 한다'는 말이 생겼다. 영조 때 목사 노봉蘆峯 김정金㰤이 못 가운데 돌로 대를 쌓고, 꽃과 나무를 심어 아름답게 꾸미고 정자를 중수했다. 그리고 이름을 향의실享儀室로 고쳐서 공물을 바치는 곳으로 삼았으나 사라지고 없다. 이 외에도 명종 때 지은 망경루望京樓와 군기고였던 세병헌洗兵軒이 있었다. 명종 때의 목사 김수문金秀文이 창건한 망경루에 오르면 북쪽으로 넓은 바다가 펼쳐져 추자도의 여러 섬들과 오가는 배들이 한 폭의 그림처럼 아름답게 보였다고 한다. 그 망경루의 서쪽에서 광해군이 최후를 맞았다.

제주 북초등학교 자리에 제주 객사의 대청인 영주관瀛洲館이 있었고, 홍화각 북쪽에는 목사의 집무처인 연희각延曦閣이 있었다.

용담동의 제주향교

제주시 용담 1동 새과양 북쪽에 있는 제주향교(제주유형문화재 제2호)는 원래 조선 태조 원년(1392)에 관덕정 아래에 들어섰던 것이다. 이후 이전을 거듭하다가 순조 27년(1827)에 목사 이행교李行敎가 지금의 자리로 옮겼다.

제주향교에는 두천斗泉이라 부르는 말물이 있었다. 이름의 유래에 대해 두 가지 설이 있다. 하나는 그 형상이 곡식을 측정하는 말[斗]과 같아서이고, 또 하나는 물이 졸졸 나오는데 하룻밤을 받으면 3~4되, 즉 한 말 정도 나온다고 해서 그와 같은 이름이 붙여졌다는 것이다. 전해 오는 말로 이 샘물을 마시면 능히 100보를 날아오른다 했는데 고려 예종 때 송나라의 술사 호종단胡宗旦이 귀화해서 물의 기운을 눌러 막았다 한다. 가뭄에도 그치지 않고 맑게 솟아 나오고 비가 오려고 하면 금빛 기운이 수면에 떠올랐으나 끊어지고 없다.

용연과 용두암

한라산 북쪽 기슭에서 제주시 오라동을 거쳐 바다로 접어드는 한천漢川은 한내라고도 부르는 내로 그 하류에 용연이 있다. 제주읍 용담리에 있는 용연龍淵은 좌우의 석벽이 깎아지른 듯 선 것이 병풍과 같고 수심은 헤아릴 수 없다. 전해 오는 이야기로 용연에는 신비스러운 용이 숨어 있는데 가물 때 비가 오기를 기원하면 효험이 있다고 한다. 취병담翠屛潭 혹은 선유담仙遊潭이라고도 부르는 이 용연에서 많은 묵객들이 기암 병풍 사이 맑은 물에 비친 달을 보면서 풍류를 즐겼다. 매년 음력으로 7월 16일이면 이곳에 배를 띄워 달을 보면서 즐기는 사람들이 많았다. 제주 목사가 교체될 때마다 보내고 맞는 잔치를 베풀었던 장소기도 했다. 영주 십이경의 하나인 '용연야범龍淵夜泛'이라 꼽히는데 깎아지른 바위벽에는 당시 풍류를 즐기던 선비들이 새긴 마애명磨崖銘 20여 점이 남아 있다. 그중 풍류객 윤진오尹進五가 쓴 시를 보자.

이리저리 굽이진 절벽은

신선과 무릉도원으로 통하는 곳인 듯

홀연히 바라보니 조각배 떠오네

어쩌면 신선을 만날 수도 있으리

용연의 아름다움에 취한 임제는 다음과 같은 시를 읊었다.

제주성 서쪽 몇 리쯤에

물굽이 맑고 또 기이해

바위는 백옥 병풍 같고

못은 파란 유리 같은데

언덕 위에 몇 포기 대숲에는

슬슬 바다 바람이 이는데

조각배 짧은 노에 의지하여

구경하고 읊으며 느릿느릿 돌아오네

용연에서 가까운 바닷가에 위치한 용두암龍頭岩은 용두 또는 용머리라고 부른다. 동한두기라고 불리는 해안에 돌출한 이 바위는 용이 머리를 쳐들고 하늘로 솟아오르는 형상이다. 용왕의 사자가 한라산으로 불사약을 구하러 왔다가 산신의 옥구슬을 물고 달아났다. 화가 난 산신이 활로 쏘아 맞히자 용이 바다에 떨어지면서 머리만 쳐들고 바위로 변했다고 한다. 또 다른 전설에는 용이 되어 하늘로 승천하는 것이 소원이었던 백마가 힘센 장군의 손에 잡혀 바위로 굳은 것이라는 이야기도 있다.

높이가 10여 미터쯤 되는 이 바위가 보이는 휴게소에서 전망경으로 보면 사람이 살지 않는 섬인 관탈섬이 보인다. 유배를 당한 사람들이 관복을 벗고 왕을 행해 절을 올리는 기준점이라는 이 섬은 추자도와 제주도의 한가운데 자리 잡고 있다.

한라산이 길게 펼쳐 놓은 치맛자락의 끝에 오도 가도 못한 채 서 있는 용두암을 두고 임형수는 다음과 같은 시를 지었다.

> 고요한 굴에 용이 머리를 치켜드니
> 풍류를 좋아하는 탐라 절제사는 응당 탐낼 만하네
> 푸른 바다 저무는 해는 새로운 흥취 일으키고
> 녹수를 가득 부어 오랜 시름 씻어 내네
> 오래된 모흥혈엔 오랜 세월 흘러간 구름 끼어 있고
> 여울지는 황독 黃瀆(한두기)에 오랜 세월 비친 달
> 사군은 그칠 줄 모르고 마시는 일에 빠져서가 아니라
> 풍광이 조금도 머무르려 하지 아니함을 애석해함일세

제주가 고향인 문충성 시인의 〈용두암〉을 보자.

> 이제는 풀어다오 제주 바다여

용연

한라산에서 흘러내린 용암이 제주시를 관통해 용두암 쪽으로 흘러간 흔적이다.
제주시 서쪽 해안 용두암에서 동쪽으로 약 200미터 지점에 있는 용연은
높이 7~8미터의 기암 계곡이다.

용두암

제주시 서쪽 해안에 위치한 용두암은 옆에서 보면 용의 머리를 닮았다고 해서
붙여진 이름이다. 용두암 주변에는 검은 현무암이 넓게 퍼져 있다.

유형流刑의 세월 속 두어 뼘 남은 목숨 하늘나라로 날아가게 해다오
지상地上에 온 뒤 사철 비바람 눈보라 따스한 햇살에 아침 저녁 밤마다
오욕의 죄罪를 씻어왔나니 나의 죽음 되찾아가게 해다오
(…)

신선이 방문한다는 방선문

방선문訪仙門은 제주시 오라 2동의 방선문 계곡에 있는 큰 바위로 '신선이 방문하는 문'이라는 뜻이다. 방선문 계곡은 제주도에서 가장 긴 하천인 한천 상류에 있다. 방선문은 영구瀛邱, 등영구, 들렁귀, 환선문 등여러 별칭으로 불리는데, 특히 들렁귀는 제주 고유의 말로 '들렁'은 '속이 비어 툭 트임'이라는 뜻이며 '귀'는 '입구'를 뜻한다. 앞뒤가 트였고 위에는 지붕이 덮여 있는 바위 모습이 마치 큰 대문을 열어 놓은 듯 보인다. 트인 빈 공간은 사람이 통과할 수 있을 정도로 크다. 돌로 만든 밑받침은 신선과 만난다는 뜻의 '우선遇仙'이다. 우선에 얽힌 일화가 있는데, 어느 효자가 약초를 찾아 헤매다가 이곳에서 신선을 만나 도움을 받았다고 한다.

한라산 북쪽 기슭의 물이 이곳으로 다 흘러들어 온다. 깎아 세운 낭떠러지가 일천 척이다. 가운데 입구 주변 일대에는 커다란 돌로 이루어진 무지개 모양의 문이 드리워져 있고, 양쪽 가장자리에 진달래와 철쭉이 완연하게 숲을 이루어 꽃필 무렵에는 주변이 온통 붉은빛이다. 그래서 이

일대를 영주십이경 중 '영구춘화瀛邱春花'라 한다. 시문과 서화의 풍류를 아는 사람들이 봄이 되면 찾아와 즐기고 돌아갔다. 제주도의 풍류객들 뿐만이 아니라 지방관과 유배객들까지도 즐겨 찾았던 곳이 바로 방선문이었다. 헌종 3년(1837)에 제주 목사로 도임한 이원달李源達의 시 한 편을 보자.

> 노니는 사람 바다 밖 끝까지 왔는데
>
> 한라산이 어찌 인간 세상이겠는가
>
> 시내 어귀에 어지러이 널려진 돌들
>
> 날리는 꽃은 나그네 얼굴을 펴게 한다
>
> 십 년간 지방 일 돌본 탓에
>
> 오늘 유명한 산속에 있게 되었구나
>
> 이별하려 하며 흩어진 뜻은
>
> 외로운 배에 싣고 돌아가려네

삼성혈에 얽힌 사연

숲이 울창하게 우거진 삼성혈三姓穴(사적 제134호)은 이도 1동 1313번지에 있는 세 구멍으로 제주도 개국 신화의 현장이다. 양을나, 고을나, 부을나 세 신인이 솟아났다는 곳이다. 《남환박물》에 의하면 중종 21년(1526)에 목사 이수동이 둘레에 280여 자의 돌담을 쌓고 어귀에 홍문紅門을 세

위 삼성三姓의 자손에게 봄가을로 제사를 지내도록 했다고 한다. 이 기록을 보면 그때까지는 시조를 광양당에서 무속적 제의로 모셔 오다가 이후부터 사당을 세우고 제를 올렸음을 알 수 있다. 이후 영조 48년(1772)에 목사 양세현梁世絢이 바깥 울타리를 쌓고 그 안에 많은 소나무를 심어 제위전을 마련했다. 세 굴은 모두 땅에 묻혀서 움푹하게 파여 있다. 경내에는 숭보당崇報堂을 비롯하여 재실과 추모비들이 있다.

홍문 밑에는 제주의 상징 중의 하나인 돌하르방이 있다. 돌하르방이 처음 만들어진 시기를 《탐라지》에서는 영조 30년(1754)쯤으로 보고 있으나 확실하지는 않다. 현무암을 깎아서 만든 돌하르방의 형태는 조금씩 다르다. 크기는 대개 1.7미터에서 3미터쯤 되는데, 싱긋 웃는 얼굴과 입, 동공이 없이 불쑥 튀어나온 눈, 크고 널찍한 코, 보일 듯 말듯 웃는 모습이다. 머리에 감투를 쓰고 두 손을 배에 나란히 모으고 서 있는 형태가 돌하르방의 전형적인 생김새다.

삼성혈 동쪽에 삼을나, 즉 신인을 모신 삼성사라는 사당이 있다. 숙종 24년(1698) 봄에 목사 유한명柳漢明이 세웠고, 숙종 28년에 목사 이형상이 가락천 동쪽으로 옮겼다가 뒤에 다시 옮겼다. 이후 양세현이 삼성혈을 성역화했고 정조 9년(1875)에 제주 사람 양경천梁擎天의 상소에 따라 '삼성일사三姓一祠'란 사액이 내려졌다. 헌종 15년(1849)에 목사 장인식張仁植이 숭보당을 지었다. 고종 원년(1854)에 목사 양헌수梁憲洙가 제위전을 따로 마련했다. 고종 8년에 헐렸다가 고종 27년에 재실을 짓고 다시 제사를 지냈고 1970년에 중건했다. 이곳을 찾았던 임제가 시를 읊었다.

삼성혈과 제단

제주의 시조인 세 신인이 솟아났다는 혈이 '品品'자 형태로 남아 있다.
혈단을 중심으로 삼성전과 삼성문(분향소), 제향을 받드는 전사청,
서원이었던 숭보당 등이 만여 평의 울창한 숲속에 있다.

옛날에 세 분 신인이

이 섬에 용출하셨더라

그 구멍 셋이 남아 있거늘

봄풀 속에 묻혀 있네

기이한 종적 물을 곳 없고

소와 양 다니는 길 날이 저문다

제주시 이도 2동에는 광양당廣壤堂 터가 있다. 《신증동국여지승람》에는 광양당에 대한 다음과 같은 이야기가 전한다.

한라산 주신主神의 아우가 나면서부터 성스러운 덕이 있었고 죽어서는 신이 되었다. 고려 때에 송나라 술사 호종단이 와서 이 땅을 제어하고 바다에 떠서 돌아가는데, 신이 화하여 매가 되어 돛대 머리에 날아올랐다. 조금 있다가 북풍이 크게 불어서 종단의 배를 쳐부수고 비양도 바위 사이에서 죽었다. 조정에서 그 영특함을 알고 포창하여 식읍을 주고 광양왕廣壤王으로 봉하고 해마다 향과 폐백을 내려 제사하였고, 조선에서는 본읍으로 하여금 제사 지내게 하였다.

봄가을에 무리를 지어 광양당에서 술과 고기를 갖추어 신에게 제사하는 것을 음사를 숭상한다 여겨 숙종 28년(1702)에 목사 이형상이 모조리 헐었다.

김녕에 있는 김녕사굴과 만장굴

구좌읍 동김녕리에 있는 김녕사굴金寧蛇窟은 김녕사 동남쪽에 있는 굴로 길이 약 700미터, 높이 13미터, 너비 10미터가량의 S자 꼴로 되었다. 예전에 아주 큰 구렁이가 살고 있어서 늘 농사를 망치고 요사스러운 일을 일으키어 주민들을 몹시 괴롭혔다. 주민들은 해마다 15~16세 되는 자녀를 제물로 바쳤다. 중종 10년(1515) 봄에 제주 판관 서연徐憐이 부임하여 군교 수십 명을 이끌고 이곳에 와서 예년과 같이 제사를 지내게 했다. 과연 큰 구렁이가 나와서 처녀를 잡아먹으려 했다. 이에 서연이 군교와 함께 달려들어 뱀을 죽인 뒤 불태워 그런 폐단이 없어졌다. 그래서인지 서연은 그해 젊은 나이로 세상을 달리했다. 그 일대 사람들은 그를 애석하게 여기고 몹시 그리워했다고 한다.

김녕사굴 바로 인근에 위치한 만장굴萬丈窟은 만쟁이굴이라고도 부르는 큰 굴로서 1962년 12월 김녕사굴과 함께 천연기념물 제98호로 지정되었다. 대략 30만~10만 년 전에 형성된 것으로 추정되는 이 굴은 길이가 7.4킬로미터다. 근처의 김녕사굴과 밭굴, 개우젯굴을 포함하여 13.4킬로미터에 이른다. 높이 23미터(보통 6미터), 최대 너비 18미터(보통 4~5미터)인 이 용암 동굴은 세계에서 가장 긴 동굴이라 한다. 굴 안 600미터 지점에 큰 거북바위가 있다. 길이 3미터에 너비 2미터, 높이 0.7미터로 모양이 천년 묵은 큰 거북이 그대로 굳어 버린 것처럼 아주 정교하며 다시 400미터 더 들어가면 높이 7.2미터의 용암 석주가 있다. 이 부근의 천정에는 2층 굴 또는 5층 굴이 있으며 2800미터 더 들어가면 길이 50미

만장굴과 김녕 일대의 화산 동굴

용암 활동의 흔적을 볼 수 있는 곳으로 유네스코 세계자연유산으로 지정된 만장굴은
제주시의 동북쪽 바다와 연결되어 있다.

246

터의 날개벽이 있다. 막장에는 내려앉은 암반이 작은 분지를 이루어 쏟아
지는 햇볕 속에서 많은 식물이 신비하게 자라고 있다. 굴 안에는 땅지네,
농발거미, 굴꼬마거미, 가재벌레, 박쥐들이 서식하고 있다.

떠내려가다가 멎은 비양도

한림읍 협재리 협재해수욕장 앞바다 약 5킬로미터 거리에 떠 있는 섬
비양도飛揚島는 비영섬, 대섬, 비량도, 죽도 등으로도 불린다.《신증동국
여지승람》에는 "비양도는 제주목 서쪽 80리에 있는데 물길은 5리이다.
둘레가 10리이고 양을 기르는 목장이 있다" 했고,《여지도서》 등의 몇몇
기록에는 '서산'이라고 기록되어 있다.《남환박물》에서는 서산을 더버섬
으로 추정했는데, 숙종 33년(1707)의《탐라지도병서》나 18세기 중반에
편찬된《제주삼읍도총지도》에는 서산이 비양도로 표기되어 있다. 그러나
일부에서는 '서산이 대정현에 있다'고 했으므로 군산이나 가파도로 보는
경우도 있다.

협재 북쪽에 있는 이 섬은 모양이 둥그렇고, 섬 꼭대기에 약 3만 평쯤
되는 두 개의 분화구가 있어 경지로 이용된다. 섬 부근에는 80여 종의 어
패류가 서식한다.

비양도 북쪽 바닷가에 애기업은 돌 또는 애기밴 돌이라는 바위가 있다.
모양이 아기를 업은 것 같기도 하고, 아기를 밴 것 같기도 한 이 바위에
얽힌 얘기가 재미있다. 옛날에 아기 밴 부인이 한 섬이 바다에 떠내려오

비양도

협재해수욕장 앞바다에 떠 있는 비양도는 주변 풍광이 매우 아름답다.
한림항에서 도항선을 타면 10분 거리다.

는 것을 보고 "섬이 떠내려온다"고 소리를 쳤다. 순간 그 섬은 그만 멈추어 비양도가 되고 부인은 바위가 되었다고 한다.

《증보탐라지》의 '비양도'조를 보면 "비양섬은 제주목 서쪽 60리에 있다. 물길은 5리, 섬 둘레는 10리다. 살대가 많이 나는데, 세 읍이 모두 이곳에서 취용取用한다" 기록하고 있다. '서序'에서는 좀 더 구체적으로 기록하고 있는데 다음과 같다.

"네 봉우리가 있는데, 흙과 돌이 모두 붉다"고 하였다. 예전에는 수목이 없고 물에서 거품이 일었는데 지금은 나무가 울창하다. 살피건대 대나무가 아름답게 자라고 붉은 기슭이 비췻빛의 벼랑을 이루어 저절로 서로 비추어 발한다. 곧 지금 살대는 해마다 베어 내는데, 아주 아름답고 품질이 좋다. 염소 우리가 있다.

협재굴과 쌍룡굴 그리고 협재해수욕장

한림읍 협재挾才리는 본래 제주군 구우면 지역으로 섶나무가 많아 섭재 또는 협재라고 했다. 이곳에 있는 협재굴은 셋굴, 섯굴, 서굴, 섭재굴이라고 불리는 종유굴이다. 길이 100미터, 높이 2~6.5미터에 너비가 12미터인 이 굴은 옛 문헌에는 적혀 있으나 굴의 입구가 막혀 알 수 없었다. 그런데 1955년 11월 재릉초등학교 학생들이 학교 주변 정리 작업을 하던 중 한 학생의 다리 한쪽이 모래땅에 빠지면서 발견되었다. 1971년 천연기념물 제236호로 지정되었다.

협재굴

한림공원 들에 위치한 협재굴은 쌍룡굴과 더불어 제주의 화산 활동과
용암의 흔적을 확인할 수 있는 동굴이다.

쌍룡굴은 징거머리굴이라고도 부르는데, 협재굴 위인 형제리 산 2646번 지에 있는 종유굴이다. 길이 393미터, 높이 2~3미터, 너비 3~5미터에 이르는 이 굴 안은 동서 방향 둘로 갈린다. 마치 두 마리의 용이 빠져나간 것처럼 말이다. 서쪽으로 들어가면 다시 둘로 나뉘는데, 황금굴 또는 소천굴昭天窟이라 부른다.

한림읍 협재리에 있는 황금굴은 협재굴 옆에 있는 굴로 길이 180미터, 높이 2~3미터, 너비 7~15미터다. 굴 밖은 조개껍질모래로 덮여 있고, 굴 안은 기묘한 석순과 석종들이 황금빛으로 빛나 매우 아름답다.

서쪽으로 비양도를 바라보는 곳에 자리 잡은 협재해수욕장은 조개 모래톱이 비스듬히 깔려 있어 아름답기 이를 데 없다. "나는 왜 너를 보면 맨발로 파도를 달리고 싶니"라고 노래한 박두진 시인의 〈해비명海碑銘〉을 읊조리며 비양도까지 걸어가고 싶은 이 해수욕장은 수심이 얕으며 소나무숲과 종려나무숲이 우거져 제주 사람들이 즐겨 찾는다.

원나라 목호를 몰아낸 최영과 새별오름

제주도의 역사 이곳저곳에 흔적을 남긴 사람이 최영崔瑩 장군이다. 고려 말 명장 최영이 제주도 탈환을 위해 섬에 왔던 때가 공민왕 23년 (1374)이었다. 반원 자주 정책을 펼쳤던 공민왕은 그 이전에도 제주도를 되찾기 위해 여러 차례 군사를 파견했지만 성공하지 못했다. 그것은 제주에 정착해 살고 있던 원나라 목호牧胡들이 사생결단으로 반발했기 때문이다. 그런데 원나라를 몰아내고 들어선 명나라에서 제주도의 말 2000필을 보내라는 명이 내려온다. 《고려사》 기록을 보자.

가을 7월

을해일. 한방언韓邦彦이 제주에 도착하자 목호인 석질리필사石迭里必思, 초고독불화肖古禿不花, 관음보觀音保 등이 말하기를 "우리들이 어찌 감히 원나라 세조世祖 황제께서 방목하시던 말을 명나라에 바칠 수 있겠습니까?" 라고 거절하면서 300필만 보냈다.

(…)

무자일. 임밀林密 등이 왕더러, "제주의 말이 2000필에 미달하면 황제가 필시 우리들을 도륙할 것이니 차라리 지금 왕의 손에 죽으렵니다" 하고 뻗대자 왕이 말문이 막혀 마침내 제주 토벌을 결정했다.

탐라 공격을 결심한 공민왕은 최영을 양광·전라·경상도 도통사로 하여 제주도를 토벌하도록 했다. 그리고 공민왕은 교서를 내리는데 《고려사》에 다음과 같이 실려 있다.

탐라국은 바다 가운데에 있으면서 대대로 우리 조정에 공물을 바쳐 온 지 500년이 되었다. 그러나 최근 목호인 석질리필사와 초고독불화, 관음보 등이 우리 사신을 살육하고 우리 백성을 노비로 삼는 등 그 죄악이 극도에 달하였다. 이제 그대에게 절월을 주노니 가서 모든 부대를 독려해 기한 내에 적도들을 깡그리 섬멸하도록 하라.

그때 병선이 314척이요, 정예 병사가 2만 5605명이었다. 훗날 명나라를 치기 위한 요동 정벌군이 3만 8000여 명이었던 것에 비하면 작지만 대규모의 병력을 동원한 것은 명나라를 견제하고자 했기 때문이다.

명나라는 탐라가 원나라의 직속이었기 때문에 탐라의 귀속권은 고려가 아니고 원나라를 멸망시킨 명에 있다고 여겼다. 그러므로 고려가 앞서서 탐라를 장악해야 했던 절박한 이유가 있었다.

최영이 토벌대를 이끌고 제주에 오자 목호군이 3000기병을 집결했던 장소가 비양도 사이의 명월촌 벌판이었다. 새별오름에 오르면 이 벌판이 한눈에 들어왔다. 현재 제주시 애월읍 봉성리에 있는 이 오름은 '초저녁에 외롭게 떠 있는 샛별 같다'해서 '새별'이라는 예쁜 이름이 붙었다. 허허벌판에 동그랗게 솟아 있는 높이 519.3미터의 새별오름은 멀리서 보기에는 동그랗지만 실제로 오름에 오르면 크고 작은 봉우리들이 모여 이루어진 것임을 알 수 있다. 바로 옆의 이달봉에서 바라보면 새별오름의 형세가 제대로 드러난다. 새별이라는 이름과 딱 들어맞게 실제로 새별오름과 함께 다섯 개의 둥그런 봉우리들이 별 모양을 이루고 있다.

넓은 들이 펼쳐진 이곳에서 몽골군과 최영이 치열한 격전을 벌였는데 압도적인 고려군의 위세에 밀려 목호군은 패퇴하기 시작했다. 목호들의 원찰이라고 할 수 있는 법화사를 지나 서귀포까지 쫓겨 간 그들은 서귀포 앞 범섬에서 최후를 맞았다. 그때의 상황이 《고려사》에는 다음과 같이 실려 있다.

신유일. 최영이 제군을 영솔하고 탐라에 도착하여 용감하게 싸워 크게 격파하고 괴수 세 명의 목을 베어 개경으로 보냈다. 이리하여 탐라가 평정되었다.

목호의 난에서 최영이 거느린 고려군이 이기면서 원나라 세력을 완전히 몰아내어 100년간의 지배에서도 벗어나게 되었다. 그러나 최영의 운명은 순탄하지 않았다. 고려가 망하고 조선이 들어서는 과정에서 비참한 최후를 맞았다. 고려 말 정도전鄭道傳과 함께 개혁을 주도했던 윤소종尹紹宗은 최영을 두고 "공은 한 나라를 뒤덮었으나 죄는 천하에 가득 찼다"라고 평했고, 그 뒤 이 나라의 많은 무당들이 억울하게 죽은 최영 장군의 신을 받아들여 무속을 이어가고 있다.

한라산 자락의 오름들과 다랑쉬오름에 얽힌 사연

하나도 아니고, 10개도, 100개도 아닌 360여 개의 분화구에서 한날한시에 화산이 폭발한다. 얼마나 장관일까? 불꽃놀이도 아니고, 실제로 그 태양보다 붉은 화염이 세상을 향해 포효한다면 그것은 예술일까? 환상일까? 깊숙한 지하에서 숨죽이고 있다가 폭발하던 시절이 있었다. 지금은 잠자는 휴화산 한라산 백록담 아래에는 높고 낮은 오름, 곧 봉우리 368개가 있다. 제주 설화에서는 거인 설문대할망이 제주도와 육지 사이에 다리를 놓으려고 치마폭에 흙을 담아 나를 때 치마 틈새로 한 줌씩 떨어진 흙덩이들이 오름이 되었다고 한다.

몇몇 오름을 제외하고는 모두 분화구를 지니고 있다. 오름은 분석구噴

石丘, 즉 한라산과 중산간 지대에 주로 분포되어 있는 단성화산單性火山 체들을 말한다.

분화구의 모양은 원추형과 호박형, 말안장형으로 저마다 조금씩 다른 모양새를 갖추고 있다. 분화구가 가장 큰 것은 부악釜岳으로 그 둘레가 약 2킬로미터쯤 되는데 분화구 안에 이루어진 못을 백록담이라 부른다. 백록담 외에도 물장오리오름, 논고악, 동수악, 어승생오름, 사라오름에도 물이 고여 있다.

물장오리오름은 물장오름이나 수장올, 수장올악으로도 불리는 봉우리 이다. 제주 설화 속의 거대한 여자인 설문대할망이 빠져 죽었다는 곳으로 못의 바깥 둘레가 1.5킬로미터에 이르며, 깊이는 헤아릴 수 없어 창(밑) 터진 물이라고도 부른다. 예전에 비가 내리지 않으면 이곳에서 기우제를 지냈다고 한다. 아무리 가물어도 물이 마르지 않고 많은 비가와도 불어나 지 않는다고 한다. 사람들이 못 가까이 가서 떠들면 갑자기 구름과 안개 가 사방에서 모여들어 자욱하며 비바람이 몹시 친다고 한다. 못가에는 바 다 조개껍데기가 쌓여 있는데, 바닷새들이 입으로 물어다 놓은 것이라고 한다. 그 새 소리가 '공공' 하므로 공공새라 불렀다고 전해진다.

산굼부리나 성산일출봉도 오름 안에 자리 잡은 분화구로 이름이 높은 데, 이 오름에서 바라보는 한라산이나 망망하게 트인 바다는 또 다른 아 름다움을 선사한다.

제주도의 지형이 남다른 것은 제3기 말부터 제4기까지 대략 한 서른 번쯤 화산이 폭발하면서 현무암의 용암이 흘러내려 마치 부채를 거꾸로 놓은 듯한 아스피테형이기 때문이다.

오름 풍경

한라산의 동쪽에 해당하는 구좌읍 인근에는 용눈이오름을 비롯해 다랑쉬오름,
아부오름 등 수많은 오름이 이어진다.

아부오름

오름의 모양새가 믿음직하여 가정에서 아버지나 어른이 좌정해 있는 것 같다 하여 붙여진
이름으로 오름의 크기가 커서 작은 산처럼 생겼다.

현재 한라산 자락의 오름들은 모두 죽은화산인데 기록에 따르면 이곳 제주에서 화산이 폭발한 것은 서기 53년인 신라 탈해왕 때와 고려 목종 5년(1002), 목종 10년이다. 이때 한림읍 협재 앞바다에 서 있는 비양도와 안덕의 군산이 솟아올랐다고 한다.

제주도 사람들에게 오름은 민간 신앙의 터로 신성시되었기 때문에 마을 사람들이 제를 지내던 터와 당堂의 흔적을 찾을 수 있다. 또한 오름은 제주도 사람들의 생활 근거지로 촌락의 모태가 되었다. 사람들은 오름 기슭에 터를 잡고 화전을 일궈 밭농사를 지었으며 목축을 했다.

애월읍 광령리에 있는 붉은오름은 몽골에 끝까지 대항하여 싸웠던 삼별초 우두머리 김통정의 전설이 전해진다. 최후의 전투에서 장군과 부하 70여 명이 흘린 피가 오름 전체를 붉게 물들였다고 해서 붉은오름이라는 이름이 생겨났다.

민족사의 비극 4·3항쟁 때는 민중 봉기의 근거지가 되어 무고한 양민들이 학살되는 비극의 장소가 되기도 했다. 그런 연유로 오름은 제주도 사람들에게는 죽어서 돌아갈 영혼의 안식처와 같은 곳인데, 현재는 경작지의 확대와 도로, 송전탑 등의 건설로 인해서 오름이 자꾸 훼손되고 있다.

구좌읍 송당리와 세화리에 걸쳐 있는 다랑쉬오름의 분화구는 둘레 약 1500미터, 깊이 115미터로 원뿔 모양이다. 다랑쉬오름이라는 이름은 오름에 쟁반같이 뜨는 달의 모습이 무척 아름답다고 해서 붙여진 제주 말이다. 높은 봉우리라는 뜻의 '달수리' 또는 한자로는 '월랑봉月郎峰'이라고도 한다. 다랑쉬오름과 마을 가운데에 있는 다랑쉬굴에는 4·3항쟁의 아픈 상처가 남아 있다. 4·3항쟁의 와중에 마을 사람들이 피난 생활을 하다가 토벌대에 의해 몰살당했다. 다랑쉬마을은 4·3항쟁 이후 없어졌고, 다랑쉬굴에서 그 당시 희생된 유골 11구가 발견되었다.

다랑쉬오름 아래에는 아끈다랑쉬오름이 있다. 좌치악坐雉岳이라고도 불린다. '아끈'은 제주 말로 '버금가는 것'이라는 뜻인데, 말 그대로 다랑쉬오름의 축소판이다. 안친오름 또는 아진오름이라고도 부르는 이 오름의 북사면 굼부리에 예닐곱의 묘가 있다. 그 너머에 성산일출봉과 우도가 그림처럼 펼쳐진다. 주변에 용눈이오름과 높은오름, 돗오름, 둔지오름 등이 있다. 팔랑개비 같은 풍력 발전소와 한라산이 한눈에 들어오는 오름이다.

구좌읍 송당리에 있는 오름이 민악民岳이라고도 불리는 민오름이다. 오름 자락 주변에 송당목장이 펼쳐져 있다. 오름 남동쪽에는 알오름이 딸려 있고, 서쪽 기슭에는 이승만 대통령의 별장이었던 '귀빈사'가 있다.

문주란과 수선화

구좌읍 하도리에 있는 난도蘭島는 우리나라에서 유일하게 문주란이 자생하는 자연 군락지다. 7~8월에 문주란 꽃이 피어 온 섬을 하얗게 덮은 모습이 하얀 토끼와 같다고 한다. 전하는 말에 의하면 옛날 일본 유구국 사람의 난파된 배에서 문주란 씨가 퍼진 것이라고 한다. 1930년대 하도리 사람이 토끼를 길러 많이 번식시켰으므로 '토끼섬'이라고도 부른다. 천연기념물 제19호로 지정된 문주란과 함께 솔잎란(송엽란)도 귀한 식물이다. 제주도 해안 절벽 위 바위틈에서만 자란다.

한편 봄철 제주도 전역에서 흔하게 볼 수 있는 꽃이 노랗게 산천을 수놓는 수선화다. 김정희는 지천에 핀 이 수선화를 보고 감격해 친구 권돈인權敦仁에게 편지를 썼다. 《완당집》에 실린 그 편지를 읽어 보자.

수선화水仙花는 과연 천하의 큰 구경거리입니다. 절강성 이남 지역에는 어떤지 모르겠습니다만, 이곳에는 촌리村里마다 한 치, 한 자쯤의 땅에도 이 수선화가 없는 곳이 없습니다. 화품花品이 대단히 커서 한 줄기가 많게는 열 송이에 꽃받침이 8~9개, 5~6개에 이릅니다. 그 꽃은 정월 그믐부터 2월 초에 피어서 3월에 이르러서는 산과 들, 밭두둑 사이가 마치 흰 구름이 질펀하게 깔린 듯 또는 흰 눈이 광대하게 쌓여 있는 듯합니다. 이 죄인이 거주하고 있는 집 문의 동쪽과 서쪽이 모두 그러하건만 굴속에 처박힌 초췌한 이 몸이야 어떻게 이것을 언급할 수 있겠습니까. 눈을 감아 버리면 그만이거니와 눈을 뜨면 눈에 가득 들어오니 어떻게 해야 눈을 가려 보이지 않게 할 수 있겠습니까?

그런데 토착민들은 이것이 귀한 줄을 몰라서 우마牛馬에게 먹이고 또 짓밟으며 또한 그것이 보리밭에 많이 났기 때문에 촌리의 장정이나 아이들이 한결같이 모두 호미로 파내어 버리는데 파내도 다시 나곤 하기 때문에 이것을 원수 보듯 하니 물物이 제자리를 얻지 못한 것이 이와 같습니다.

또 천엽千葉 한 종류가 있는데, 처음 송이가 터져 나올 때는 마치 국화菊花의 청룡수靑龍鬚와 같아 서울에서 본 천엽과는 크게 달라서 곧 하나의 기품입니다. (…)

김정희의 시 〈수선화水仙花〉도 한 편 보자.

> 한 점의 겨울 마음 송이송이 둥글어라
> 그윽하고 담담하고 냉철하고 빼어났네
> 매화가 높다지만 뜨락을 못 면했는데
> 맑은 물에 해탈한 신선을 보겠네

그는 수선화를 매화보다 한 수 위로 보았는지 격조 높은 시를 썼다. 제주도 사람들에게 수선화는 그저 뽑아도 뽑아도 자라는 잡풀과도 같은 존재였지만 말이다. 지금도 제주의 봄은 흰 수선화로부터 온다.

제주항으로 바뀐 산저포

제주항을 내려다보고 있는 사라봉沙羅峯은 사라부수, 사라오름, 사라악 등으로 불리는 산이다. 봉우리에 오르면 북쪽으로는 바다가 눈앞에 펼쳐져 있고, 남쪽에는 웅장한 한라산이 멀리 보인다. 눈 아래로 제주시의 크고 작은 마을들이 그림같이 아름답다. 특히 저녁 무렵 붉은 해가 온 바다를 붉게 물들이며 지는 광경이 참으로 장관이다. 그래서 영주십이경의 '사봉낙조沙峯落照'라 한다. 산 위에는 팔모정이 있다. 조선시대에는 봉수대가 있어서 동쪽으로 원당봉元堂峯, 서쪽으로 도원봉道圓峯 봉수에 응했다고 한다.

사라봉 아래에는 산저포山底浦라 불렸던 제주항이 있다. 산저포는 산 짓개 또는 산지포라고 불리는 산지물 북쪽에 있는 포구로 건들개〔健入 浦〕를 말한다. 고을나의 15대손 고후高厚와 고청高淸, 그 아우 삼 형제 가 신라에 조공할 때 이곳으로 돌아와 머물렀다고 한다. 날씨가 따뜻해지 고 어획기에 접어들어 물결이 잠잠한 밤에는 수백 척의 어선이 물고기를 잡으러 나간다. 이때 점점이 집어등의 불빛이 수면에 반사하여 일대가 온 통 불야성을 이룬다. 그때의 장관을 영주십이경의 '산포조어山浦釣魚'라 했다. 산저포 내〔川〕의 물은 얼음처럼 차서 예부터 제주 시내 사람들이 한여름에는 이 물로 몸을 씻어 더위를 잊었다 하며 은어가 많아서 조정에 진상했다고 한다. 그때의 산저포는 1927년 제주항 개항과 함께 제주도의 관문이 되면서 추억 속으로 사라지고 말았고 이름 모를 시인의 시만 남아 서 전할 뿐이다.

저무는 날 고기잡이 나간 가벼운 떼배

바다 구름 빈 곳 뱃노래도 끊긴다

사람과 벗하는 백로는 서로 잊은 지 오래고

물을 거슬러 오르던 북어 뛰려고 할 때

거꾸로 잠긴 부푼 돛 산 그림자에 어우러졌고

한 어깨에 걸친 도롱이에 빗소리도 성기다

한가로이 홀로 앉아 천기를 따르는 이는

배 안에 다만 찻상과 책 묶음만 실었구나

제주 해안 도로

제주도는 해안 도로가 발달해 아름다운 드라이브 코스가 많다.
제주의 동쪽의 세화 인근의 해안 도로는 아름다운 주변 여행지와 연결된다.

제주시 해안동에 있는 어승생오름은 연동과 오라 2동에 걸쳐 있다. 어승생악御乘生岳, 어승생봉, 어수생, 어수생이, 어승생이 등 여러 이름으로 불린다. 높이가 1169미터인 어승생 밑에 제주시 상수도 수원지가 있는데, 정조 21년(1797)에 이 오름 아래에서 매우 잘 달리는 좋은 말이 나와서 목사 조명즙曺命楫이 왕에게 바쳤다. 정조는 그 말의 이름을 '노정盧正'이라고 내리고 품계를 올려 주었다고 한다.

제주읍성은 일도 1동, 일도 2동, 이도 2동, 삼도 1동, 삼도 2동, 오라 2동에 걸쳐 있던 성이다. 둘레가 6120자, 높이 13자였던 이 성은 고려 숙종 10년(1105)에 처음 축성되었고 조선 명종 20년(1565)에 목사 곽흘郭屹이 온전한 읍성의 형태를 갖추어 축성했다. 주로 군사적 용도로 사용하던 성안에 우물이 없어 식수와 물난리를 대비해 산지천과 가락천을 읍성 안으로 들여 축성한 것이다. 선조 32년(1599)에 목사 성윤문成允文이 더 늘려 쌓고 남문을 하나 없애는 동시에 문마다 초루를 만들었다. 남쪽과 북쪽의 문은 홍예虹霓로 하고 격대와 포루를 21대를 두었으나 성은 이제 거의 다 없어지고, 오직 오현단 남쪽만 일부분이 남아서 그 옛날을 증언하고 있다.

곽지리 사람 연근이 아내 김천덕

애월읍 곽지리郭支里는 곽오름(곽지악, 과오름) 아래 있어 곽지라 부른다. 그 서쪽에 묘련사妙蓮寺가 있었으나 지금은 사라졌고 혜일 스님의 시가 남아 옛날을 회고하게 한다.

> 남쪽 지방 날씨는 맑았다 흐렸다
>
> 이 밤은 유독 맑아 나그네 마음 씻어 준다
>
> 인생의 영고성쇠 꿈과 같지만
>
> 하늘 가운데 달은 예나 지금이나
>
> 아득한 물가를 돌아가면
>
> 집 깊숙이 드리운 대밭 그림자
>
> 밤이 깊어 난간에서 보면 생각이 맑아
>
> 머리를 돌려 시 한 수 읊을 수밖에

곽지 동북쪽 큰길가에 있는 천덕열녀비天德烈女碑는 종이었던 곽연근郭連根의 아내 김천덕金天德을 기리는 비다. 선조 10년(1577)에 목사 임진林晉이 정문旌門을 세웠다. 지금은 헐리고 비만 남아 있다. 부친 임진의 명으로 임제가 〈천덕전〉을 지었다.

제주 곽지리 사람 사노 연근의 아내가 있었는데, 그 이름은 천덕이다. 어려서부터 재주가 뛰어나고 얼굴이 예뻤다. 결혼 뒤에는 부부가 물 긷고 절구질하며 바야흐로 20년이 되었다. 남편이 공물을 수송하기 위하여 육지로 향하던 중 화탈도와 추자도 사이에서 침몰되어 죽었다. 천덕은 남편을 잃은 고통으로 눈물이 다하여 피로 이어졌다. 3년 동안 통곡하며 아침저녁으로 영좌에 드리는 음식을 폐하지 아니하였다. 또한 초하루와 보름, 계절에 따라 차례를 지내는 날에는 화탈섬을 향하여 신위를 세워 제사를 지내며 하늘을 부르고 가슴을 치며 통곡했다. 원근에서 듣고 보는 사람은 불쌍히 여기지 않는 사람이 없었다.

그 후 죄를 지어 귀양 온 사람이 천덕을 더럽히고자 유혹하였으나 따르지 않으니 관가에 알려서 위협하기에 이르렀다. 이때 매로 볼기를 치는 형벌로 80대를 내리자 겉으로는 순종하겠다고 말하고 물러 나와서는 그의 친족들에게 다음과 같이 말했다. "저자는 분명히 재물을 탐내어 그러는 것입니다" 말하고 옷 한 벌, 소 한 마리, 무명 30단을 바치고서야 벗어나게 되었다.

또한 애월 방호소의 여수로 있던 자가 권세를 믿고 사람을 시켜서 달콤한 말로 천덕의 아비 김청金淸을 달랬다. 그 아비가 천덕을 여수에게 주기로 허락했다. 천덕은 그 사실을 전혀 알지 못하였다. 결혼하는 날 저녁에야 천덕은 그 사실을 알고 목을 놓아 통곡하고, 스스로 그 집을 헐어 불을 지른 뒤 다음 날 아침 목을 매어 죽으려 하였으나 그 집 사람들이 발견하여 거의 죽었다가 다시 살아났다. 천덕은 다시 또 머리카락을 자르고 해진 옷을 걸치고 죽기로 맹세하니 그 아비도 더 강요하지 못했다.

천덕은 나이 서른아홉에 남편을 잃고 지금은 예순이 되었다. (…)

천덕은 남쪽 거친 땅의 한 미천한 여인이다. 농사일을 일삼으니 처음부터 여자가 지켜야 할 규문의 법도를 알지 못했다. 길쌈을 업으로 하였으니 어찌 여훈의 규범을 익혔겠는가? 그러나 그 일심一心으로 남편을 섬기고 절개와 지조가 두드러짐이 심상한 자 가히 빗대어 논할 바가 아니다. 이 어찌 천부된 자질이 순정하여 배우지 아니하여도 능함이 아니랴. 오호라! 세상에 이른바 남자라는 자가 하나의 이해관계를 사이에 놓고 형제간에 다투고, 친구 간에도 배신하기에 이른다. 더 크게는 나라가 멸망할 때와 위급할 때에 나라를 팔아먹는

268

한림항 등대

제주시 서쪽의 관문 역할을 하던 한림항에는 수많은 어선을 안내하는 등대가 서 있다.
작지만 아기자기한 멋이 느껴지는 등대다.

자도 있고 왕을 저버리는 자도 있다. 천덕에게 죄인이 되지 않는 자가 극히 드물 것이다. 가히 슬픈 일이다.

그 표현이 벼슬을 받아 가던 길에 황진이의 무덤에서 시를 지었던 임제답다.

애월읍 납읍리 곽오름 남쪽에 있는 검은독머름은 소매라고도 부르는 소애 남쪽에 있는 들로 지형이 금계가 알을 품고 있는 '금계포란형金鷄抱卵形'의 명당이라고 하고, 큰 당집이 있었다는 곳이다.

납읍리의 금산공원(납읍 난대림 지대)은 납읍 동남쪽에 있다. 영조 때 납읍에 불이 자주 나고, 못된 병이 번져서 젊은이가 많이 상하므로 어느 도사에게 물었다. 이 산의 험악한 바위들이 곧바로 마을을 쏘아 비치는 까닭이라 했다. 마을 사람들이 후박과 동백, 종가시나무, 모밀잣밤나무, 생달나무, 식나무, 아왜나무 등 200여 종의 상록수를 심어서 험악한 바위가 보이지 않도록 벌채를 엄금하고 잘 가꾸어 극히 보호했다. 뒤로 마을이 평온해져 현재의 납읍 난대림 지대(천연기념물 제375호)에 이른다고 한다.

애월포涯月浦는 애월 북쪽에 있는 개[浦]로 예전에 제주도에서 육지로 가는 사람은 모두 동쪽은 조천포(조천면), 서쪽은 애월포에서 떠났다. 조선시대에는 애월포 방호소를 두어서 지켰던 곳이다. 애월포 위쪽에 있는 애월진은 선조 14년(1581)에 목사 김태정 金泰廷이 석성으로 고쳐 쌓은 것이다.

빌레못동굴은 총 길이가 11.7킬로미터 이며 동굴 입구에서 북서쪽으로 100여 미터에 빌레못이 있다. 굴속에는 30여 갈래의 가지 굴이 있다.

동굴 내부에는 용암 주석이 발달해 있는데 버섯꼴, 꽃잎꼴, 산호꼴 등 여러 모양의 규산화가 있어서 세계적 규모의 용암 동굴 생선물로 평가받는다.

애월읍 하가리에 있는 강묘생의연비 姜卯生義捐碑는 연화못에 있는 송덕비다. 과부 강묘생이 마을 사람들을 위하여 우물 자리를 내놓아 마을에서 송덕비를 세웠다. 육지에서 공덕을 쌓는 일이 대개 다리를 놓거나 흉년에 곡식을 내놓는 일인데 물이 귀한 제주에서는 마을 사람들을 위해 우물을 파는 것도 그중 하나였다.

자운당은 하가리 동북쪽 1킬로미터 거리 길가에 있는 서낭당으로 자원당이라고도 부른다. 제주도 민속에 이곳의 터가 세서 여기를 지나는 사람은 반드시 지신地神에게 정성을 들이며 옷고름이나 대님, 돌덩이 하나라도 얹어 놓고 가서 항상 어수선했다. 그래서 제주 사람들은 무엇이든 많이 벌여 놓은 것을 '자운당 같다'고 한다.

하가리 동쪽에 '혼두왓'이라고 부르는 밭이 있다. 넓이가 약 200평 되는데, 어느 과부에 얽힌 설화가 전한다. 과부가 한여름에 밭을 갈려고 놉을 얻어 점심밥을 싸면서 밥을 많이 먹어야 일을 잘한다는 뜻으로 "밥이 일하지, 밥이 일해!" 하면서 밥을 더 많이 싸 주었다. 점심때가 지나 과부가 밭에 가 보니 점심밥은 쟁기에 매달린 채 일꾼은 밭둑에 누워 자고만 있었다. 기가 막힌 과부가 화가 나서 꾸짖었다. 일꾼은 천연덕스럽게 "아까 밥이 일한다기에 그대로 따랐을 뿐입니다" 하므로 과부는 화가 나서 한여름 땡볕에 소를 부려 넓은 밭을 단숨에 갈아 치우고, 목이 타서 소와 함께 못의 물을 잔뜩 마시고 그대로 죽었다고 한다. 이 못이 하가리 동남쪽에 있는 쉐죽은못(소죽은못)이다.

271

애월읍 하귀리 북쪽 하귀포下貴浦는 '귀일포'라고도 부르는 포구다.

산굼부리와 환해장성

조천읍 교래리에 있는 산굼부리는 분화구로 해발 437미터 되는 곳에 있다. '굼부리'는 화산체의 분화구를 가리키는 제주 말이다. 분화구의 바깥 둘레가 2067미터, 안 둘레가 950미터, 깊이는 132미터다. 원뿔형의 절벽을 이루고, 바닥 넓이가 2만 424제곱미터(8000평)에 이른다. 그 안에는 비목나무와 굴피나무, 머귀나무, 보리수, 붉가시나무, 구실잣밤나무, 콩짜개덩굴, 쇠고비, 꿩의다리, 바늘엉겅퀴, 소엽맥분, 식나무, 금새우란 등 진귀한 초목 420여 종이 있다.

분화구 안에는 한때 사람들이 살면서 쌓은 돌담의 흔적이 남아 있다. 그들은 바닥을 개간해 감자와 콩 등을 재배했다고 한다. 산굼부리는 우리나라에 하나밖에 없는 마르형 분화구로 천연기념물 제236호로 지정되어 있다.

환해장성環海長城은 제주도 연안의 해안선을 따라 빙 둘러 쌓은 긴 성으로 길이가 약 300여 리(120킬로미터)에 달했다. 제주도는 바다로부터 침입하는 적들이 상륙하기 좋은 곳이 많았다. 그러므로 이들에 대한 방비로 해안선의 접안할 수 있는 곳을 돌로 성城을 쌓았다. 이것을 환해장성이라고 한다.

고려 원종 11년(1270)에 삼별초가 진도를 근거지로 삼자 나라에서 시랑侍郎 고여림高汝林과 영암 부사 김수金須를 보내어 군사 1000명을

산굼부리 억새꽃

교래리에 위치한 산굼부리는 화산이 분출했던 분화구로 식생이 잘 보존되어 있고,
가을이면 억새꽃이 만발해 많은 여행객들이 찾는다.

273

거느리고 이 장성을 쌓아서 삼별초가 들어오지 못하도록 했다. 그러나 도리어 삼별초가 들어와서 방어하는 성벽이 되었다.

김상헌이 지은 《남사록》에는 "바닷가 일대에는 석성을 쌓았는데 길게 이어져 끊어지지 않았다. 온 섬을 돌아가며 곳곳이 모두 그렇게 되어 있는데, 이것을 탐라 때 쌓은 만리장성이라고 한다"고 되어 있다. '환해장성'이라는 명칭은 김석익金錫翼의 《탐라기년耽羅記年》(1918)에 처음 등장한다.

조선 헌종 11년(1845) 6월에 영국 선박이 우도에 정박하여 섬에 작은 흰 기를 세우고, 섬 연안 수심을 1개월 동안이나 측량하면서 돌을 모아 회灰를 칠하여 방위를 표시하였다. 이때 목사 권직權稷은 크게 놀라 마병馬兵과 총수銃手를 총동원하여 만일의 변에 대비하였고, 그해 겨울 도민을 총동원하여 환해장성을 수축하였다.

현재 형태가 양호하게 남아 있는 온평과 신산, 북촌, 애월 등의 10여 곳을 제주도기념물 제49호로 지정하여 관리하고 있다.

고유문의 효자비와 수월봉

제주시 한경면 낙천리 디미 서쪽 길가에 고효자비가 있다. 고유문高允文이라는 사람의 효자비인데, 그는 일찍이 아버지를 여의고 어머니를 모시고 살았다. 그는 공무로 나갈 때는 쌀과 반찬을 준비해 놓고 떠났으며 아내를 얻게 되면 어머니 마음에 들지 않을지도 모르겠다고 생각하고서 평생 장가를 들지 않고 살았다고 한다. 장가를 가서 손주를 안겨 드리는 것이 효도일 수도 있는데, 장가를 들지 않고 혼자 살았다니 지금으로서는 이해할 수 없는 일이다.

한경면 저지리는 닥나무가 많아서 닥모르 또는 저지리라고 했는데, 저지 서쪽에 저지악 또는 새오름, 조악이라고 부르는 오름이 있다. 그 근처에 끊어질 듯 이어지는 비밀의 화원 같은 아름다운 곶자왈이 있다.

한경면 고산리에는 수월봉〔高山〕이 있다. 드넓게 바라본 제주 벌판은 어머니의 치마폭을 예쁘게 모자이크라도 한 것처럼 아름답다 못해 처연하다.

놉고물오름, 녹고물오름, 무니리오름이라고도 부르는 수월봉은 예로부터 비가 내리지 않고 가뭄이 들면 기우제를 지냈던 산이다. 산 정상에 있는 수월정 뒤로는 넓은 들이 펼쳐져 있고 앞은 깎아 세운 벼랑이다. 밑에는 망망한 바다가 광활하게 열려 있어 가끔 수평선을 넘나드는 크고 작은 배들이 나타날 땐 그 정경에 찬탄이 나온다.

당산봉과 석벽이 한눈에 보이는 수월봉 서쪽 바닷가 절벽 틈에서 솟아나는 샘을 놉고물 또는 녹고물이라고 부른다. 여기에는 애틋한 사연이 있다. 옛날 이 마을에 녹고와 수월이라는 남매가 홀어머니를 정성으로 섬기며 살았는데 어머니가 원인 모를 병이 들어 백약이 무효하자 어찌할 바를 모르고 하늘에 빌기만 했다. 지나가던 중이 그 사실을 알고서 100가지 약을 가르쳐 주었다. 남매가 정성을 다하여 99가지 약은 구했으나 마지막

한 가지 오갈피를 구하지 못하여 헤매다가 수월봉 절벽에 있는 것을 발견했다. 수월이는 오빠의 손을 붙잡고 매달려 약초를 캐어 건네는 순간 기쁜 나머지 손을 놓아 떨어져 죽었고, 누이를 부르며 한없이 울던 녹고의 눈물이 바위 속으로 흘러 녹고물이 되었다는 슬픈 전설이다.

차귀도와 절부암에 얽힌 내력

제주시 한경면 고산리에서 용수포구로 가는 제주 올레 12코스는 올레길 중 가장 아름다운 길이다. 그 길을 천천히 걸어가면 시시각각 변하는 섬 하나를 만날 수 있다. 불과 몇십 년 전만 해도 한두 가구가 사는 유인도였으나 지금은 무인도가 된 이 섬은 왜구와 격전을 벌인 곳이기도 하다. 바다낚시터로 유명한 섬, 그 섬을 차귀도遮歸島라고 부른다. 원래 이름은 자귀도였는데 차귀도로 바뀐 이야기가 전설처럼 전해져 온다.

고려 예종 때 송나라 술사 호종단이 고려로 거짓 귀화해 각 고을을 돌아다니면서 지맥과 수맥을 모두 끊고 다닐 때 제주도 땅이 중국에 대항할 큰 인물이 태어날 형국이라 하여 이곳의 혈맥도 끊었다. 호종단이 제주 혈맥과 지맥을 모두 끊고서 배를 타고 송나라로 돌아가기 위해 차귀도 앞바다에 이르렀을 때 갑자기 폭풍이 일어 배가 뱀섬(차귀도의 옛 이름) 바위 사이로 침몰했다. 조정에서는 한라산의 수호신이 지맥을 끊고 돌아가는 호종단을 죽인 것이라 했다. 그때부터 이 섬을 호종단이 돌아가는 것을 막았다고 해서 차귀도로 불렀다고 한다. 한편 이 섬은 대나무가 많다

수월정

현경면에서 고산리 해안 쪽의 바다로 돌출한 77미터의 수월봉 꼭대기에 수월정이 있다.
이곳에서 바라보는 일몰은 매우 아름답다.

고 해서 대섬이라고도 부른다.

한라산 설문할망의 막내가 차귀도에 와 굳어져 바위가 되니 차귀도 장군바위가 그것이다. 차귀섬 안쪽에 자리한 와도는 누운 사람처럼 생겼다고 해서 누운섬이라도 부른다.

한경면 용수리에는 차귀방호소遮歸防護所 성터가 있다. 고려시대에 목호인들이 이곳에서 말을 길렀다. 조선 효종 3년(1652) 봄 목사 이원진의 계청에 의하여 진영을 두고 만호가 지키다가 숙종 42년(1716)에 어사 황구하黃龜河의 요청에 따라 도로 조방장으로 했다가 뒤에 폐지했다.

이곳 한경면 용수리 해안에 절부암節婦岩(제주특별자치도 시도기념물 제9호)이라는 바위가 있다. 절부암은 고씨 부인의 정절을 기리는 바위로 높이가 약 70미터에 이른다. 조선시대에 고산리 어부 강사철康士喆이 아내와 함께 행복하게 살았다. 그러던 어느 날 남편이 고기잡이를 나갔다가 돌아오지 않았다. 며칠 동안 슬피 울던 아내는 깨끗한 옷으로 갈아입고 절부암에 있는 한 나무에 목매달아 죽고 말았다. 그런데 신기하게도 아내가 자살한 그 나무 아래 바다에서 남편의 시체가 떠오른 것이다. 마을 사람들은 중국 '조아曹娥의 고사'와 같다고 하며 모두 하늘이 낸 열녀라 칭찬했다. 14년이 지난 뒤 이 사실을 알게 된 판관 신재우愼裁佑는 고씨 부인이 죽은 바위에 '절부암'이라 새겨 기리도록 하고 매년 음력 3월 보름에 열녀제를 지내게 했다. 지금은 마을 부녀회에서 조성한 기금으로 300여 평의 밭을 마련하여 거기서 나는 소출로 제사를 지내고 있다. 바위 벼랑에는 사철나무와 후박나무, 동백나무, 돈나무 등 난대 식물이 군락을 형성하고 있다.

차귀도

원래는 자귀도였는데 차귀도로 이름이 바뀐 이야기가 전설처럼 전해져 온다.
제주에서 가장 아름다운 노을을 볼 수 있고 강태공들의 명소다.

오현단에 서린 사연

제주시 이도 1동에는 오현단五賢壇(제주특별자치도 시도기념물 제1호)이 있다. 조선시대 제주에 유배되었거나 부임하여 제주의 문화와 사상을 형성하는 데 큰 공을 끼친 다섯 사람을 모신 제단이다. 고종 29년(1892)에 제주 유림들이 귤림서원橘林書院에 배향했던 오현을 기리기 위해 마련한 것이다.

오현의 면면을 보면, 먼저 김정은 기묘사화의 중심인물로 당파와 관계없이 모든 사람들로부터 추앙받은 인물로 중종 16년(1521)에 이곳 제주에 유배 와서 죽었다. 오현단 경내에 김정의 유허비가 있다. 철종 3년(1852)에 목사 백희수白希洙와 유생 강기석姜琦奭이 충암의 유배지 터에 유허비를 세웠는데 1960년에 이곳으로 옮긴 것이다.

정온鄭蘊은 영창대군의 살해 책임자를 처벌하라는 상소를 올렸다가 대정현에서 약 10년간 유배 생활을 했다.

"가노라 삼각산아, 다시 보자 한강수야"라는 시로 알려진 김상헌은 소덕유와 길운절의 역모 사건으로 뒤숭숭해진 제주의 민심을 수습하기 위해 선조 34년(1601)에 안무어사로 제주도에 다녀갔다.

송인수宋麟壽는 중종 29년(1534)에 제주 목사로 임명되는데 당시 상황이 《중종실록》에 다음과 같이 실려 있다.

송인수가 처음 사직서를 바쳤을 때 바다 가운데로 가는 것이 싫어서 그러는 것으로 여겼기 때문에 (…) 지금 듣자니 제멋대로 임소를 떠나 청주로 갔다 한다. 빨리 심문하도록 하라.

《중종실록》에 따르면 제주로 가기 싫어했던 그를 제주 사람들이 존경하고 추앙했다고 하니 자던 소도 웃을 일이다.

마지막으로 배향된 사람이 서인의 영수로 송인수의 자손이었던 송시열 宋時烈이다. 그는 장희빈의 아들이 세자로 책봉되자 이의를 제기하다가 제주에 유배를 왔다. 제주에서 111일밖에 있지 않았지만 오현이 되었다. 그가 제주 사람들을 위해 무엇을 했는지 알 수 없다. 조선 후기 서인 노론 세력들이 권력 장악을 위해 만든 것이 오현단이라고 여기는 사람들이 많다.

제주의 유학 교육을 담당했던 귤림서원은 대원군의 서원 철폐 때 문을 닫아서 그 뒤로 터조차 찾을 수가 없었는데, 서원이 철폐된 지 133년 만인 2004년에 사당과 강당을 비롯한 주 건물들을 세우며 복원되었다.

오현단을 찾았던 옛사람들의 글이 아직도 남아 찾는 이들의 회고를 자아내는데 김춘택은 다음과 같은 시를 지었다.

오현이 뒤따라 이 남쪽 땅의 모퉁이에 와서
그때는 모두 다 물가의 죄수가 되었네
궁궐 신무문에는 밤빛이 깊었고
여주의 신선 집엔 흰 구름 시름 지어
가을바람에 시들어 갈 연잎 옷을 생각하는데
사당집에 그늘 드리운 귤나무들
사람의 일 세상길 끝이 없으니

동천은 어찌하여 동쪽으로만 흐르는가

벼를 실어 오는 포구 화북포

제주시 화북동의 화북포禾北浦는 '베린냇개'라고도 불렸다. 육지에서 오는 배들이 순풍을 만나면 이곳 화북포에 도착했다. 지역 사람들은 화북포를 '북쪽에서 벼를 실어 오는 포구'라고 설명한다. '별도別刀'라 이칭도 있는데 그 흔적을 박성행朴成行의 애절한 시에서 찾을 수 있다.

느린 바람 불어오면 노 저어 떠나는 배
천 리 바닷길이 아득하기만
예부터 이곳은 애간장 끊는 곳
그래서 진鎭이름이 이별시키는 칼〔別刀〕이란다

명종 10년(1555) 을묘왜변 당시에 1000여 명의 왜구들이 화북포를 통해 들어왔다. 조천포와 더불어 조선시대에 육지와 뱃길을 이어 주던 2대 포구 중 하나로 송시열과 김정희, 최익현崔益鉉과 같은 유배객들과 벼슬아치들이 이 포구를 이용했다.

김정희의 〈영주 화북진 도중瀛州禾北鎭途中〉을 보자.

마을 안 아이들이 무얼 보려 모였는지

귀양살이 면목이 하도나 가증可憎한데

끝끝내 백천 번을 꺾이고 갈릴 때도

임의 은혜 멀리 미쳐 바다 물결 아니 쳤네

조선시대만 해도 가장 큰 포구였던 조천포와 화북포가 갯마을의 작은 포구가 되어 고깃배나 드나드는 포구가 되었다. 화북진은 지금의 화북초등학교 자리에 있었다.

화북포에서 멀지 않은 곳에 해신사海神祠가 있다. 해신을 모신 이 사당은 순조 20년(1820)에 목사 한상묵韓象默이 세우고 헌종 7년(1841)에 목사 이원조가 중수했고 헌조 15년에 목사 장인식張仁植이 비를 세웠다. 예전에는 해마다 5월에 목사가 제사를 지냈다가 지금은 도민들이 지내고 있다.

서불이 처음 도착한 조천

제주시 조천읍은 고려시대에 신촌현新村縣이었다. 그래서 그런지 지금도 '신촌리'가 있다. 신촌마을 초입에는 국지열녀문國只烈女門이 세워져 있는데, 조선 중기 때 사람으로 추정되는 국지에 관한 이야기가 전해진다. 국지는 품관品官 홍질洪質의 첩이었다. 제주도에서는 첩이나 소실을 '죽은 각시' 또는 '추선秋扇'이라고도 부른다. 더위가 가시고 선선한 가을이 되면 필요가 없어서 버려지는 부채와 같다 비유한 것이다.

일찍이 남편을 여읜 채 살고 있던 국지에게 뭇 사내들이 그 재주와 미모를 탐내어 재물과 권력을 가지고 유혹도 하고 강압도 했다. 그러나 끝내 절개를 지켰기에 인조 12년(1634)에 조정에서 열녀문을 내렸다고 한다.

조천읍 조천리에 있는 조천포朝天浦는 진시황이 역사 서불을 시켜 발해의 어느 섬에 있다는 불로초를 구하기 위해 어린 남녀 3000명을 파견했다는 전설의 장소인 '진시황구선입해처秦始皇求仙入海處'다. 《사기史記》〈진시황본기〉에는 다음과 같은 글이 실려 있다.

제나라 사람 서불이 글을 올려 말했다. "바닷속에 세 개의 신산神山이 있는데, 이름을 봉래산蓬萊山, 방장산方丈山, 영주산瀛洲山이라고 합니다. 거기에는 신선들이 살고 있으니 청컨대 재계하고 어린 남녀와 함께 신선을 찾으시기를 바랍니다."

글을 접한 진시황은 서불을 어린 남녀 수천 명과 함께 보내 바다로 들어가 신선을 찾도록 했다. 서불이 중국을 떠나 맨 처음 도착한 곳이 이곳 조천포라는 것이다. 서불은 이튿날 아침에 일어나 하늘의 기운을 살피고서 이곳에 온 것을 기념하여 '조천朝天'이라는 글자를 바위에 새겼다는데 서불이 글자를 새긴 조천바위는 고려시대에 조천관을 건립하면서 사라졌다고 한다.

한편 이곳 조천항에 대한 이야기가 하멜의 글에 다음과 같이 실려 있다.

본토에 면한 부분 곧 북안北岸에 만(조천만을 이름)이 있고, 그들의 배는 여

조천에서 바라본 세화 해안

성산항에서 종달리를 거쳐 세화리까지 이어지는 해안은
제주에서 가장 낭만적인 해안 도로다.
이 지역은 바람이 많아 수십 개의 풍력 발전소가 조성되어 있다.

기에 입항하기도 하고 여기서 본토를 향해 출항하기도 합니다. 암초가 있어서 지리를 알지 못하는 자는 입항하기 매우 위험합니다. 따라서 이곳을 항해하는 자 가운데 악천후 때 만에 이를 수 없는 자는 대개 일본으로 밀려가 버립니다. 그 까닭은 이 만의 외부에는 배를 정박시킬 묘지錨地, 곧 배가 닻을 내려 정박할 피난소가 없기 때문입니다.

그만큼 이곳 조천항이 배를 대기 힘들었다는 것을 알 수 있다.

조천읍 조천리에 있는 조천성 터는 고려 원종 11년(1270)에 삼별초 별장 이문경이 관군을 무찌르고 웅거하여 대장 김통정을 맞아들인 곳이다.

화북포와 조천포에는 조선시대의 전투선인 판옥선이 각각 한 척씩 배치되어 있었다. 판옥선은 명종 10년(1555)에 일어난 을묘왜변 이후로 가장 중요한 전투선 역할을 했고, 임진왜란 때는 거북선과 함께 많은 활약을 했던 배다. 하지만 제주도는 암초가 험악하고 태풍이 많아 판옥선의 운항이 매우 불편했다.

삼남대로의 길목이던 조천포

조천관朝天館은 현재 터만 남아 있다. 그러나 조선 후기까지만 해도 한양을 오고 가는 관인들의 숙소였다. 창립 연대는 분명하지 않지만 선조 23년(1590) 목사 이옥李沃이 고쳐 짓고 다시 선조 32년 목사 성윤문成允文이 중수했다는 기록이 있다. 그 뒤로도 여러 번의 중수를 거쳐 한때는 초등학교로도 쓰였으나 지금은 창고가 되어 있다.

조천포는 금당포金塘浦라고도 했다. 예전에 제주도에서 육지로 떠나는 배는 모두 이곳에서 바람이 잠잠해지기를 기다렸다. 전라도 쪽에서 제주로 들어오는 배들은 모두 이곳 조천관과 북제주군 애월읍에 있는 애월포에 댔다고 한다. 조천 북쪽 바닷가에 있는 연북정戀北亭(제주유형문화재 제3호)은 건평 18평에 3면에 회랑이 있는 정자다. 이옥이 조천관 중수 때 쌍벽정雙壁亭이라 했다가 성윤문이 고쳐 부른 이름이 연북정이다. '왕을 그린다'는 이 정자에서 주로 제주로 파견된 관리와 유배 온 사람들이 고향과 왕이 있는 북녘땅을 바라보며 그리움을 달랬다. 김종직의 시를 보자.

순풍 기다리며 조천관에 머무노라면
처자들이 서로 술잔을 권하는데
한낮에도 이슬비 부슬부슬 내리나니
사람들이 말하기를 고래가 기를 뿜어서라네

연북정을 두고 김상헌도 시 한 편을 남겼다.

먼 하늘 끝으로 머리를 돌리지 않은 날이 없고
고향을 생각하면 하루가 삼 년 같다
술에 취해 멀고 먼 돌아갈 길 잊으려 하니
꿈속에서마저 이 몸은 물 위에 있다
헛되이 최호崔顥의 연파구烟波句를 읊어 보지만

진경의 죽엽주竹葉舟 그려 보기 힘드네

지난날 가벼이 떠난 것이 이별일 줄이야

외로운 정자에서 시름이 절로 난다

그래, 고향이 얼마나 그리우면 출렁이는 파도를 보며 "날은 저무는데 고향은 어디멘고, 연기 낀 장강 언덕에서 시름겨워 하노라" 한 당나라 시인 최호의 시 구절[烟波 句]을 생각하겠는가. 또 다른 정취로 연북정 일대를 시로 읊은 사람이 이원조다.

번화한 바다에 갈대밭 마을

조천관 바깥에 깃발을 멈추었다

바람 탄 뱃사공의 배는 이진梨津의 배

가는 비에 밭가는 곳은 선흘마을

흉년에는 물 마른 웅덩이의 고기를 구원하듯

평온한 때에도 오히려 변방문을 중히 여겨

넓은 바다도 서울과 떨어져있지 않은 듯

꿈에도 경루의 왕의 은혜 축원하네

삼남대로의 기착지인 강진의 이진항에서 온 뱃사공이 바람을 잘 타서 가장 빠른 속도로 돌아가는 것을 묘사하면서도 고향을 그리워하는 마음이 애달프다.

조천읍 마을 풍경

제주의 대표적인 해안 마을인 조천읍은 형형색색의 지붕이 이색적이다.
제주의 민가는 집이 낮고 작은 것이 특징이다.

제주도에서 사라진 폐현

애월읍 고내리 부근에 있던 고내현高內縣은 고려 원종 때 제주에 자리 잡았던 삼별초의 김통정에 의해 고내현으로 승격했다가 폐현이 되었다. 지금의 곽지리에 있던 곽지현郭支縣, 애월읍 상귀리와 하귀리 사이에 있던 귀일현貴日縣, 한림읍 명월리 근처에 있던 명월현明月縣, 지금의 조천읍 신촌리에 있던 신촌현新村縣, 조천읍 함덕리에 있던 함덕현咸德縣이 삼별초 항쟁 이후로 사라진 폐현이다. 지금의 한림읍 귀덕리에 있던 귀덕현歸德縣은 고려 희종 7년(1211)에 석천촌을 승격하여 현이 되었다가 충렬왕 26년(1300)에 다시 촌이 되었다.

도근천의 숨은 내력

제주도 한라산의 어승생오름 북동쪽 아흔아홉골에서부터 발원하여 도평동과 내도동을 거쳐 바다로 들어가는 도근천은 도감내와 도그내, 독근천, 조공천 등 여러 이름으로 불렸다. 《신증동국여지승람》에는 도근천이 다음과 같이 실려 있다.

도근천道近川은 주 서쪽 18리에 있다. 일명 수정천水精川 또는 조공천朝貢川이라 하는데 지방 사람들의 말이 어렵고 복잡하여 '도근'은 곧 '조공'이란 말이 그릇된 것이다. 언덕은 높고 험하여 폭포가 수십 척을 날아 흘러 그 밑에

서 땅속으로 스며들어 7, 8리에 이르러 돌 사이로 솟아 나와 드디어 대천의 하
류를 이루었는데 도근포라 일컫는다. 이 아래에 깊은 못이 있는데 모양이 수달
같은 동물이 잠복하고 있다가 변화를 일으켜 사람의 보물을 보면 끌어당기어 못
속으로 들어간다. 이상의 병문천 이하는 근원이 모두 한라산 북쪽에서 흘러나와
바다로 들어간다. 양쪽 언덕에 석벽이 깎은 듯 서 있고 가운데는 암석이 깔렸
다. 그 근원이 혹은 잠복하고 혹은 흐르는데 도근천이 그 내 중의 큰 것이다.

조공천 상류에 무수천이 있는데, 냇물의 양쪽 기슭이 돌벼랑으로 되어
있어서 기이하고 험준하며 경치가 뛰어난 곳이 많이 있다. 이원진의 시를
보자.

남악(한라산)에 높이 올라 술잔을 들고
무수내 따라 흥겹게 돌아오네
눈에 가득한 국화는 어제와 같고
한 판 술자리로 두 번 중양절 맞소

도근내 서쪽에 수정사水精寺가 있었다. 《태종실록》 태종 8년(1408)
의 기록에 "130여 명의 노비가 있었다" 하고, 김정의 〈제주풍토록〉에 "원
나라시대의 유물로서 우뚝 높이 서서 홀로 남아 있는 것은 오직 도근천의
수정사뿐이다"라고 실려 있는 것으로 보아 수정사는 그 규모가 대단했
던 모양이다. 《신증동국여지승람》에는 고려 후기 문장가 이제현李齊賢
의 해가시 "도근천에 물 막는 둑이 무너지면, 수정사 안이 또한 바다가 되

리”가 소개되어 있다. 그의 《익재난고益齋亂藁》 '소악부小樂府'에도 수정사에 대한 그 비슷한 시 한 편이 실려 있다.

> 도근천 절이 퇴락하여 물둑으로 막았는데
> 수정사 주지는 이 밤에 여인을 품고 도리어 뱃사공이 되었네

내용이 매우 음란한데 그 당시 불교를 고깝게 보았던 유학자의 눈일 수도 있지만 불교의 타락상을 표현한 시이기도 하다.

김상헌이 목사로 부임하며 제주목 관아로 가는 길에 날이 험해 쉴 곳을 찾다가 도근천 부근 수정사에 들른 이야기가 《남사록》에 나온다.

> 날이 저물어 잠잘 곳을 찾다가 도근천에 절이 있다는 말을 듣고 절에 이르렀는데, 초가 두어 칸이 바람과 비를 가리지 못할 정도였다. 거기다 그곳에 있는 중들은 모두 처자를 거느리고 있었고 집이 누추하여 들어갈 수가 없었다. (…) 이미 폐가가 되어 비가 새는 초가 몇 칸만이 남아 있고, 안에는 두 구의 큰 불상이 있는데 이는 중국에서 온 것이다.

도근천 하류에는 깊은 못이 있었는데, 그 안에 수달처럼 생긴 짐승이 가끔 물 위에 나타났다가 다시 물속으로 들어갔다고 한다. 이 도근천에 은어가 많이 났는데 관가에서 은어잡이를 시켜 잡게 하고 사사로이 잡는 것을 막았기 때문에 근처에 사는 주민들도 은어의 맛을 모르고 지냈다고 한다. 또 해마다 7월에는 산초나무 껍질을 이 냇물에 담갔다가 건져서 조

정에 조공(진상)했다고 한다.

　제주도의 하천에서 나는 민물고기로 잉어와 붕어, 미꾸라지, 뱀장어, 은어, 초어 등이 있는데, 지금도 외도천에서 나는 은어는 그 맛이 좋아서 회로 먹거나 튀겨서 먹는다. 특히 달 밝은 밤에 외도천에서 냇물 소리를 들으며 먹는 은어회는 감칠맛이 있다고 한다.

　도근천 위에는 서천암逝川庵이라는 암자가 있었다. 혜일 스님이 지은 시를 보자.

> 한라산은 높기가 몇 길인가
>
> 정상의 신비한 못에 물이 고여
>
> 한 줄기 북쪽으로 흘러가니
>
> 아래에 이르러선 조공천이 되었네
>
> 매달린 폭포는 어지러이 물방울을 내뿜고
>
> 달려가는 건 구슬을 구르는 듯
>
> 구비치는 물살은 많은 돌에 부딪치고
>
> 사이에는 시루같이 뚫어 놓고는
>
> 어떻게 몇 리를 흘러와서야
>
> 맑게 고여 푸른 하늘을 잠겼는고
>
> 도인 종해가 있어
>
> 냇가를 향하여 암자를 세웠네
>
> 산수를 찾는 즐거움을 따르고
>
> 또한 향화 올릴 연을 만들었으니

시원한 가을 아름다운 달밤에

바위를 쓸고 차를 끓이네

새 대추 새 밤을 깎아 맛보고

옛 것을 이야기하며 유현을 궁리하고

따라서 공자님 말씀을 생각하며

자못 소성의 선을 기억하네

무생의 이치로 서천이라 이름 지어

이름이라도 기약하여 멀리 전해야지

만약 높은 안목을 갖춘 분이 있다면

계속 이어가 옮기지 않을 텐데

그 밖에 제주에는 수정사와 묘련사, 문수암文殊庵 등의 절이 있고, 꾀꼬리오름(거구리악) 북쪽에는 보문사普門寺라는 절이 있었다. 그 절을 두고 혜일은 다음과 같은 시를 남겼다.

절이 궁벽하여 거친 지경에 의지했는데

샘물 맛이 좋아 꿈에서 얻은 듯

연장에서 만난 좋은 일은

불함의 유풍이 전해지는 것

풀은 서리를 맞고도 그대로 푸르고

넝쿨은 장기에도 붉어지지 않아

원통문이 스스로 열려 있는데

먼데서 오는 기러기 하늘에서 부르짖는다

이 외에도 소림사小林寺와 관음사觀音寺 등이 있었다.

서미륵과 동미륵

제주시 용담1동에 있는 용화사에 서자복이라고 불리는 복신미륵福神彌勒이 있다. 예전에 만수사라는 절터에 있었다는 이 미륵은 높이가 3.34미터, 가슴둘레가 3.15미터로 아주 소박하게 생겼다.

《신증동국여지승람》에 "해륜사海輪寺는 일명 서자복西資福이다. 주 서쪽 독포獨浦 어귀에 있다"고 실린 것으로 보아 용담동 미륵이 바로 서자복임을 유추할 수 있다. 이곳 해륜사는 이형상이 목사로 재직하던 숙종 28년(1702)에 파괴되었다.

'서한두기'라 불린 독포(대용포大瓮浦) 등성이에 있던 이 미륵은 큰어른과 미륵부처, 복신미륵 등으로 불리기도 한다. 정성으로 빌면 소원을 성취한다고 하고 아들을 낳게 하거나 전염병과 같은 질병도 예방해 준다고 한다. 서미륵은 수많은 사람들이 찾아와 정성으로 치성을 올리며 용화사에서는 매년 음력 2월과 11월에 미륵에게 제사를 올리고 있다.

특히 이 미륵 옆에 남자 성기 같기도 하고 동자석 같기도 한 0.7미터의 석상을 두고 이 지역 사람들은 '꼬추바위'라고 부르는데 여기에 걸터앉아 엉덩이를 비비며 치성을 드리면 아들을 낳는다고 한다. 일제 강점기에 제주도 도사島司로 근무했던 일본 사학자 이마무라 도모는 이곳 '꼬추바위'의 유감주술類感呪術에 대하여 다음과 같은 글을 남겼다.

> 제주도 제주면 용담리 냇가의 사람들이 가기 힘든 궁색한 곳에 등신대보다 작은 석불이 하나 있고, 그 앞에 남성기형의 양석이 하나 놓여 있었다. 아이 없는 부녀자들은 몰래 이곳에 와서 기원하고 이 양석에 자신의 성기를 접촉시킨다 했다. 내가 도사 재임 5년 동안 각종 민속자료를 조사했음에도 이를 몰랐을 정도로 섬사람들은 극비로 하고 있었다.

현재 서미륵은 바닷가 부근에 있는 반면, 동미륵은 바다를 멀리 바라보는 건입동 언덕배기에 있다. 《신증동국여지승람》에 "만수사萬壽寺는 일명 동자복東資福이다. 건입포 동쪽에 있다"고 한 동미륵은 이형상의 《남환박물》에도 나온다.

> 지금은 섬 안에 중이나 비구니가 전혀 없다. 사찰 역시 모두 없앴다. 제주성 동쪽에 만수사가 있고, 서쪽에 해륜사가 있다. 각각 불상은 있지만 항시 지키는 사람이 없어 마을에서 한 사람을 뽑아 지키고 있다.

만수사도 해륜사와 같은 시기에 철폐되었음을 알 수 있다. 동자복이라고 불리는 건입동 미륵은 용담동 미륵보다 약간 큰 편이다. 이 미륵의 이칭 역시 동미륵과 미륵부처, 미륵님, 돌부처, 복신미륵으로 다양하다. 용담동 미륵과 견주어 볼 때 목이 길게 드러나 있기 때문에 사람과 더 닮은

296

복신미륵

이 미륵불은 본래 만수사와 해륜사에 있었던 것으로 사찰이 모두 불타 버리고
미륵불만이 남아 있다. 제주 다공질 현무암으로 조각되었다.

편이다. 이 미륵도 간절히 빌면 아들을 낳게 해 준다고 알려져 많은 이들이 치성을 드리고 조상신으로 모시기도 한다.

제주의 한쪽이 떨어져서 생긴 소섬

제주도의 가장 큰 섬인 우도牛島는 소섬이라고도 부른다. 조선시대 숙종 24년(1698)부터 사람이 살기 시작했다. 본격적으로 사람이 살게 된 시기는 헌종 10년(1844) 진사 김석린金錫麟이 정착하면서다. 구좌면舊左面이 1980년에 읍으로 승격하면서 구좌읍 관할 연평출장소로 되었다가 1986년 우도면으로 승격했다. 섬의 동남쪽에 우도봉(132미터)이 솟아 있다. 우도봉 아래 완만한 경사를 이루고 있는 17킬로미터의 해안선을 중심으로 '우도팔경牛島八景'이 펼쳐져 있다. 특산물은 껍질째 먹는 황금땅콩이다. 근래에 널리 알려진 제주 올레로 수많은 올레꾼들이 성산포에서 배를 타고 우도를 찾아와 해변을 천천히 걷는 것이 진풍경이다.

《여지도서》에 실린 우도는 다음과 같다.

우도는 둘레가 50리다. 관아의 동쪽 정의현과 경계에 있다. 사람과 말이 떠들거나 시끄럽게 울면 문득 비바람이 몰아친다. 섬의 서남쪽에 굴이 있는데, 작은 배 하나가 들어갈 만하다. 조금씩 가까이 대면 대여섯 척은 들어갈 수 있다. 그 위에는 지붕처럼 생긴 큰 돌이 있다. 만약 햇빛이 물결에 비치면 별빛처럼 반짝이며 환히 늘어놓은 것 같다. 날씨가 매우 차고 서늘해지면 머리털이 주뼛 선다. 민간에서는 신비한 용이 사는 곳이라고 한다. 7~8월 사이에는 고기잡이배들이 들어갈 수 없다. 들어가면 천둥을 동반한 비바람이 크게 몰아쳐 나무들이 뽑히고 곡식이 떨어진다. 그 위에는 닥나무가 많다.

우도에서는 딸을 더 선호하는 전통이 있어서 '아들 나민 엉뎅이 때리곡 똘은 나민 도새기(돼지) 잡으라'는 말이 전해질 정도다.

우도면 연평리 비양동 동북쪽에 비양도가 있다. 이 섬에서 해 뜨는 광경을 보면 수평선에서 해가 날아오르는 것 같다고 해서 붙여진 이름이다. 우도를 배경으로 김정이 〈우도가〉를 지었는데 조선 전기 학자 어숙권魚叔權의 《패관잡기稗官雜記》에 짤막한 이야기와 함께 시가 실려 있다.

김충암金沖庵이 제주에 귀양을 가서 방생方生이 우도牛島를 이야기한 노래를 지었는데, 꼭 귀신과 신선의 말 같았다. 내가 낙촌駱村 박공朴公에게 묻기를, "충암의 우도가牛島歌가 어떠한가" 하니, 낙촌이 대답하기를 "세상에 장길(충암의 이름)을 제외하고는 어찌 이런 작품을 지을 수 있겠는가" 하여 보니 그 말과 같았다. 그 시는 다음과 같다.

영주 동쪽 머리는 자라 장단에 맞추어
천년의 신비한 그림자가 큰 바다에 잠겨 있네
여러 신선이 상제께 호소하여 오정五精이 뭉치어
하룻밤 힘차게 뇌성이 진동하였네
구름이 열리고 안개가 걷히매 홀연히 솟아났으니

상서로운 산을 그림으로 그려 왕에게 바쳤네

바다 물결 무너지듯 산허리를 씹고

짙은 구름은 휑한 골짜기에 문고리가 되고

모나게 생긴 벽은 무늬 없는 비단인 듯

반딧불 같은 광명한 해가 동쪽에어 비치면

많은 구슬이 이슬 어리듯 뿌리는 물방울에 가볍게 젖으니

주머니 속 푸른 옥을 별처럼 벌여 놓은 듯

깊은 물속 훌륭한 궁궐 볼 수는 없어도 때로

은은하게 창문 난간 엿보이네

헌원軒轅씨 시절 음악을 연주하며 하백이 춤을 추는 듯

옥소玉簫 소리 아득히 하늘에서 들려오네

구부정한 무지개 긴 꼬리 늘어뜨리고 바다를 마시는 듯

큰 붕새 희롱하는 학이 날개를 나부끼는 듯

어두운 인간 세계에 아침 구슬 밝게 자리 잡으면

약 오른 용이 두 눈이 푸르러 광채를 발하네

참두와 답흔은 곱고 아름다운데

아홉 머리 천오天吳(바다 귀신)가 비슬거리는 양

그윽하게 잠긴 수부水府에 백 가지 영물이 갇혀 있어

큰 그늘의 현묘한 이치 저절로 멈춘 듯

구지仇池와 우혈禹穴과 같은 신이神異한 자취를 전하였는데

아깝게도 절역絶域에 허락하여 도경圖經에 빠졌네

노 저어 잡아 들어가려니 신령의 형체 두렵고

쇠 피리 불어 재끼려니 늙은 괴물이 듣네

물은 목이 메고 구름은 어두워 사람을 슬프고 근심스럽게 하니

돌아오니 황홀하여 꿈이 깨지 못 하네

슬프다! 나는 다만 문지방이 가리었다고 말할 뿐

어찌하면 열자처럼 바람을 타 시원할 수 있었을까

임제도 성산포와 우도 일대를 답사하고 글을 남겼는데 〈남명소승〉에 전한다.

섬 모양이 마치 소가 누운 형상이다. 남쪽 벼랑에 무지개처럼 열린 돌문이 있어 돌을 펼치고도 들어갈 수 있다. 굴 안쪽은 천연의 요새여서 황룡선黃龍船 20척쯤은 숨겨 둘 만하였다. 그런데 굴이 다한 곳에 또 돌문이 있는데 모양이 일부러 파 놓은 것 같고 배 한 척이 겨우 드나들 정도다. 깊숙이 노를 저어 들어가니 백로 같은 신기한 새가 있는데 크기는 작고 색깔은 옅은 푸른빛을 띤 것이었다. 수백 마리가 한꺼번에 날아 다녔다. 굴이 남향이어서 바람을 막아 주므로 새들의 서식처가 된 모양이다. 안쪽 굴은 바깥 굴에 비해 조금 작지만 훨씬 기괴하고 물빛은 그윽하여 금방이라도 귀신이 나올 것만 같았다. 천장엔 흰 돌들이 갖가지 형상으로 엉켜 있다. 굴 안이 어둡고 검푸르니 흰 돌이 별이나 달처럼 보인다. 그 안에서 피리를 부니 처음에는 은은하게 들리더니 점차 울려 퍼져 마치 파도가 진동하고 산악이 무너지는 듯했다. 오래 머물 수가 없어 뱃머리를 돌리니 풍세風勢가 우악하여 파도가 하늘로 치솟아 의관이 격랑에 흠뻑 젖어 있었다.

우도 마을 풍경

우도는 모든 해안에 해식애가 발달했다. 한라산의 기생화산인 쇠머리오름이 있을 뿐
섬 전체가 하나의 용암대지이며 넓고 비옥한 평지다.

서빈백사

우도 내에 부서진 산호로 이루어진 백사장으로 빼어난 경관을 자랑한다.

임제는 폭풍우가 휘몰아치는 날씨라야 바다의 장관을 제대로 볼 수 있다며 해안 절벽의 구석구석을 답사하고 다녔다.

원래는 제주도에 붙어 있던 우도가 이렇게 멀리 떨어지게 된 데는 다음과 같은 유래가 있다. 키 큰 설문대할망이 양쪽 발을 식산봉과 일출봉에 걸치고 앉아서 오줌을 쌌다. 그런데 그 오줌 줄기가 어찌나 세었던지 육지 한 조각이 떨어져 나가 현재의 우도가 되었고, 그때 깊이 팬 곳이 바다가 되었다는 것이다. 그때 오줌이 흘러가던 기세로 지금도 이 바다는 조류가 세다. 지나가는 배가 파선하면 그 형체를 찾을 수 없을 정도라고 한다.

제주의 섬 추자도

제주도와 진도 사이에 자리 잡고 있는 추자도는 상추자와 하추자 그리고 두 개의 유인도와 38개의 무인도를 포함한다. 맑은 날에는 섬들과 바다가 어우러지는 풍경이 장관이다. 이 추자도에는 다산 정약용의 조카 정난주丁蘭珠와 아들에 얽힌 사연이 서려 있다.

신유박해 때 다산의 조카사위인 황사영의 백서 사건이 발각되어 황사영은 참수당하고, 그의 부인 정난주는 관노가 되어 제주도로 유배를 가던 길이었다. 추자도 해안가에 잠시 머물 때 정난주는 아들까지 노비로 자라게 할 수 없다고 생각했다. 그래서 아이 이름과 태어난 날, 부모의 이름을 적어 젖을 먹고 잠든 두 살배기 아들 황경한黃景漢의 옷 안에 넣고 아이만 남겨 둔 채 홀로 제주도로 향했다. 정난주는 유배지 대정에서 살다 작

304

고했고 추자도에 남겨진 아기는 오씨가 발견하여 잘 키워 주었다. 그런 연유로 추자도 오씨와 황씨는 결혼하지 않는다고 한다. 아기가 남겨졌던 바위에는 눈물의 십자가가 세워져 있었는데 태풍에 십자가가 꺾이고 말았다.

《여지도서》는 추자도에 대해 다음과 같이 기록한다.

관아의 북쪽 바다 가운데에 있다. 둘레는 30리다. 무릇 제주로 들어가려는 사람이 나주에서 배를 타고 출발하면 무안의 대굴포大堀浦(대굴개), 영암, 와도瓦島(지새섬), 해남의 어란양於蘭梁(어란도)을 거쳐 추자도에 도착한다. 해남에서 배를 타고 출발하면 삼촌포三寸浦(삼촌개)를 지나서 아양鵝梁(거윗도)과 삼내도三內島(삼내섬)를 거친다. 강진포를 출발하면 군영포軍營浦(군영개)를 거쳐 고자황로도高子黃露島와 삼내섬을 거친다.

이상 모든 곳에서 출발하여 사흘 밤낮이면 추자도에 도착할 수 있다. 추자도를 지나서 사서도䴘鼠島와 대화탈도大化奪島, 소화탈도小化奪島를 지나 애월포 및 조천관포에 정박한다. 순풍을 만나면 하루 안에 곧바로 바닷길을 건널 수 있다.

《여지도서》에 의하면 추자도 동쪽에 있는 동여서도東餘鼠島의 두 섬에는 샘물이 있어 지나가던 어선이 마구 몰려든다고 실려 있다. 대화탈도는 추자도 서남쪽에 있는 섬으로 돌 봉우리가 울쑥불쑥 솟아 있는데 그 정상에 샘이 있다고 한다. 이 섬에는 수목이 없고 풀이 있는데 부드럽고 질겨 기구를 만들 만하다. 추자도 서남쪽에 있는 소화탈도는 깎아지른 돌

추자도 진경

추자도는 제주 본 섬과 육지의 중간에 위치한다.
쾌속선으로 제주와 진도에서 한 시간 남짓이면 도착할 수 있어
낚시꾼들을 비롯한 수많은 관광객이 즐겨 찾고 있다.

정난주 아들 황경한의 묘

신유박해 때 순교한 황사영과 제주로 유배된 정난주 부부의 아들
황경한이 묻힌 곳으로 추자도 예초리 산자락에 있다.

벼랑처럼 서 있는 섬이다. 두 섬 사이에서 두 물줄기가 교차하여 흐르기 때문에 파도가 소용돌이쳐서 배들이 표류하거나 물에 빠지는 경우가 많다고 하며 배를 타고 오가는 사람들이 고생하는 곳이라고 한다. 전하는 말에 이르기를 '소화탈도는 그 옛날 한라산이 분화할 때 동시에 높이 솟구쳐 오르면서 생겼기 때문에 화탈火脫이란 명칭이 붙었다'고 한다.

고려 원종 11년(1270)에 삼별초가 탐라에 들어와서 내외성을 쌓고 험함을 믿고 더욱 창궐했다. 김방경이 몽골 흔도와 더불어 추자도에 머물러 바람을 기다리는데, 밤중에 급하여 지향할 곳을 알지 못했다. 새벽에 보니 이미 탐라에 가까워졌는데 바람과 큰 물결이 급하여 진퇴를 의지할 곳을 잃었다. 김방경이 하늘을 우러러 탄식하기를, "국가가 편안하고 위태함이 이 한 번 싸움에 있는데 오늘의 일은 내게 있지 않은가" 했다. 조금 뒤에 풍랑이 그쳤고 드디어 진격하여 크게 승리했다. 탐라 사람들이 그 공을 생각하여 고려 때는 후풍도候風島라 불린 섬이 바로 추자도다.

7

한국의 최남단에 있는 서귀포시

남국의 향연

한라산 남쪽 고을

사람들은 제주도를
한국의 나폴리라고들 한다
아열대성 기후의
한국 최남단 최대의 섬
곗돈 모아 가지고 찾아가서 보는
서귀포의 달빛은 너무나 비싸기만 했다

문병란 시인의 〈제주도 기행시초〉의 첫 부분이다. 우리나라 최남단에
자리한 서귀포시西歸浦市는 동쪽과 서쪽으로 남제주군에, 남쪽으로 남해
에 인접하고, 북쪽으로 한라산의 연봉을 사이에 두고 제주시 및 북제주군과
경계하고 있다. 한라산의 정남쪽에 자리 잡은 서귀포시는 본래 제주도 정의
현 지역이었다. 한라산을 주봉으로 법정이오름(법정악, 760미터)과 쌀오름
(미악, 563미터), 각시바위오름(각수악, 381미터), 삼매봉三梅峰(153미터)

등 높고 낮은 기생화산들이 많이 솟아 있는 지역이 서귀포시다.

일설에 의하면 '서귀西歸'라는 지명은 원나라로 가는 조공을 실은 선박이 바람을 피하여 홍로천 깊숙이 정박했다가 서쪽으로 갔다 해서 붙여졌다 한다. 이원진의 《탐라지》에는 "정의현 서쪽 70리에 있다. 원나라에 조공할 때 순풍을 기다리던 곳이었다"라고 전해진다.

서귀포시의 연혁은 광해군 원년(1609)에 제주도에 방리를 설치할 때 정의읍내의 오른쪽이 된다는 뜻으로 우면右面이라고 하여 상효와 하효, 신효, 보목, 토평, 동홍, 서홍, 서귀, 호근, 서호, 법환 등의 11동리를 관할했다. 지금의 서귀라는 이름을 갖게 된 것은 1935년이다. 서귀리의 이름을 따서 서귀면이 되었다.

1981년 서귀읍과 중문면(강정, 도순, 하원, 월평, 대포, 회수, 중문, 색달, 상예, 하예, 용홍 등 11개 리)을 병합하여 서귀포시가 되었다. 서귀동과 서홍동 경계에 있는 삼매봉은 조선시대에 삼매양 봉수가 있어서 동쪽으로 호촌, 서쪽으로 구악 봉수에 응했다.

서홍동과 동홍동 경계에 있는 쌀오름은 미악산이라고도 부르는데, 그 생김새가 쌀을 쌓아 놓은 것처럼 생겼기 때문이다. 도순동과 용홍동 경계에 있는 활오름은 활처럼 생겼다고 붙여진 이름이다.

지장샘에 얽힌 사연

한편 서귀포시 서홍동에 있는 지장샘에 대한 설화가 재미있다. 송나라

에서 술사 호종단이 제주도 지맥을 끊으며 돌아다닐 때 산방산 남단 절노
리코지(용머리 해안)를 절단하고 지장샘을 없애 수맥을 단절하려고 서홍
동으로 바삐 가고 있었다. 호종단이 도착하기 직전이었다. 한 젊은 농부
가 지장샘에서 물을 마시고 쉬고 있는데, 백발노인이 다가와서 하는 말이
"샘물을 길어 쇠질매(소길마) 속에 감추게. 그러고 개가 오면 쫓고, 장수
가 물을 찾으면 모른다고 하게" 하고는 금세 사라지고 말았다. 아무래도
이상한 기운을 느낀 농부가 샘물을 가득 길어 쇠질매 속에 감추자 샘물
이 금세 말랐다. 조금 있자 노인의 말대로 개가 쇠질매 쪽으로 오고 있었
다. 농부는 그 개를 쫓아냈다. 조금 있으니 호종단이 나타나 풍수 지도를
보면서 샘이 있는 곳을 가르쳐 주지 않으면 죽이겠다고 위협했다. 농부가
끝까지 그 샘이 있는 곳을 모른다고 잡아떼자 호종단이 아무래도 지도가
잘못되었다 생각하고 지도를 찢고 가 버렸다. 얼마가 지난 뒤 백발노인이
다시 나타나 샘물을 샘에다 다시 쏟으라고 했다. 그 말을 따랐더니 다시
예전의 그 샘이 되었다. 이렇게 지장샘이 없어지지 않은 덕분에 서홍동
사람들은 물 걱정 없이 살게 되었다.

서귀포시 동홍동의 홍로마을은 지형이 화로처럼 생겼다고 하는데, 고
려시대에 홍로현烘爐縣이 있었던 곳이다.

서귀포시 보목동甫木洞은 볼레낭(보리수)이 많이 자생한다고 하여 보
목이라고 했다. 보목 남쪽 바다에 있는 섶섬(삼도)에는 향피리와 세피리
의 몸통을 만들 때 사용하는 시누대가 숲을 이루었으나 사라지고 없다.
지금은 녹나무와 호자나무, 종가시나무, 보리수 등 10여 종의 상록수가
무성하다. 이곳에 있는 파초일엽은 천연기념물 제18호로 지정되어 보호

되고 있다. 한편 섶섬에는 붓처럼 생긴 문필봉이 있는데 이 봉이 잘 보이는 보목에서 문필가가 많이 났다고 한다.

상예동(웃예리)의 존좌마을(존좌동)은 보리슬 북쪽에 있는 마을로 군산 북쪽이 되는데, 제주 목사가 순행할 때 쉬어 가던 곳이라 한다. 웃예리 북서쪽에 있는 왕자굴은 왕자가 귀양살이하던 곳이라고 한다.

서귀포의 제주 3대 폭포

서귀포시 서귀 2리에 있는 정방폭포正房瀑布는 높이 23미터, 너비 8미터, 깊이 5미터로 큰 폭포가 무지개를 그리면서 바다로 떨어지는 풍경이 장관이어서 영주십이경의 '정방하폭正房夏瀑'이라 한다. 바로 바다로 떨어지는 폭포는 동양에서 오직 하나밖에 없다고 한다. 정방폭포의 벼랑에 알 수 없는 그림이 그려져 있다. 진시황 때 서불이 이곳을 지나가면서 새긴 것이라 하지만 허황되다는 말도 있다.

정방폭포를 두고 일설에는 '이곳에서 북을 쳐 두드리면 물속에 숨어 있는 모기가 나와 춤을 춘다'는 이야기도 있다. 정방폭포를 두고 김정이 읊은 시를 보자.

산은 누대의 골짜기가 되고 바다는 못이 되어

칼을 치며 노래 불러 사면을 둘러보다

다시 하얀 폭포가 정방의 밑으로 떨어짐을 보니

서귀포 지장샘

서귀포 지장샘은 독특한 설화를 갖고 있으며
샘의 주변은 돌로 담장을 쌓아 보존이 잘되어 있다.

정방폭포

서귀포 앞바다의 시원하게 트여 있는 해안 절경과 폭포 주위에 우거진
상록 아열대 식물 등이 한데 어우러져 멋진 풍광을 이루고 있는 곳이다.

어산 골짜기에 들어온 듯하구나

김정의 뒤를 이어 김정희의 제자 이한진李漢震도 시를 남겼다.

다급한 폭포 우레 같은 소리 정방소를 깨뜨리고
불꽃 구름에서 쏟아지는 듯 자줏빛 연기
여름인데 눈이 날리어 푸른 산이 싸늘하고
높은 하늘 밝은 해에 무지개 걸려 길쭉하다
하늘에 이어져 바로 내린 물줄기 넓은 바다로 들어가고
비스듬한 흐름 땅으로 떨어져 운치 있는 못을 만들었다
비를 만들어 널리 적시려는
신령한 용이 조화를 다 부리고 있음을 알 수 있구나

서귀포시 서귀 3리 서북쪽에 그 이름 높은 천지연폭포天池淵瀑布가 있다. 높이 22미터, 너비 12미터인 이 폭포는 골짜기 양쪽에 울창한 숲과 기이한 바위가 절경을 이루는 가운데 웅장하게 쏟아진다. 밑의 못은 도랑을 이루어 서귀포항으로 이어진다. 천지연에는 무태장어가 많이 살아서 천연기념물 제27호로 지정되었다.

《증보탐라지》에 실린 천지연을 보자.

서귀면 서귀리 서쪽 방향 5리쯤 연외천淵外川(선반내) 하류에 있다. 주변 둘레는 수백 보요, 쌍을 이룬 폭포가 날아갈 듯이 빠르게 흐르는데 길이가 100여 척이라. 바다와 아주 가까운 거리에 언덕과 산으로 둘러싸여 있는지라 그윽한 맛이 있다.

김상헌은 천지연폭포(천지담)를 《남사록》에 다음과 같이 기록했다.

천둥이 치고 하얀 눈을 뿜는데 그 소리가 몇 리 밖에서도 들린다. 양쪽으로 걸친 흰 무지개가 하늘에 걸린 솥의 물을 엎드려 마시는 것 같으니 형상은 실로 박연폭포와 비슷하다. 폭포 물줄기의 높고 낮음과 입구의 넓고 좁음에 있어서는 서로 일장일단이 있다. 다만 비밀을 바다 밖에 알리는 것을 아껴 왔기에 유람하는 바가 미치지 못하고, 세상 사람들이 그 뛰어남을 아는 이가 드물었다. 《지지》에도 또한 빠져 실리지 않았으니 진실로 애석하도다.

이곳을 찾았던 김정도 시 한 편을 남겼다.

높다란 절벽 고요한 모퉁이에 나무들 또렷또렷
쌍폭포 다루는 물줄기 눈발인 듯 말끔하다
바로 큰 용이 잠겨 사는 못이나
어떤 때는 뛰어 날아 구름 속으로 오르겠지

서귀포시 중문동 천제교 밑에 있는 천제연폭포天帝淵瀑布는 상중하로 나뉜다. 제1폭포는 높이 22미터로 속과 겉 두 겹 폭포다. 장마가 지면 두 겹으로 쏟아지고 장마가 끝나면 속 폭포만 쏟아진다. 겉은 벼랑에 가려 있어 가끔 바위틈으로 보이는 것이 더욱 신기하며 못물이 어찌나 맑고 푸른지 옥수玉水 같다. 그래서 천제연폭포에는 옥황상제를 모시는 칠선녀들이 한밤중에 내려와 목욕하며 놀았다는 이야기가 전해져 온다. 제2폭포와 제3폭포는 한바탕의 거리를 두고 있다. 양쪽으로 우거진 숲은 천제연 난대림으로 천연기념물 제378호로 지정되었다. 제1폭포 동쪽에 중문원中文院이 있어서 제주 목사가 순행할 때 무사를 시험하기 위하여 폭포 서쪽에 걸쳐 맨 줄을 타고 건너가서 화살을 주위 오게 했다는 이야기도 전해진다.

천제연폭포 이야기가 《증보탐라지》에는 다음과 같이 실려 있다.

중문면 중문리 서쪽에 있으니 곧 색달천 하류를 말한다. 낭떠러지 골짜기에 매우 깊숙하며 초목이 울창하다. 맑은 시내의 한 줄기가 솟구쳐 뿜어 돌산 위를 100여 보 흘러 퍼진 뒤 거꾸로 매달려 폭포를 이루었다. 바로 쏟아지는 것이 수십 길에 달하는지라 형상은 무지개를 머금고, 소리는 천둥이 치는 듯하다. 상중하 세 개의 못이 있는데, 그 깊이는 헤아릴 수 없다.

서귀포시 토평동에는 소정방폭포가 있다. '가는무족시'라고도 부르는 이 폭포는 남서쪽에 있는 서귀동의 정방폭포에 견주어서 물줄기가 가느다랗게 흐르는데 그 모습이 매우 빼어나다.

삼매봉 봉수와 외돌개

삼매봉 아래 바다 가운데에 외돌개가 있다. 고석포, 장군석, 할망바위라고도 부르는 외돌개는 제주시에 있는 용두암과 함께 제주 해안에서 기암절벽으로 손꼽히는 바위다. 약 150만 년 전 화산이 폭발하여 용암이 섬의 모습을 바꿔 놓았을 때 생성되었을 것으로 추정한다. 외돌개는 바닷가 수면을 뚫고 분출된 용암 줄기가 그대로 굳은 바위다. 이 바위를 외돌개라고 부르는 것은 육지와 떨어져 바다 가운데 외롭게 서 있기 때문이다. 높이가 약 20미터에 이르는 외돌개 정상에는 여러 그루의 소나무들이 있다. 모진 비바람에 크지 못하고 머리털 같이 되어 있으니 장군이 떡 버티고 있는 형상이다.

외돌개에는 여러 이야기가 전해져 온다. 고려 공민왕 23년(1374)에 최영이 원나라 점령군의 잔류 세력을 칠 때 이 바위를 장군처럼 꾸며 놓고 적군이 자멸하게 했다 하여 '장군석'이라는 이칭을 갖게 되었다.

또 다른 이야기도 있다. 예전에 이 지역에 사이좋은 두 노인이 살고 있었다. 그러던 어느 날 고기를 잡으러 나갔던 하르방이 돌아오지 않자 오매불망 바다만 보고 기다리던 할망은 지쳐서 돌이 되고 말았다. 그것을 본 용왕이 그 지극한 정성에 감동하여 죽은 그 남편의 시체를 이 바위 앞바다에 띄워 놓아서 두 부부가 함께 돌이 되었다고 한다.

이 외돌개를 지나면 서명숙 제주 올레 이사장이 '세상에서 가장 아름다운 산책로'라 한 돔베낭길이다.

외돌개

'Lonely Rock'은 관광 안내판에 표기된 외돌개의 영문명이다.
자리덕 해안 절벽 암반에 걸터앉아 외돌개와 저 멀리 바다 위에 떠 있는 범섬을 보면
'외로운 바위'라는 의미가 실감난다.

제주도의 서쪽에 있던 대정현

제주목에 속한 하나의 현이었던 대정현의 연혁이 《세종실록지리지》에
다음과 같이 실려 있다.

대정현은 본래 제주서도였다. 태종 16년(1416)에 비로소 현감을 두었다. 동
쪽으로 정의까지 거리가 35리, 남쪽으로 큰 바다까지 10리, 서북쪽으로 제주까
지 거리가 27리다. 호수는 1357호, 인구는 8500명이다. 군정은 마군이 202명
이요, 보군이 468명이다.

《여지도서》에서 "물길이 아득하고 멀다. 섬을 두른 바위 모서리가 우
뚝 솟아 있다. 치고받는 싸움이 미치지 못하는 곳이다" 한 대정현은 중앙
의 당파 싸움이 미치지 못할 정도로 서울에서 멀리 떨어져 있다. 계속되
는 《여지도서》의 기록을 보자.

돌을 모아서 담을 쌓으며 초가집이 많다. 남녀 모두 짚신 신기를 좋아한다.
디딜방아는 없고 오직 여인이 손으로 나무절구를 찧는다. 대부분 나무로 된 물
통을 등에 걸머지고 다니며 원래부터 머리에 이는 사람은 없다. 밭머리에 무덤
을 만들지 않는다. 물고기는 낚아 잡고, 짐승은 개나 활 또는 총으로 쏘아 잡는
다. 보리와 밀의 씨앗을 뿌리는 시기는 반드시 여름쯤인데, 일고여덟 번을 갈
아엎고 해조류를 베어다가 덮는다. 힘을 많이 들이는 데 비해 수확이 적어서
저축하는 백성은 적고 곤궁한 백성은 많다.

《세종실록지리지》에 "땅이 메마르며 간전墾田이 2227결이다"라고 한 대정현은 제주도 안무사 오식吳湜의 건의에 따라 한라산 남쪽 너비 90리의 땅을 갈라서 서쪽을 대정, 동쪽을 정의현이라 했고 좌左·우右·중中 등 3면을 관할했다. 1914년 군면 통폐합에 따라 제주군에 편입되어 3면이 되었다가 1946년 남제주군에 편입되어 오늘에 이르고 있다.

대정은 제주도에서도 바람이 가장 드센 곳으로 알려져 있다. 그래서 대정의 포구 '모슬포'를 두고 사람이 살지 못할 포구라 하여 '못살 포'라 비하하기도 했다. 모슬포에 한국전쟁이 한창이던 1951년에 조국을 지킬 군사들을 육성하기 위한 제1훈련소가 들어섰다. 당시 모슬포에 있던 일본군 옛 시설을 인수해 '육군 제1훈련소'를 창설했다. 그때의 이름은 강한 병사를 키우는 터전이라고 하여 '강병대強兵隊'라 했으나 사람들은 모슬포 훈련소라 불렀다. 이 훈련소는 1956년 1월 1일 해체되기 전까지 약 50만 명의 신병을 배출했다. 당시 신병들은 약 한 달 동안 훈련을 받고 실전에 배치되었다. 이러한 역사를 기리기 위해 한국전쟁 때 육군 제1훈련소가 있었던 제주도 서귀포시 모슬포 대정고등학교 입구에 육해공 3군의 상징탑을 세웠다. 한편 6·25전쟁 당시 대정으로 피난 온 사람들이 약 17만 5000명에 이르렀다.

가파도와 마라도

모슬포 남쪽 바다에 있는 가파도는 그 모양이 가파리(가오리)처럼 생겨서 붙여진 이름이다. 영조 27년(1751) 제주 목사 정언유鄭彦儒에 의해 둘레가 4킬로미터 남짓 되는 이 섬에 검은 소를 키우는 목장(흑우장黑牛場)을 설치해 50마리를 방목했다. 헌종 6년(1840) 12월에 영국 함선 두 척이 가파도에 정박하고 포를 쏘고 소들을 약탈하는 일이 벌어졌다. 제주 지방관이 배를 띄워 그 사정을 알아보려 하자 영국 함선이 대포 세 발을 쏘았다. 한 발은 바다에 떨어지고 하나는 절벽에 맞고 하나는 땅 위에 떨어졌는데, 그 크기가 둥근 박과 같았다고 한다. 헌종 8년에 목사 이원조가 나라의 가축을 놓아기르도록 하고, 주민들에게 가파도에 들어가 농사짓는 것을 허락했다. 그리고 세금을 내게 하면서 큰 마을이 형성되었다. 가파도는 해산물과 고구마가 특산물이다. 섬 부근에는 암초가 많고 바닷물의 흐름이 급하여 예로부터 자주 선박이 재난을 당했기에 항해하는 사람들이 조심스레 지나가곤 했다.

가파도 남쪽 약 2킬로미터 해상에 외롭게 떠 있는 섬이 한국 최남단에 자리를 잡은 마라도다. 해양국립공원으로 지정된 이 섬은 10여만 평의 땅에 몇 가구가 고기를 잡으며 살고 있다.

마라도에는 학사천이 있으나 물이 모자랄 때가 많아 빗물을 모아 사용했다. 물이 없을 때는 섬의 높은 곳에서 큰 횃불을 올려서 가파도 사람들에게 위급함을 알리기도 했다. 1910년에 등대를 설치했는데 가파도와 마라도 간의 물길이 유독 험하고 가팔라서 '난소難所'라고 불렀다. 이곳에서 수많은 배들이 파선하여 어부가 많이 죽었기 때문에 '과부탄寡婦灘'이라고 표시된 지도도 있다.

마라도에 처녀당(또는 할망당)이라는 신당이 있는데 그곳에 얽힌 슬픈

마라도

우리나라 최남단이라 하여 많은 관광객이 찾는 곳이지만
먼 옛날 마라도는 철저하게 고립된 섬이었다.
누구든지 이곳을 다녀가면 흉년이 든다고 하여 입도를 금지했기 때문에
금禁섬이라 불리기도 했다.

마라도 최남단비

마라도에는 우리나라의 최남단을 알리는 이정표가 서 있다.
섬이 얕고 넓게 퍼져 있는 것이 특징이다.

마라도 유람선

모슬포항에서 마라도행 유람선을 탈 수 있다. 송악산과 산방산을 비롯해
제주의 풍경을 바다 위에서 감상할 수 있다.

전설이 《한국지명총람》(한글학회)에 다음과 같이 실려 있다.

옛날에 가파도에 사는 고부(전라도 고부, 동학의 진원지) 이씨가 가산을 탕진한 뒤 온 가족이 마라도에 들어가 개간이라도 해 살려 했다. 마라도에 들어와 우거진 수풀을 태웠으나 뜻대로 되지 않았다. 그래서 가파도로 다시 돌아가려고 마지막 밤을 지내는데 꿈에 한 사람이 나타나 현몽하기를 "처녀 한 사람을 놓고 가지 않으면 풍랑이 일어서 돌아가지 못할 것이다" 했다. 놀란 가족들이 걱정한 나머지 데리고 갔던 업저지(아이를 보는 계집애)에게 "애를 업을 포대기를 가져오라"라고 하여 심부름을 시켜 놓고 몰래 섬을 떠났다. 오랜 세월이 지난 뒤 다시 가파도에 들어가 보니 업저지는 죽어서 백골만 뒹굴고 있었다. 이를 불쌍하게 여긴 사람들이 사당을 짓고 처녀의 넋을 위로하는 제사를 지냈는데 지금은 이 섬의 수호신으로 모시고 있다.

이 섬과 가파도가 외진 곳에 있는 것을 빗대어 '마라도에서 진 빚은 가파도 좋고 마라도 좋다'는 말이 있다. 현재 마라도에는 제주 올레와 '짜장면 시키신 분'이라는 텔레비전 광고 덕분에 중국 음식점이 여러 곳 들어서 있다.

생김새가 호랑이를 닮은 호도

법환 남쪽 바다에 그림처럼 떠 있는 섬은 그 모양이 호랑이 같다고 하여 호도虎島 또는 범섬이라 부른다. 불과 50~60년 전만 하더라도 사람들이 말을 키우거나 고구마 등의 농사를 짓고 살았다. 현재 밤섬에는 사람들이 살지 않는다.

고려 공민왕 23년(1374) 목호의 난 때 석가을비石加乙碑와 초고도보개肖古道甫介가 호도로 도망쳐 들어가 근거지로 삼자 최영이 전선을 끌어모아 섬 둘레를 포위하고 밧줄을 걸어 병사들을 섬으로 올려 보냈다. 궁지에 몰린 초고도보개는 벼랑에서 떨어져 죽고, 석가을비는 처자와 함께 사로잡혔다.

이 섬의 해안 절벽에 두 개의 굴이 있다. 제주도 도처에 전설로 남아 있는 설문대할망이 한라산을 베개 삼아 누울 때 뻗은 두 발이 뚫어 놓은 것이라고 한다. 콧구멍처럼 두 개의 굴이 뚫려 있어 이 굴을 콧구멍이라고 부른다. 범섬 옆에 있는 작은 섬은 새끼섬이라고 부른다.

산방산의 산방굴사

한라산 남쪽 바닷가에 신령스럽게 우뚝 솟은 산방산山房山은《신증동국여지승람》에 다음과 같이 기록되어 있다.

산방산은 현의 동쪽 10리에 있는데 둘레가 9리다. 세상에서 전하기를 "한라산의 한 봉우리가 쓰러져서 여기에 서 있다" 한다. 산의 남쪽에 큰 돌구멍이 있는데, 물이 돌 위로부터 한 방울씩 떨어져서 샘이 되었다. 어떤 중이 굴 가운데

집을 짓고 살아서 이름을 굴암窟庵이라 하였다.

산방산 중턱에는 산방굴사가 있다. 안에 불상을 모시는 이 굴은 고려시대의 고승 혜일이 거처했다고 알려져 있다. 하지만 산방굴사가 언제부터 있었는지는 확실하지 않다. 다만 조선 후기에 대정으로 유배를 왔던 김정희가 자주 찾아왔다고만 알려져 있다. 산방굴사의 천장에서는 약수가 떨어지는데, 이 물은 산방산을 지키는 여신 산방덕이 흘리는 슬픈 사랑의 눈물이라고 한다. 산방덕에 대한 전설은 이렇다.

옛날에 한 처녀가 살고 있었다. 용모가 단정하고 얌전했으며 나이는 스물여덟이었다. 산방산에서 태어났으므로 자신을 산방덕山房德이라고 불렀다. 부자인 고승高升과 함께 살았는데 관장官長이 탐이 나서 산방덕을 빼앗으려 했다. 관장은 고승이 분수에 넘치는 재산을 모았다는 핑계로 집과 재산을 몰수했다. 그러자 그 여인은 산방산에 들어가 돌이 되고 말았다. 동천洞泉 과수원이 그가 살던 옛터라고 한다. 지금도 산방굴사에서 산방덕이는 못다 한 사랑을 아쉬워하며 지금껏 눈물을 흘리고 있다는 것이다.

한편 이 산방산이 생기게 된 연유가 여러 이야기에 등장한다. 옛날에 힘이 유독 세고 활을 잘 쏘는 사냥꾼이 있었다. 어느 날 사냥꾼이 짐승은커녕 새 한 마리도 잡지 못하고 터덜터덜 집으로 돌아가는데, 새 한 마리가 머리 위로 날아가 건너편의 바위에 앉는 것이었다. 사냥꾼이 재빨리 활시위를 당겼는데, 새는 맞지 않고 조금 옆에 떨어진 바위로 푸드덕 하고 날아가 앉는 것이었다. 사냥꾼이 다시 한번 활을 당겼는데도 맞지 않았다. 화가 치민 사냥꾼이 세 번째 활시위를 당겼는데, 그 화살이 새를 놓치고 날아가 낮잠에 빠져 있는 하느님의 배를 맞혔다. 화가 잔뜩 난 하느님은 벌떡 일어나면서 사냥꾼이 서 있는 한라산 정상을 발로 걷어차고 말았다. 그 바람에 한라산 정상 부분이 잘려나가 산방산이 되었고, 한라산 정상은 움푹 파인 후 백록담이 되고 말았다고 한다.

이곳 산방굴을 두고 김자상金自詳은 기문에서 "돌기와가 저절로 덮어서 장맛비가 새지 못하고, 돌자리가 저절로 깔리어 들불이 태우지 못하고, 돌벽이 저절로 서서 미친 바람이 흔들지 못하며 돌우물이 저절로 솟아서 요수가 더럽히지 못한다" 했다. 《증보탐라지》에는 이와는 다른 내용이 실려 있다.

산방굴은 산방산 중턱에 있다. 세속에 전해지기는 한라산의 가장 높은 봉우리가 무너져 이곳으로 옮겨 세워졌다고 한다. 산 중턱에는 동굴이 있는데, 높이가 여러 길이고 넓이는 수백 명을 수용할 만하다. 돌벽은 벗겨 떨어져 문지방 같은 것이 세 겹이고, 물은 동굴 위로부터 방울방울 떨어져 샘이 되는데, 맛이 매우 맑고 차다. 두 번째 문안에는 높이 올라가 서 있는 하나의 기둥이 직선으로 곧게 올라가지 못하고, 밖을 향하여 높이 솟아 굴 문을 반이나 막아 버렸다. 승려가 그 가운데 방을 만들고 두 구의 불상을 공양하고서는 이름을 굴암이라 하였다. (…) 남쪽 산기슭은 바닷속으로 달려 들어가 그 머리를 들어 올렸다는 연유로 칭하기를 용두라 한다. 양쪽 가장자리가 홀연히 깎여 한가운데 큰 바위가 염주처럼 두 곳으로 나누어 사이가 떨어진 방이거나 혹은 함정으로 빠지는 문과 같다. 가는 곳마다 앉을 만해서 집 건물이 정교하게 지어진 형태 같

다. 산의 한쪽 가장자리에는 커다란 바다와 접하면서 천연 땅굴이 있다. 과거
에는 사찰이 있었던 곳과 겸하여 경치가 기이함으로 이를 영주십이경의 하나,
산방굴사山房窟寺라 한다.

산방굴사를 두고 김창현金昌鉉은 다음과 같은 시를 지었다.

깊고 깊은 푸른 산에 하나의 굴이 뚫어져
오랜 세월 돌문은 닫히지 않았네
깎아지른 듯한 용머리엔 구름만 오르내리고
바다 가운데는 입을 벌린 모양의 자라 등
스님은 어느 곳으로 물 흐르듯 떠나가고
떨어지는 꽃 한가로운데 부처만 남았는지
절집 또한 오랜 세월 바뀌는 것을 겪었는데
다만 노니는 나그네 오며 가며 둘러보네

한편 산방산 근처 안덕면 화순리에 있는 안덕계곡은 일명 창천계곡이
라고도 불린다. 조면암으로 형성된 양쪽 계곡에는 기암절벽이 병풍처럼
둘러 있고, 계곡의 밑바닥은 매끄럽고 결이 고운 암반으로 이루어져 있
으며 그 위로 맑은 물이 흘러내린다. 전하는 이야기에 따르면 고려 목종
10년(1007)에 하늘이 울고 땅이 진동하면서 태산이 솟아났다. 이 화산 폭
발 7일 만에 큰 산들이 일어서고 거대한 암벽 사이를 시냇물이 굽이굽이
흘러서 치안치덕治安治德한 곳이라 하여 안덕계곡이라는 이름을 붙였

용머리

산방산에서 남쪽 해안으로 약 500미터 가량 바다로 뻗어 있는
특이한 해안 화산 지형이 용머리다.
마치 용이 머리를 들고 바다로 향하는 형태를 하고 있는데 거대 공원처럼 단장되어 있다.

다 한다. 예로부터 수많은 선비들이 찾아와 풍류를 즐기던 곳이다.

광정당에 얽힌 사연

서귀포시 안덕면 사계리의 산방동 서쪽에는 광정당廣靜堂이라는 신당 터가 있다. 그 앞을 지나다니는 사람은 반드시 말에서 내려서 절을 하고 걸어서 가야 했다. 말에서 내리지 않으면 말이 절뚝거리게 되었다고 한다. 제주 목사 이형상이 순시하러 이곳을 지나는데 과연 발이 떨어지지 않았다. 할 수 없이 말에서 내려 절을 했는데도 발이 떨어지지 않자 무당을 불러 굿을 했다. 그러자 이무기가 나타나 입을 벌리면서 덤벼들었다. 놀란 목사가 "이무기를 죽여라" 하고 소리를 지르자 군관 한 사람이 이무기에게 칼을 들고 달려들었다. 이무기의 목을 베고 사당을 불태웠다.

서귀포시 서호리 서북쪽에 있는 고근산孤根山은 높이 396미터, 둘레 약 700미터쯤되는 오름이다. 산 정상에 큰 구멍이 있는데, 땅속으로 곧장 뚫려 있어 그 깊이를 측량할 수가 없다. 예전에 서귀포에 문질文秩이라는 사람이 살았다. 재물을 잃어버린 그는 한 사람을 의심하여 다그쳤다. 그 사람이 말하기를, "북쪽에 있는 구멍에 놓아두었다"고 했다. 문질이 이 말을 믿고 함께 구멍이 있는 곳에 이르러 밧줄로 그 사람을 묶어서 아래로 보내다가 그만 그 사람과 함께 그 깊은 구멍 속으로 추락하고 말았다. 그 사실을 알게 된 문질의 아들이 동아줄 100여 길〔丈〕을 구하여 구멍으로 드리우자 문질이 붙잡고 위로 올라왔다. 문질이 말하기를 구멍의 바닥에 나뭇잎이 두껍게 쌓여 있어 다치지 않았다고 했다. 옛날에는 대정과 정의 두 현이 이 산으로 경계를 삼았다고 한다.

제주 동쪽에 있던 정의현

《세종실록지리지》에 실려 있는 정의현의 연혁은 다음과 같다.

> 정의현은 제주동도였는데 조선 태종 16년(1416)에 비로소 현감을 두었다. 사방의 경계는 동북쪽이 제주에 이른다. 동쪽이 26리, 북쪽이 7리다. 서쪽으로 대정현에 이르기까지 37리, 남쪽으로 바다까지 거리가 7리다. 호수는 685호, 인구는 2073명이다. 군정은 마군이 376명이고, 보군이 254명이다.

《여지도서》에 실린 풍속은 다음과 같다.

> 여자가 많고 남자는 적다. 민간에서 일컫기를 "산악에 암봉우리가 많기 때문이다"라고 한다. 솜을 생산하지 않는다. 한 자의 적은 옷감도 금처럼 여기기 때문에 백성들이 남자 낳는 것을 소중하게 여기지 않고, 여자를 낳는 것을 소중하게 여긴다.

《세종실록지리지》에 "땅이 메마르고 간전이 3208결이다"라고 한 정의현은 제주도 안무사 오식의 건의에 따라 한라산 남쪽 너비 90리 땅을 갈라 동쪽을 정의현이라 했다. 좌左·동중東中·서중西中·우右 이렇게 4면을 관할했는데, 1914년 군면 통폐합에 따라 제주군에 편입되었다. 1946년 남제주군에 편입되어 오늘에 이르고 있다.

성산일출봉

문득 그리운 곳이 있다. 마음 깊숙이 자리한 고향이 향수를 불러일으키 듯 불쑥 그리움이 일어 찾아가게 되는 곳. 그곳이 바로 성산일출봉이다. 성산일출봉은 일명 성산성 또는 구십구봉이라고 불린다. 높이는 182미 터로 영주팔경 중 한 곳이다. 삼면을 바다로 깎아 세운 절벽이 병풍처럼 둘러 있고, 봉우리는 3킬로미터의 분지를 형성하고 있다. 원래 숲이 무성 하고 울창하다고 하여 청산淸山이라 불렀는데, 바닷가에 세운 성채 같은 형세로 인하여 성산城山이 되었다.

성산일출봉은 약 5000년 전에 바닷속에서 수중 폭발한 수성화산체다. 뜨거운 용암이 물과 섞일 때 일어나는 폭발로 용암은 고운 화산재로 부서 졌고 분화구 둘레에 원뿔형을 만들어 놓았다. 본래는 바다 위에 떠 있는 섬이었는데 땅과 섬 사이에 자갈과 모래가 쌓이면서 육지가 되었다.

성산 둘레에는 기이한 바위가 구십구봉을 이루고 있다. 이곳에 올라 아 침 해가 솟아오르는 것을 보면 마치 세상의 처음을 보는 것 같은 느낌이 들 기도 한다. 해가 떠오르는 장관이 세계 제일이라고 하여 지방기념물로 지 정되어 있다가 지금은 세계자연유산으로 지정되어 있다. 어둑새벽에 이곳에 올라 일출을 본 이형상이 《남환박물》에 다음과 같은 감상을 남겼다.

> 나무를 걸어 사닥다리 길을 만들고 빙빙 돌면서 수백 보를 가니 비로소 산 꼭대기에 이르렀다. 이때가 오경五更(새벽 4시)이었다. 달은 서쪽 바다로 지고, 오직 땅이 희미하게 보이며 그 파도 소리만 들릴 뿐이었다. 갑자기 동쪽에 빛이 보이더니 바다 빛이 점점 밝아졌다. 한 가닥 부용(연꽃)이 용궁에서 솟아 나와 바다를 뛰어올라 공중에 걸리더니 만상을 다 비추어 세상에 언제 어두운 일 있었느냐는 듯싶었다. (…) 보는 눈이 어찔어찔하고 다리와 심장이 두근거리며 떨렸다. (…) 성 안쪽은 가마솥이나 오지병 모습으로 깊이가 가히 100여 길이며 평평하게 펼쳐져 있고 여유로운데, 감귤나무 수백 그루만 심겨 있다. 하늘이 만들어 놓은 돌성은 7~8리에 걸쳐 둘러져 있다. 사람 사는 마을이 수십 리 밖에 떨어져 있으니 눈 아래 시끄럽거나 더러운 땅의 모습이 없다. 세속에서 말하는 것처럼 신선이 과연 있다면 결단코 이 땅을 버리고 다른 곳에 살지는 않을 것이다.

삼별초 김통정이 성산포에서 토성을 쌓고 적을 방위했다. 성산일출봉에 있는 돌촛대는 김통정이 밤에 불을 밝히고 적을 감시했다는 곳이다. 김통정이 토성을 쌓을 때 그의 아내는 밤마다 돌촛대에 불을 밝히고 바느질을 했는데, 부인이 "불빛을 조금만 더 돋우었으면 좋겠다"고 하자 장군이 돌덩이 하나를 주워 그 위에 얹어 준 뒤 불을 밝히자 그의 아내가 좋아했다는 이야기도 전해 온다.

《지지》에는 인조 15년(1637)에 백성들에게 성산에 살 것을 권유하여 성산 서쪽 기슭에 진해당鎭海堂이라는 건물을 지었다고 한다. 그러나 성산의 분화구 내에 물과 토지가 없으므로 옮기지 못했고 지금은 그 터만 남아 있다.

이생진 시인은 그리움을 〈그리운 바다 성산포〉에 담았다.

살아서 고독했던 사람 그 빈자리가 차갑다

아무리 동백꽃이 불을 피워도

살아서 가난했던 사람 그 빈자리가 차갑다

나는 떼어놓을 수 없는 고독과 함께

배에서 내리자마자 방파제에 앉아 술을 마셨다

(…)

저 섬에서 한 달만 살자

저 섬에서 한 달만 뜬눈으로 살자

저 섬에서 한 달만 그리움이 없어질 때까지

(…)

성산포에서는 사람은 슬픔을 만들고 바다는 슬픔을 삼킨다

성산포에서는 사람이 슬픔을 노래하고 바다가 그 슬픔을 듣는다

(…)

삼백육십오일 두고두고 보아도

성산포 하나 다 보지 못하는 눈

육십 평생 두고두고 사랑해도

다 사랑하지 못하고 또 기다리는 사람

성산일출봉

영주십이경 중 제1경으로 꼽히는 것이 성산일출이다.
이곳 성산일출봉에서 보는 동해의 해돋이는 장관이다.

누구나 한 번은 가고 싶고, 가서 보면 누구나 한 번은 살아 보고 싶은 곳. 성산포는 일출이 아름다울 뿐만 아니라 이를 본 사람들이 두고두고 그리워하는 곳이다.

세상에서 제일 키가 컸던 설문대할망

세계에서 키가 가장 큰 여자는 누구일까? 기네스북에는 올라 있지 않지만 제주 설문대할망일 것이다. 어느 곳에서도 그 유례를 찾아볼 수 없이 키가 큰 설문대할망은 그 몸집이 얼마나 크고 또 힘은 얼마나 셌던지 삽으로 흙을 떠서 던지자 그것이 한라산이 되었다 한다.

이 할망이 신고 다니던 나막신에서 한 덩이씩 떨어진 흙덩이는 300여 개에 이르는 '오름'이 되었다. 그 오름들 중에 정상이 움푹 팬 것들도 있는데, 할망이 흙을 집어 놓고 보니 너무 많아서 그 봉우리를 탁 차 버려 움푹 파였기 때문 이란다.

설문대할망은 제주섬 안에 깊다는 못들은 자신의 키로 다 재 보았다. 아무리 깊은 못이라도 할망이 들어가 보면 겨우 무릎밖에 차지 않았다고 한다. 얼마나 키가 컸던지 한라산을 베개 삼고 누우면 다리는 제주시 앞바다에 있는 관탈섬에 걸쳐지고, 손은 한라산 꼭대기에 이르렀다.

빨래할 때는 왼쪽 발은 한라산에, 오른쪽 발은 산방산을 딛고 서서 태평양 물에서 자신의 옷을 빨고, 또 한쪽 발은 한라산을 밟고 다른 한쪽은 우도를 밟고 서서 바닷물에 빨래를 했다고도 한다. 또 왼발은 성산 일출봉에, 오른발은 마라도에 딛고 빨래를 할 때 옷은 서귀포 쪽에 있는 지귀섬에 놓았다고 한다. 북쪽 바다를 향해서 빨래를 하려고 하면, 추자도와 완도에 발을 딛고서 보길도에 옷을 놓곤 했다.

하루는 설문대할망이 제주 사람들을 모아 놓고 자기에게 명주로 속옷 한 벌만 지어 주면 육지까지 다리를 놓겠다고 했다. 제주도 사람들은 회의를 했는데 할망의 속옷을 만들려면 명주 100통이 필요했다. 제주도 사람들은 부지런히 99통을 모았지만 한 통을 더 채울 수 없었다. 할망의 속옷은 명주가 모자라 만들지 못했고, 결국 제주와 육지 사이에 다리 만들기는 중단되었다.

제주도를 삥 둘러 가며 바닷가에 불쑥불쑥 뻗어 나온 곳들은 그때 설문대할망이 이 섬을 육지와 이으려고 준비했던 흔적이다. 남제주군 대정읍 모슬포 해변에 불쑥 솟아오른 산방산은 할망이 빨래를 하다가 빨랫방망이를 잘못 놀려 한라산의 봉우리를 치는 바람에 그 봉우리가 잘려 떨어져 나온 흔적이라 한다. 설문대할망의 후예답게 제주 여자들은 강인하다. 제주 바다에서 물질하는 사람의 대부분이 여자인 것만 봐도 그렇다.

성산읍에 있던 고성

성산읍 고성리는 정의현의 옛 성이 있어 고성古城이다. 안무사 오식이 쌓은 성이다. 그러나 아침저녁으로 바람이 너무 불어 농사도 되지 않고 왜적이 자주 침략하므로 세종 5년(1423)에 안무사 정간鄭幹의 건의로 진사성 晉舍城(현 표선면)으로 옮겼다. 지금도 장짓동산 동쪽에 그 당시에 장이 섰다는 묵은 장터거리가 있다.

성산읍 수산리에는 세종 21년(1439)에 쌓은 수산성과 수산진이 있었다. 고려 충렬왕 때 원나라 탑라적 塔羅赤(탑라치)이 소와 말, 낙타, 나귀, 양을 싣고 수산평 水山坪에 방목했는데 말이 번식했다.

한편 수산성을 쌓을 때 생긴 이야기가 진안 할망당에 남아 있다. 수산성을 쌓는데 자꾸 성이 무너져 사람들이 심히 걱정했다. 지나가던 한 중이 "열세살 된 원숭이띠 소녀를 땅에 묻고 그 위에 성을 쌓으면 된다" 하여 그 말대로 성을 쌓자 성이 무너지지 않고 완성되었다. 그 후부터 소녀의 영혼을 위로하기 위해 사당을 짓고 제사를 지낸다고 한다.

다음은 이원진의 시다.

고성의 성 위쪽에서 달리는 말을 멈추니
나그네살이에 세월이 흘러 어느덧 구월이구나
바다를 건너온 뒤 북쪽 길 잃을까 근심되지만
산이 막혔으니 서귀포는 어떻게 갈까
일도에 안개 걷혀 부상이 가깝고
은하수에는 서릿빛 가득하여 딱딱이 치는 소리 희미하네
문득 탑라치가 방목한 일 생각하면
슬며시 용검을 만지며 한숨이 절로 난다

세 신인이 결혼한 혼인지

서귀포시 성산읍 온평리溫坪里의 옛 이름은 열누니, 열온이, 열운, 예혼이다. 본래 정의현 좌면이었다. 예전에 고·부·양 세 신인이 이곳에서 세 신부를 맞아 혼례를 지냈으므로 예혼이라 했던 것이 변하여 온화하고 태평한 곳이라는 의미의 온평리로 바꾸었다. 온평 서북쪽에는 혼인지 婚姻池(제주특별자치도기념물 제17호)라는 못과 세 개의 입구를 가진 작은 동굴이이 있다.

한편 이곳에 전하는 말에 의하면 세 신인이 사냥을 하다가 '화성개〔浦〕'에서 물결에 떠다니는 궤짝을 발견했다. 궤짝을 열자 벽랑국의 세 공주가 나타나자 너무 기뻐서 기쁨의 소리를 질렀다고 해서 '화성개' 또는 '쾌성개'라는 이름이 붙여졌다. 그때 석양이 바닷물에 비쳐서 황금빛 노을이 출렁거렸고, 그런 까닭에 이 바닷가를 '황루알'이라고 이름 붙였다.

시흥리의 앞바다에는 영등하르방이 있다. 마을에 재난이 자주 생기고, 가끔 북쪽 바다에서 난데없이 불이 날아들어 집을 덮치면 그 집이 망하는 일이 생겼다. 사람들이 궁리 끝에 영등하르방을 만들어 방사탑 위에 세우자 그 재앙이 없어졌다고 한다.

제주도의 전통이 그대로 남아 있는 성읍마을

제주도에서 빼놓을 수 없는 곳, 가지 않으면 서운한 곳이 표선읍 성읍

혼인지

제주의 혼인 신화가 전해 오는 연못 혼인지다.
성산읍 온평리 마을에서는 매년 혼인지 축제가 열린다.

성읍민속마을

표선면에 있는 성읍민속마을은 초가집이 옹기종이 모여 있는 곳이다.
실제 주민들이 거주하며 옛 제주 민가를 복원, 유지하고 있으며
이와 함께 민간 신앙과 의례, 민요 등도 계승되고 있다.

리에 있는 성읍민속마을이다. 성읍리는 조선 후기까지 정의현의 현청이 있던 곳이다. 정의현의 읍성이 있어 정의골, 진사리라고 불린 성읍리에는 1000년 이상 산 것으로 추정되는 느티나무와 팽나무가 있다. 높이 32미터, 둘레 45미터인 그 둘을 합해서 천연기념물 제161호로 지정했다. 성읍마을에서는 봄에 이 느티나무에 싹이 트는 것으로 한 해 농사를 점쳤다고 한다. 동쪽에서 먼저 잎이 피면 정의 고을 동쪽 지방의 농사가 잘되고, 서쪽의 잎이 먼저 피면 서쪽 지방의 농사가 잘된다는 것이다. 성읍마을을 지켜보는 산을 영모르 또는 영주산이라 부르는데 높이가 324미터인 이 산에는 예로부터 신선이 살았으며 아침 안개가 끼면 반드시 비가 온다고 한다. 영모르 남쪽에는 모지오름(모자악)이 있다. 높이가 306미터인 이 산은 어머니가 아이를 안고 있는 모양이다.

진사리에 있는 정의읍성은 '진사성'이라고도 부른다. 돌로 쌓은 석성으로 둘레가 2989척이며 높이는 24척이다. 세종 5년(1423)에 판관 최치렴崔致廉이 감독하여 성을 나흘 만에 다 쌓았다고 한다. 당시 이 성을 쌓는 데 얼마나 많은 사람들이 동원되어 피눈물을 흘렸을지 미루어 짐작할 수 있다. 대부분의 성은 세월 속에 무너졌고 현재는 성벽 일부와 남·서문만이 복원되어 있다.

한때는 몇 개 면을 관할했던 정의현은 성읍민속마을이라는 이름으로 제주를 찾는 사람들의 필수 관광지가 되었다. 그중 정의 현감이 집무를 보던 정의현의 관아가 일관헌 日觀軒이다. 세종 5년에 정의읍성과 함께 지어졌다. 또한 서문 안쪽에는 정의향교(제주도 유형문화재 제5호)가 있다. 대부분의 향교가 남향으로 지어진 것과 달리 동향으로 지어졌다. 특히 대성전과 명륜당이 좌우로 나란히 지어진 것도 독특하다. 세월의 흐름 속에 면 소재지가 표선리가 되었지만 이곳 성읍 사람들은 지금도 표선읍을 갈 때 '촌에 간다'고 하며 정의현의 전통과 역사에 대한 자존심을 잃지 않고 있다.

성읍리의 서북쪽에는 땅의 생김새가 배가 떠 있는 것처럼 생긴 배뚜기 산전이라는 들이 있고, 궁미 동남쪽에 있는 안보동에는 원님이 새로 올 때 맞이했다는 원님 맞는 마루가 있다. 표선읍 토산리兎山里의 사당 마루에 있는 신당은 나주 금성산에서 온 뱀 신이 산다고 한다. 그 신은 아주 영험하여 굿 풀이 노래가 있다. 처녀가 믿으면 시집을 가서 잘살게 된다고 하여 처녀들이 이 신당에서 기도를 많이 드린다. 토산 동남쪽에는 조선시대에 설치한 토산 봉수대가 있는데 서쪽으로 자배악, 동쪽으로 달산 봉수에 응했다.

표선읍 성읍리와 가시리 경계에 있는 개오름은 개동산, 개악, 구악이라고 불리는데 개에 대한 전설이 있는 곳이다. 성읍에 사는 한 사람이 서촌에 가서 빚을 갚고 오는 길에 불타는 메밀 짚더미 속에서 강아지 한 마리가 튀어나와 따라왔다. 이상하게 생각하면서 집에 데리고 와서 정성으로 길렀다. 그 개가 어찌나 사냥을 잘하던지 근처에 이름이 나서 사려고 하는 사람이 줄을 섰다. 그러나 주인은 절대로 팔 수 없다고 매번 거절했다. 개 주인이 마침 상을 당하여 사냥할 수 없음을 알고 찾아온 사람이 하도 와서 조르므로 하는 수 없이 개를 2년 동안 빌려주기로 했다. 빌려준 삯으로 사냥한 짐승의 다리 하나씩을 받기로 했다. 개가 그 집으로 간 뒤로 매일 밤 그 개가 짐승의 다리 하나씩을 물어 왔다. 그러던 세월이 2년째 되었을 때 그 개가 스스로 돌아와 주인과 같이 살았다. 주인이 늙어 죽자 개도 따라 죽어서 이 산에 묻혔다고 한다. 그 개오름 동북쪽에는 약초가 많이 난다는 백약이오름이 있다.

한라산 남쪽에 솟은 송악산

대정읍 상모리에 있는 송악산松岳山은 높이가 104미터로 저벼리 또는 저별악이라고 한다. 해안에 접한 사면이 벼랑이고 위는 평평하다. 조선시대에 송악 봉수대가 있어서 서북쪽으로 모슬악, 동북쪽으로 군산 봉수에 응했다.

송악산은 이중으로 분화한 외륜화산外輪火山으로 알려져 지질학적으로 중요하다. 작은 외륜산, 즉 작은 봉우리가 99개나 되는데 전해 오기를 100개의 봉우리 중 한 봉우리가 불을 뿜었던 것이라고 한다. 이 봉우리들이 바다 위에 솟아 있어 아침저녁으로 천태만상을 만드는데, 때로는 신기루가 나타나기도 한다. 바다로 떨어진 절벽은 파도에 침식되어 단애를 이루며 해안 절벽에는 일본군이 만든 진지동굴이 남아 있어 근대사의 아픈 현장이기도 하다.

송악산에 오르다 보면 깎아지른 벼랑 아래로 '분나구'라는 오름 외에도 여러 개의 오름이 펼쳐져 있다. 예로부터 이곳을 말 잡은 목이라고 불렀다. 이곳의 지형이 험하여 말이 넘어져 죽었기 때문이다. 북서쪽에는 여기암, 일명 장군석이 있다. 옛날 기생 도승道勝이 이곳에서 장군과 함께 춤을 추다가 떨어져 내렸다는 전설이 있다.

송악산

송악산은 절벽 위에 있는 큰 오름이다. 마라도와 가파도가 한눈에 보이고
방목하는 말이 초원을 뛰어다녀 넓은 목장 같다.

송악산을 둘러본 임제는 〈남명소승〉에 다음과 같은 글을 남겼다.

　산세가 평지에서 우뚝 솟아나 남쪽으로 달려서 바다로 들어가며 끊어졌다. 그 위는 평평하여 손바닥 모양과 같다. 북쪽에 기암이 마주 서서 우뚝한 하나의 돌문을 이루었다. 길이 돌문을 따라 작은 바위 구멍으로 들어간다. 마치 임시로 세운 산이 종횡으로 벌려져 있는 것 같으니 진실로 조화의 극치다. 더욱 기이한 것은 절벽의 높이가 가히 천 길이나 되는데 모두 파도가 갉아먹은 모습을 하고 있다. 앞에는 모래가 쌓여 봉우리를 이룬 것이 있는데 위세는 바닷물이 오고 간 자국이 있다. 이것으로 살핀다면 변화의 신속함을 어찌 허무맹랑하다 하겠는가.

김상헌도 송악산에 대한 감상을 짧은 글과 시로 《남사록》에 기록했다.

　송악산은 멀리 뻗는 형세가 없고 바다에서 튀어나와 일어서 있다. 둘레는 겨우 십여 리쯤이며 산들이 울멍줄멍 섞여 있다. 동남쪽 한구석은 평평하고 넓어서 제단과 같아 가히 몇백 명이 앉을 수 있다. 그 아래가 높은 절벽이 몇만 길도 더 되며 우뚝 솟아 바닥이 보이지 않는다. 큰 파도가 거세게 솟구쳐 오른다. 멀리 보니 바다는 하늘과 이어져 한 점 섬도 없다.

　예로부터 영주라고 부르는 이 땅
　바다가 둘러 있는 명산 모두 놀랄 만하다
　하늘에 솟은 노대露臺 만 길이나 될 듯하고

352

돌 쟁반 운골雲骨은 천추에 늙었구나

달 밝은 밤 피리 부는 신선을 만날 수 있고

봄바람에 보이는 신기루는 휘장을 드리운 듯

시원하게 날아다니는 신선술 배워서

하늘로 날아올라 곧바로 봉래산에 가고 싶어라

송악산 정상에서 북쪽으로 바라보면 산방산 너머 한라산이 보이고, 남쪽으로 가파도와 마라도가 한눈에 들어온다.

서귀포의 존자암

영실휴게소에서 걸어오다가 보면 영실매표소가 나온다. 그 좌측으로 20여 분 천천히 걸어가면 나타나는 절이 바로 존자암尊者庵이다. 서귀포시 하원동 영실 부근에 위치한 존자암은《신증동국여지승람》과《탐라지》등의 문헌에 나한을 모셨던 절로 기록되어 있다. 한라산 해발 1280미터 지점 속칭 '볼레오름' 중턱에 터만 남아 있다가 2002년에 복원되었다.

《신증동국여지승람》에 실린 존자암의 기록을 보자.

존자암은 한라산 서쪽 고개에 있다. 그 골짜기에 돌이 있는데 마치 중이 도를 닦는 모양 같다. 속설에 전하기를 수행동이라고 한다.

1991년 즈음부터 제주 지역의 불교계와 일부 학자들은 한반도의 불교 문화가 제주도에서 시작됐을 가능성이 높다며 그 주장의 근거로 존자암을 든다.《고려대장경》법주기에 "부처님의 16존자(제자) 가운데 여섯 번째 발타라 존자가 탐몰라주에 머물렀다" 했는데 탐몰라주는 제주의 옛 이름이고, 절터가 남아 있는 존자암은 당시의 사찰이었을 가능성이 높다는 것이다. 1993년부터 1994년까지 발굴 조사가 실시된 존자암 터에서는 건물지와 부도, 배수 시설, 기와편, 분청사기편, 백자편 등 많은 유물이 출토되었다.

존자암은 옛 문헌에 많이 등장하는데 조선시대 기록 중 가장 오래된 것이 홍유손洪裕孫의〈존자암개구유인문尊者庵改構侑因文〉이다. 홍유손은 조선 전기 학자로 연산군 4년(1498)에 제주에 유배 와서 중종 2년(1507)까지 있었는데 당시 쓴〈존자암개구유인문〉이 문집《소총유고篠叢遺稿》에 전한다.

존자암은 세 성姓이 처음 일어났을 때 만들어져서 삼읍이 정립된 후까지 오래 전하여 왔다. (…) 4월에 점을 치고 좋은 날을 택하여 삼읍의 수령 중 한 사람을 뽑아 목욕재계하여 이 암자에서 제사지내게 하고 이를 국성재國聖齋라 하였다. 지금은 그 제사를 폐한 지 6~7년이 된다.

홍유선이 찾았던 조금 전 시기까지 이 절에서 제사를 지냈음을 알 수 있다.

김상헌이 존자암을 찾은 것은 선조 34년(1601)이다.

존자암

영실기암 인근 골짜기에 마치 스님이 도를 닦는 모양을 닮았다 해서
수행동이라 불리는 곳에 존자암이 있다.

존자암은 지붕과 벽이 흙과 기와가 아닌 판잣집이며 아홉 칸 집이다. 존자암 근처에는 20여 명이 들어갈 만한 수행굴이 있고, 옛날의 고승 휴량休粮이 머물던 곳이라고 한다. (…) 오직 존자암의 스님들만이 처를 거느리고 있지 않다.

당시 제주 중들이 대부분 대처승이었던 것과는 대조적이다.

존자암은 원래 영실에 있었다

광해 원년(1609) 제주 판관 김치의 〈유한라산기〉에는 "존자암에서 수정修淨 스님을 만났다. 영실이 원래 존자암 터다. 영실 동남쪽 산허리에 수행굴이 있는데, 부서진 온돌이 아직도 남아 있다"는 구절이 있다. 이후 기록인 숙종 20년(1694) 목사 이익태李益泰의 《지영록知瀛錄》에는 "숲으로 20리를 가니 영실이 있었다. (…) 또 10리를 가니 바로 존자암이었다. 다만 부서진 지붕과 몇 개의 기둥만 남아 있고 가가假家가 더 지어져 있어 산에 놀러 왔을 때 점심을 해 먹는 곳이었다" 한 것으로 보아 지금의 영실휴게소 부근이 옛 존자암 터였을 듯싶다. 숙종 28년의 기록인 이형상의 《남환박물》은 "대정 지경에 유일하게 존자암이 있는데, 초가 몇 칸만 남아 있고 스님은 살지 않는다. 다만 왕의 명을 받든 사신이 한라산에 오를 때 숙실할 뿐이다"라고 존자암의 존재를 알려 준다.

제주도에서 유일한 부도라고 알려진 석종형 부도가 절의 맨 위쪽에 있는데 2000년 제주특별자치도 유형문화재 제17호로 지정된 존자암지세

존사리탑이다.

효종 2년(1651) 어사로 제주에 왔던 이경억李慶億은 존자암을 시로 남겼다.

존자암은 유명한 절로 알았더니

이제 보니 황폐하여 쓸쓸한 옛터일세

한 방은 두어 개 서까래만 남아 있네

바다 나그네가 지나가는 이 별로 없고

남쪽 지방 스님은 예불이 어색하다

가을 하늘의 노인성을 바라보니

속세 생각 이미 사라지네

해발 1200미터쯤 되는 높은 산에 위치한 절, 영실은 일반인들이 잘 찾지 않는 절 존자암의 흥망성쇠도 가고 오는 만물의 이치 속에서 존재하리라. 존자암에 앉아서 바라본 바다는 망망하기만 했다.

번성했던 법화사

서귀포시 하원동에 있던 법화사法華寺는 언제 창건되었다가 또 언제 폐사되었는지 확실하게 알려진 바가 없다. 《신증동국여지승람》의 "법화사는 대정현 동쪽 45리에 있었다"는 기록과 《태종실록》 태종 6년(1406)

에 "명나라 사신이 제주도 법화사 미타삼존불상을 황제의 칙명으로 요구하였다"는 기록이 남아 있을 뿐이다. 당시 명나라 황제는 자기 부모의 명복을 빌기 위해 모실 불상을 구하고 있었다. 그때 신하 중 한 사람이 원나라 때 양공이 만든 제주도 법화사 불상을 추천했고 이 말을 들은 태종은 이 불상을 나주로 옮겼다가 명나라 사람들에게 넘겼다고 한다. 그 불상을 담은 감실의 높이와 폭이 각각 7척이었다고 한 것으로 보아 좌대를 제외한 불상의 높이가 6척도 넘었을 것이라 추정된다.

여러 가지 기록들을 기반으로 법화사는 원나라가 제주도를 지배할 당시에 세운 황실의 원찰일지도 모른다는 설이 있다. 또는 장보고張保皐가 중국에 법화사를 세우고서 제주도에도 세웠을 것으로 추정하기도 한다. 여러 가지 정황으로 보았을 때 법화사는 원나라의 제주 지배가 이루어지는 고려 원종 14년(1273) 이후에 크게 중창되었을 것으로 추측된다.

《태종실록》을 보면 태종 8년(1408)에 수정사 노비 180명과 법화사 노비 280명을 각 30명으로 줄이자는 건의를 의정부에서 하는데 법화사의 규모를 가늠할 수 있다. 효종 4년(1653)의 기록인 이원진의 《탐라지》에는 "법화사는 대정현 동쪽 45리에 있었는데 지금은 없어졌다"고 되었다. 그 이전에 폐사된 것이다. 《탐라지》를 좀 더 보자.

절터와 나한전의 터를 보니 주춧돌과 섬돌을 크고 잘 다듬어진 돌을 사용했다. 전성기에는 굉장한 절이었음을 상상할 수 있다. 지금은 단지 초가 암자 몇 칸이 있고 서쪽으로는 물맛이 단 샘물이 있어서 절 앞에 있는 논에 물을 대고 있다.

산방산 중턱에 있는 굴사와 그곳의 늙은 소나무 사이로 바라보이는 남쪽 바다의 풍경이다.
사계리와 대정 일대는 완만한 들판이 펼쳐진다.

359

폐허가 된 법화사가 다시 사람들에게 나타난 것은 4·3항쟁으로 중산간 일대 마을이 불에 타 윤곽이 드러나면서였다. 1980년부터 발굴을 시작했는데 고려 때 지은 대웅전은 정면 5칸에 측면 4칸으로 330제곱미터(100평)의 규모였고, 건물 앞에 펼쳐진 월대가 개성에 있는 고려 궁전 만월대와 비슷했다고 한다. 발굴 당시 발견된 운룡문雲龍文이 새겨진 수막새도 만월대의 것과 비슷했다고 하니 법화사의 사세寺勢를 짐작할 수 있다.

법화사를 찾았던 혜일 스님의 시 한 편이 남아 있다.

법화암 가에 물화物華가 그윽하니

대를 끌고 술을 휘두르며 홀로 노니네

만일 세상 사이에 항상 머무르는 모양을 묻는다면

배꽃은 어지럽게 떨어지고 물은 달아나 흐른다

그의 시에 나오는 '법화암반물화유法華庵畔物華幽'를 유추하여 절 앞마당을 발굴했다. 그 결과 극락정토를 상징하는 구품연지九品蓮池, 즉 연화지가 발견되었다. 이러한 예는 경주의 불국사나 전북 익산의 미륵사지밖에 없다고 한다. 현재는 대웅전 등의 건물과 더불어 연지가 잘 조성되어 있다.

제주의 아름다운 풍경 영주십이경과 유채꽃

'관동팔경'이나 '단양팔경'처럼 제주에도 영주십이경이 있다.

제1경은 성산일출城山日出로 성산포 일출봉에서 동해의 해돋이를 보는 풍경이다. 제2경이 사봉낙조沙峰落照로 제주시 사라봉에서 바다로 지는 저녁 해의 광경이다. 제3경은 영구춘화瀛邱春化로 제주시 남쪽 방선문에서 봄의 철쭉꽃을 감상하는 일이다(방선문의 별칭이 영구다). 제4경이 귤림추색橘林秋色으로 제주시 오현단 부근 과원의 귤이 가을에 노랗게 익는 모습이다.

제5경이 정방하폭正房夏瀑으로 여름철에 보는 깎아지른 바위 벼랑으로 떨어지는 물줄기다. 마치 하늘에서 하얀 비단을 드리운 것 같다. 제6경이 녹담만설鹿潭晚雪인데, 한라산 정상에 쌓인 눈이 이듬해 5월까지 녹지 않고 산봉우리를 하얗게 빛내는 아름다움이다. 제7경이 산포조어山浦釣漁로 옛날 산저포에서 배들이 고기를 낚는 모습이다. 산저포는 지금의 제주항이다.

제8경이 고수목마古藪牧馬다. 고마장古馬場에서 말을 풀어 기르는 풍경으로, 현재의 제주시 일도동 남쪽은 수천이 넘는 우마를 방목하던 곳이다. 제9경이 영실기암靈室奇岩으로 한라산 영실의 오백나한의 형국을 한 기암들이다. 제10경이 산방굴사山房窟寺로 산방사에 있는 굴사를 가리킨다. 산방산 중턱에 있는 굴사와 그곳의 늙은 소나무 사이로 바라보이는 남쪽 바다의 풍경이다. 제11경이 용연야범龍淵夜泛으로 용연에서 밤에 뱃놀이하는 흥취를 말한다. 제12경이 서진노성西鎭老星으로 원래 서귀진노성西歸鎭老星을 줄여 말하는 것인데 옛 서귀진성에서 내려다본 경치를 말한다. 성은 사라졌지만 서귀포 언덕 위에 올라 한라산과 천지연 폭포의 기암절벽과 바다의 여러 섬들을 바라보는 아름다움은 여전하다.

나는 여기에 1경을 더하고 싶은데 바로 제주를 빛내는 봄의 유채꽃이다. 2월 말에서 4월까지 제주도를 가본 사람은 알 것이다. 눈부시게 아름다운 노란 유채꽃이 제주 곳곳을 파도가 출렁이듯, 멀미를 일으킬 것처럼 제주를 물들이고 있는 것을.

제주도에 유채꽃이 들어온 것은 1960년대였다. 유엔군에 군납이 시작되면서 제주도에서 유채꽃을 재배하기 시작한 것이다. 5월 하순부터 거두는 유채씨로 만든 기름이 식용유로 요긴하게 쓰였기 때문이다. 유채꽃은 1970년대 말부터 외국에서 동식물 기름이 넉넉하게 수입되면서 재배면적이 줄어들었다가 새로운 관광 상품으로 거듭났다. 그것은 신혼여행객이나 단체 관광객들이 노란 유채꽃과 푸른 제주 바다를 배경으로 사진을 찍기 시작하면서부터였다.

명월성과 명월진

제주시 한림읍 동명리에는 명월현과 명월진, 명월소, 명월포가 있었다. 특히 명월포가 유명했다. 명월포明月浦는 고려 원종 11년(1270)에 삼별초 별장 이문경이 먼저 이곳에 상륙하여 관군을 제압했다. 그리고 김통정이 상륙하도록 길을 열어 주었던 장소다.《여지도서》에는 다음과 같이 실려 있다.

관아의 서쪽 60리 떨어진 곳에 있다. 최영이 원나라 목호를 토벌할 때 석질리필사 등이 30여 명의 말 탄 군사를 거느리고 이 포구에서 항거했다. 대규모 군사가 일제히 진격하여 용기를 내어 적을 크게 처부쉈다. 원나라에 조공을 바칠 때 여기에서 순풍이 불기를 기다렸는데, 무릇 이레 밤낮이 걸려서야 너른 바다를 건널 수 있었다.

고려시대에 명월현이 있었던 이곳을 목책으로 둘러서 명월성을 쌓았던 때가 조선 중종 5년(1510)이었다. 제주 목사 장림張琳이 쌓은 이 목성을 선조 25년(1592)에 임진왜란이 발생하자 목사 이경록李慶祿이 석성으로 고쳤다. 성의 둘레는 3050자에 높이가 9자였다 한다. 동쪽과 서쪽, 남쪽에 문이 있고 성안에는 객사와 군기고, 별창, 활터 등이 있었다.

명월성 터 서쪽에 나라에서 관리하는 과수원 월계과원月溪果園 터가 있었다. 이 과수원에서는 홍귤나무와 산귤나무, 탱자나무, 옻나무, 닥나무 등이 있었다고 한다. 또한 강생이몰(우물) 서쪽에는 영조 때 명의名醫로 좌수를 지낸 진국태秦國泰의 집터가 있다. 지금은 밭이 되었는데, 진좌수의 어릴 적 이야기가 남아 있다.

진국태가 어린 시절 서당에 다니던 때 날이 갈수록 얼굴이 야위어 가므로 훈장이 그 까닭을 묻자 사실대로 대답했다. "아침마다 서당으로 오는 길에 예쁜 처녀를 만나서 그 처녀가 구슬을 제 입에 물려 주었다가 도로 꺼냈다가 하며 그 입에 물기를 되풀이하며 놀다가 옵니다." 그의 말을 들은 훈장이 이르기를 "내일은 그 구슬을 삼키고 먼데 하늘을 보고, 그다음에 땅을, 마지막에 사람을 보라"라고 했다.

훈장이 그 이튿날 멀리서 진국태의 거동을 살폈다. 진국태가 구슬을 삼키자 그 처녀가 달려들어 해치려는 것이었다. 지켜보고 있던 훈장이 큰소리를 지르며 쫓아가자 그 처녀가 놀라서 달아나는데 짐승의 꼬리가 달려 있었다. 그 처녀는 둔갑한 백여우였다. 진국태가 구슬을 삼키고서 사람을 먼저 보았기 때문에 병자의 얼굴만 보아도 병명을 아는 명의가 되었다고 한다. 그가 죽은 뒤에 중국 사람이 와서 묻기를 "의성醫星이 동남방에 떨어지니 이 지방에서 한 명의가 죽었다"라고 했다. 그가 바로 진국태라고 말하자 만나지 못하는 것을 한탄하며 돌아갔다고 한다.

진국태는 풍모가 뛰어났던 무신 양유성梁有成과 풍수지리가 고홍진高弘進, 점술가 문영후文榮後와 함께 '제주사절濟州四絶'이라 일컬어진다. 김석익金錫翼이라는 사람이 진국태를 두고 시 한 편을 남겼다.

> 신묘한 처방 깊이 깨달은 것은 하늘과 사람에 적중하고
>
> 여우 같은 정기 칼로 쪼개어 도道의 진수를 얻었거늘
>
> 애석하구나, 영령은 어느 곳에 떨어졌는지
>
> 지금 고국은 병으로 남모르게 젖어 드는데

8

한 많은 제주 유배지

600년 유배객들의 이야기

유배지로서 최적지였던 제주도

제주도는 육지와 격리된 절해고도라는 여건상 유배지로 최적지였다. 이중환은 《택리지》에서 다음과 같이 말했다.

제주읍 동쪽과 서쪽에 정의와 대정 두 고을이 있는데 풍속은 제주와 대략 같다. 목사와 두 고을 수령이 예로부터 육지에서 왕래했으나 풍파에 표류하거나 빠져 죽은 일이 없다. 또 조정에 벼슬하던 사람이 여기로 귀양을 많이 왔으나 그들 역시 풍파에 떠밀리거나 빠진 일이 없었다. 왕의 덕화가 멀리서 미쳐서 온갖 신이 받들어 순응하였음인 줄 알 수 있다.

벼슬하던 사람들이 제주도에 유배를 많이 왔다는 말은 맞지만 풍파에 떠밀리거나 빠진 일이 없었다는 말은 사실이 아니다. '제주는 해로가 무려 900리로 중죄를 저지른 자나 큰 벌을 받아야 할 사람이 아니면 굳이 유배되지 않는다. 조야朝野가 모두 그 때문에 이곳을 두려워한다'는 말이 대체로 맞는 말이었다. '제주목에 유배시키는 죄인을 실은 배가 표류하여 행방을 찾을 수 없다'는 전라도 관찰사나 제주 목사의 보고가 적지 않게 올라왔던 것을 보면 유배 중에 표류당하는 일이 많았음을 알 수 있다. 조선시대의 선박 사정으로 볼 때 제주 해협을 건너기란 그렇게 쉬운 일이 아니었다.

유배객이 탄 배는 대체로 전라도 해남이나 강진 그리고 영암 등지에서 출발하여 보길도나 소안도, 진도를 거쳐 제주(화북포나 조천포)에 도착했다. 그것은 화북이나 조천이 제주도에 도착한 유배객을 제주목으로 인계하는 가장 가까운 곳에 있었기 때문이다. 그러나 풍향과 조류 때문에 도착지가 일정한 것은 아니었고 시일도 그때그때 일기에 따라 달랐다.

유배객들이 포구에 도착하면 적거지로 결정된 제주목이나 정의현 또는 대정현으로 이동하게 되었다. 그 가운데서도 대정현은 모두가 가기 싫어했던 최악의 유배지였다.

고려 우왕 8년(1382)에 제주도로 멸망한 명나라 운남雲南 양왕梁王의 아들과 손자들이 유배 왔다. 조선시대에는 300여 명에 이르는 고관대작들이 이곳으로 유배를 와서 한 맺힌 세월을 보내야 했다. 인조반정으로 폐위를 당한 광해군을 비롯해 비운의 죽임을 당한 소현세자의 세 아들과 손자들이 그들이다. 보우 스님과 정온, 송시열, 김정희, 최익현 그리고 한말의 거물 정객인 김윤식과 박영효도 제주로 유배를 왔다.

제주도에 유배객들이 너무 많이 배치되자 전라도 관찰사 이창수李昌壽가 영조 33년(1757)에 "유배객들이 제주목에 집중되어 있어 그들을 제주 삼읍에 분배했지만, 유배객들이 계속 늘어나자 제주 사람들이 매우 곤

혹스러워합니다"라는 상소문을 올린다. 그 뒤를 이어서 김윤식도 《속음청사》에 이와 유사한 기록이 있는데 "제주 유배객들이 나날이 늘어 장차 온 섬에 가득할 터인데 한편으로는 웃고 한편으로는 한탄을 한다" 했다.

제주도가 유배지로 주목받은 것은 조선 이전부터였다. 우리나라의 유배형은 중국의 것을 답습했다. 그러나 국토가 광대한 중국의 형벌을 본떴기 때문에 《대명률大明律》을 따르는 것은 애당초에 문제가 많았다. 그러한 사정을 감안하여 세종 12년(1430)에 정식으로 규정을 만들었다. 내용을 고쳐 2000리는 600리 밖으로, 2500리는 750리 밖으로, 3000리는 900리 밖의 바닷가에 인접한 고을로 귀양을 보내게 하는 배소상정법配所詳定法을 만들었다.

정치범은 의금부나 형조에서 유배형을 받으면 도사 또는 나장이 지정된 유배지까지 압송하여 고을 수령에게 인계하고, 수령은 보수주인保授主人에게 위탁했다. 보수주인은 그 지방의 유력자로서 한 채의 집을 배소로 제공하고 유죄인 감호를 책임졌다. 그곳을 적소謫所라고도 했다. 유죄인의 생활비는 고을 부담의 특명이 없는 한 스스로 부담하는 것이 원칙이었다. 그러므로 자연히 가족의 일부 또는 전부가 따라가게 마련이었다. 《대명률직해大明律直解》에도 유사한 조항이 실려 있다.

무릇 유죄에 해당한 죄를 짓고 귀양 가는 자는 그의 처첩을 따라가게 한다. 아비나 할아비나 아들이나 손자가 따라가고자 한다면 청허한다. 먼 곳에 강제로 이송하는 형에 처한 자나 유배지의 제한된 구역에 연금된 자의 가구도 이에 준해 처리한다.

화북포

제주시 동쪽의 완만한 해안선이 그려지는 화북포는 유배객들이 첫발을 내딛는 곳이었다.

화북포 알의 해신당

제주 목사 한상묵이 해상을 왕래할 때 안전을 기원하기 위해 화북포 해안에 사당을 짓고
매년 정월 보름 해신제를 지냈다고 한다.

유배에도 여러 종류가 있었다. 죄의 크고 작음에 따라 본향안치, 중도부처, 주군안치, 위리안치 등이다. 죄인을 고향으로 낙향시켜서 그곳에서 살게 하는 본향안치가 가장 가벼운 유배였다. 반면 위리안치와 절도안치는 가장 혹독한 유배였다. 가시울타리를 두른 적소에서만 생활하게 했다. 절해고도나 다름없는 유배 생활이었다.

중도부처는 유배지로 가는 도중에 일정한 곳에 머물러 살게 하는 형벌이었다. 주군안치는 죄인의 활동 반경을 비교적 넓게 허용해 준 형벌로 유배지 안의 행정 구역을 비교적 자유롭게 오갈 수 있었다. 추사 김정희가 받은 형벌은 위리안치(가극안치)였다. 뼈를 깎는 고통과 절망 속에서 자신을 성찰하는 시간을 보냈다. 다산 정약용은 어떤가? 그는 주군안치였으므로 자유롭게 옮겨 다니며 당시 정치 현실과 백성들의 고달픈 생활상을 있는 그대로 목격할 수 있었다. 덕분에 정약용의 글에는 백성들의 진솔한 삶이 담겼다.

고려 유민이라고 칭했던 김만희

고려 후기의 문신으로 새로운 왕조 조선에 협력하지 않아 제주도 곽지에 유배 온 김만희 金萬希는 자신을 고려 유민이라고 불렀다. "신하의 도리를 다하지 못하여 개명하였으니 그 죄가 만만 萬萬하여 밝은 사리를 거울로 삼아 하늘에 바랄 뿐이다"라고 자책하며 이름을 만희라고 고치고 다음과 같은 시를 남겼다.

추사 적거지

추사 김정희가 헌종 6년(1840)부터 9년 동안 유배 생활을 한 곳이다.
대정읍성 동문 자리 바로 안쪽에 있다.

티끌만치도 나라에 보답하지 못한 고려 유민이

죽지도 못하고 감히 새봄을 당하는구나

어제는 금마문 앞 손[客]이었건만

오늘은 영주산 밑의 사람이 되었네

늙어서 고향 그리는 마음이야 간절하지만

님을 보내고 나니 부평 같은 감회가 새롭구나

어찌 늙은 몸으로 궁벽한 세월을 견딜까

풍설이 휘날리는 차가운 새벽에 닭이 우는구나

그는 그 뒤 제주에 정착하여 김해 김씨 좌정승공파의 입도조가 되었다. 그와 비슷한 이유로 유배 온 사람이 고려 말의 대학자인 이제현의 증손 이미 李美였다. 그는 고려 신하로서 절개를 지키기 위해 새 왕조의 벼슬 자리를 거부하다가 태종 때 제주도에 유배되었다. 태종은 그의 마음을 돌리기 위해 그의 형 이신 李伸을 제주 목사로 보냈다. "이렇게 척박하고 더러운 곳에서 어떻게 살겠는가" 하고 간청하는 형에게 이미는 다음과 같은 시를 지어 그의 마음을 보여 주었다.

바다 섬이 비록 더럽다고 말하지만

이곳도 나라의 영토가 아닐 수 없네

이 마음속에는 옛사람을 우러러볼지언정

두 마음 가진 사람이 되기를 즐기랴

374

제주도에 정착한 그는 경주 이씨 익재공파의 시조가 되었고, 그런 이 미를 제주도 사람들은 끝까지 지조를 지킨 사람이라고 해서 '삼절신三節 臣'이라고 부른다.

조선시대에 접어들며 제주도로 수많은 인물들이 유배를 오게 된다. 전라도 관찰사로 재직하고 있던 강영康永도 있다. 태종 2년(1402) 제1차 왕자의 난 때 신덕왕후 강씨와 사촌지간이라는 이유로 관직을 박탈당하고 제주도 함덕으로 유배를 왔다. 그곳에서 소실을 받아들여서 아들 셋을 낳아 곡산 강씨의 입도조가 되었다. 현제 제주시 함덕읍에 있는 강녕개〔康永浦〕 또는 강림개라는 공터는 바로 이들이 들어왔던 포구가 있던 자리다.

제주도에서 새로운 사랑을 만나다

그처럼 유배객들은 먼 타향에서 유배 생활을 하는 도중에 새로운 삶을 꾸리기도 했다. 그러한 상황이 현기영의 소설《변방에 우짖는 새》에 자세히 실려 있다.

비 뿌리는 객창에서 비바리의 구슬픈 맷돌노래를 듣는 날 밤이면 나그네는 어김없이 잠을 설쳤다. 밤새도록 갯가 자갈 위를 구르는 처연한 파도 소리를 들으며 눈물로 베갯귀를 적셨다. 저 바다는 들고 남의 진퇴가 있거늘 내가 귀 양 풀려 돌아갈 날은 어느 세월인가? 화북포나 조천포에 배 들 때마다 혹시 나를 놓는 사문이 오지 않았나 맘 졸이기를 그 몇번이던가. 내가 오매불망 임을 잊지 않거늘 하마 임이 날 잊었을까? 이렇게 물 건너 만 리 밖 구중심처의 임 생각으로 밤잠 설치기를 여러번 하던 나그네는 마침내 주위 사람들의 권고를 못 이기는 척 받아들여 제주 바다의 푸른 고등어같이 살갗이 매끄러운 비바리 를 하나 취첩하여 객수를 달래는데 이를 일컬어 의실義室이라고 하였다. 잠결 에도 손을 뻗으면 한아름 안기는 참다운 임이 생긴 것이다. 이제 잠자리가 외 롭지 않으니, 한밤중 그 청승맞은 파도 소리가 귀에 들려올 리가 없고 구슬픈 맷돌노래를 들어도 그저 무덤덤하기만 했다.

적객이 귀양지에서 미희를 데리고 사는 것은 흔히 있는 일로서 조정에서도 묵인하고 있었다. 노상 울분에 젖어 지내다보면 혹시 무슨 꿍꿍이속을 품을지 모르니 차라리 여색에 빠지도록 함도 한가지 방책이었으리라. 그렇지 않아도 조정의 차별 대우에 불만을 품은 섬사람들이 적객을 앞장세워 반란을 음모하 다가 발각된 사례가 더러 있고 하니 결코 안심할 일이 아니었다.

하여간 귀양 생활은 이렇게 호강에 겨워 요강에 똥 쌀 지경이었으니 저들이 제주섬을 물 위에 떠 있는 뇌옥이라 부르고 스스로 옥살이를 한다고 넋두리를 푸는 것은 도시 틀린 말이었다. 정작 물 위에 떠 있는 뇌옥에서 옥살이하는 것 은 제주 백성이었다. 그것도 200년 동안이나 물 가운데 유폐되어 있었다.

유배를 와서 고독과 외로움 속에서 살던 사람이 제주 여자를 만나 삶을 꾸리고, 그 후손들이 대대로 이어 살면서 새로운 제주 사람으로 정착했다.

기묘사화로 유배를 왔던 김정

고려 말 대지주 문벌 귀족들과 투쟁하며 조선왕조를 연 신흥 사대부들은 왕권을 등에 업은 후 부패하기 시작했다. 그러자 불사이군의 정신으로 초야에 은둔했던 고려 말 충신의 후예 중 일부가 중앙 정계에 진출하여 훈구파들을 비판하기 시작했다. 사림파들은 훈구파 공신들의 부도덕성을 비판하면서 새로운 정치 세력으로 성장했다. 그 과정에서 기득권을 뺏기지 않으려는 훈구파와 사림파 사이의 갈등은 무오사화와 갑자사화, 기묘사화, 을사사화 등의 4대 사화로 표출되었다.

기묘사화는 중종 14년(1519)에 일어났다. 성리학을 연구하고 그 이상을 현실에서 실현하려 했던 사림파들은 공론을 중시하고 이상적인 도학 정치를 펴고자 했다. 그들은 중종의 절대적인 신임 속에서 급진적인 개혁을 추진했다. 그러나 조광조趙光祖를 비롯한 신진 사류들은 현실과 이상 사이의 간격을 메우지 못했고, 결국 훈구 세력들의 끈질긴 반격을 견디지 못해 물러났다. 이것이 역사 속에 기록된 기묘사화다.

조광조가 주도한 개혁 정치의 핵심에 김정이 있었다. 그가 국청에 불려가서 한 진술이 《선조실록》에 다음과 같이 기록되어 있다.

신의 나이 서른넷입니다. 나이가 젊고 고지식한 데다가 성질이 편벽되고 궁한 대로 육경六卿에 올라 송구하여 어떻게 해서라도 군은에 보답할 길만을 생각했습니다. 그 때문에 정사를 논할 때도 한결같이 바르게 하려고 밤낮으로 걱정했을 뿐입니다. 서로 붕당을 지어 과격한 풍습을 이루고 국론을 전도케 한 일은 없었습니다.

국청이 끝난 뒤 금부도사는 조광조와 김식 金湜, 김정, 김구 등 네 명에
게는 사형을, 나머지 네 명에게는 곤장 100대를 때리고, 3000리 밖으로
유배 보낼 것을 청했다. 영의정 정광필 鄭光弼은 바람 앞의 등불 같은 조
광조의 목숨을 구하기 위해 눈물로 호소했다. 그러자 중종이 형을 한 등
급씩 낮추어 조광조는 능주, 김정은 금산, 김구는 개녕, 김식은 선산, 박
세희 朴世熹는 상주, 박훈 朴薰은 성주, 윤자임 尹自任은 온양, 그리고 기
준 奇樽은 아산으로 각각 귀양 보냈다.

금산에 유배되었던 김정은 다시 진도로 옮겨졌다가 제주도로 이배되
어 동문 밖 금강사 옛터에서 1년을 지냈다. 그곳에서 조카에게 제주도의
풍물을 편지로 적어 보냈는데, 그 글이 바로 〈제주풍토록〉이다. 유배지에
서 남긴 글 속에 그 당시의 상황이 다음과 같이 실려 있다.

내가 사는 곳은 제주 동문 밖 한 마장쯤 나가서 금강사 金剛社 옛 절터에 있
다. 사방으로 이웃도 없고, 매우 유벽한 곳에 초가 몇 칸을 세웠다. 북쪽 산을
의지하여 자못 시원하다. 안에는 작은 온돌방 하나가 있고, 밖으로 대청마루가
한 칸 반이 있어서 볕도 쪼일 수 있고, 달구경도 할 수 있다. 대청의 처마 아래
에는 늙은 감나무 한 그루가 있다. (…)
집 담 밖에서 20여 보 떨어진 바로 북쪽에 오래된 배나무 한 그루가 있다. 높
이는 10여 척이나 되어도 가지가 성기고 잎은 얇어 좋은 나무는 아니지만 우선
손질하여 여기에 정자를 짓고 고죽 苦竹을 둘러 심었다. 지세가 높고 멀리 보

여 북으로 창해를 바라보면 (바다가 정자에서 한 마장쯤 됨) 추자楸子의 여러 섬
이 눈 아래 점점이 벌려 있다. 좀 멀리 서쪽으로 성안을 보면 연기가 떠오르고
관가의 버들이 푸르다. 성의 남쪽 과원에는 (과원은 남쪽 외성 내에 있고 앞에는 샘
물의 근원이 있는데, 이는 관가에서 귤나무와 비자를 심은 과원의 성 밖에 샘이 있어 거듭
한 마장 남짓 쌓아 샘을 성내에 두었더니 이 과원과 내 정자 정사 사이의 거리가 반 마장쯤
되어 부르면 소리가 들릴 정도로 가깝다) 귤나무숲은 매우 아름답다. 가장 가까운
곳을 굽어보면 금강사 과원이 근처에 있는데 (또한 관가의 과원임) 귤나무와 유
자나무가 가득히 들어서 있다. (…)

　은구어가 나니 혹 그물로도 잡고 혹 낚시로도 잡는다. 바다에는 몇 가지 잔
고기들도 있어 언덕 위에 앉아서 낚을 수 있다. (…) 내가 서로 교유하는 사람
은 이곳 사람이 아닌 방생 方生인데 (생의 이름은 순현舜賢인데 제주 판관의 처남이
다. 나에게 유학을 배우고 소문을 들으니 뜻을 지님이 족히 많다 하니 그런대로 이야기 동
무가 되나 세태에 물들어 우아한 맛이 모자라 강호에 몸 둘 곳이 없다. 그러나 여기에서 이
사람을 만났으니 어찌 다행한 일이 아니랴) 어찌 나의 흥을 일으킬 수 있겠는가. 이
미 의중에 같이할 사람이 없으니 그대가 말한 바와 같이 대개 즐거운 마음이
없다. 또 국법이 무서워 나가는 일이 드물어 보름에 한 번 혹은 두 번이다. 또
보름을 넘어도 나가지 않고 배나무 정자에도 나가지 않으며 귤나무숲에 아주
드물게 가 외롭게 홀로 걸으니 다만 적막한 회포만 더할 뿐이로구나(귤이 익을
때에는 꺼려 또한 멀리할 것이니 관에서 사람이 나와 지킨다).

　골육의 정리가 끊어지고 친지들의 소식이 아득하다. 가까웠던 이들 중 벌써
죽은 이가 많으니 하늘가에 외로이 붙인 몸이 몇 번이나 세파를 겪을 것인가.
심상히 마음을 가질 때엔 태연히 순응할 뿐이건마는 문득 복잡한 생각이 미치

면 또한 아픈 감회를 견딜 수가 없구나.

그렇게 조용하게 스스로를 달래며 제주 생활을 익히려 했던 김정이 그 무렵에 지은 시 한 편을 보자.

제주섬은 언제나 그늘져 있고

거친 마음에 온종일 바람만 가득

봄을 알고 꽃은 스스로 피는데

밤이 깊어가자 하늘엔 달만 둥실

천 리 밖 이역에서 고향 그리워

왕래 드문 고도에서 남은 목숨 이어가니

하늘은 이미 운수를 정해 놓았을 텐데

막다른 길에서 울어 무엇하리

김정은 제주도에서 보낸 1년 남짓한 기간에 여러 곳을 답사했다. 우도 부근을 답사하고서 〈우도가〉를 짓기도 했고, 제주도에 오래도록 비가 내리지 않자 〈한라산기우제문漢拏山祈雨祭文〉을 짓기도 했다. 그는 적소에서 위리안치형을 받은 절망적 상황에서도 생의 의욕을 포기하지 않고 과실수를 심기도 하고, 때로는 남몰래 한라산을 오르기도 했다. 그가 지은 기행문에서는 다른 사람들의 기행문에서는 찾아볼 수 없는 문장의 비장함이 느껴진다.

충암 김정 적거비

금산으로 유배되었던 김정은 다시 진도로 옮겨졌다가 제주도로 이배되어
동문 밖 금강사의 옛터에서 1년을 지냈다.

사내대장부로 세상에 태어났다가 바다를 건너 이 별천지에 발을 붙여 제주의 기이한 풍속들을 보게 되었으니 이것도 얻기 어려운 기회가 아니겠는가? 대개 오기를 원한다고 해서 오게 되는 것도 아니고 그만하고자 하여도 면할 수 있는 것도 아니다. 사람으로는 알 수 없는 어떤 운명 같은 것이 정해진 것 같다. 그런데 부질없이 노여워할 일이 뭐가 있으랴!

"인간의 위대성을 나타내는 나의 공식은 운명애運命愛다. 필연적인 것은 감내하고 사랑해야 한다"고 한 철학자 니체의 말이 생각난다. 김정은 세상을 달관한 듯했으나 유배 생활 내내 고향으로 돌아가길 원했다. 그러나 그 염원은 끝내 좌절되고 말았다. 김인손金麟孫과 채소권蔡紹權 등이 형의 연장을 청했기 때문이다. 김정은 결국 사사된다. 제주도에서 한 많은 생을 마감한 것이다. 그가 머물렀던 적소에는 그의 심정을 노래한 〈임절사臨絶辭〉라는 시 한 편이 남아 있을 뿐이다.

절지에 와 외로운 넋이 되는구나

멀리 어머니를 두고 천륜도 어겼나니

이 세상 두고 이 목숨 끊어지나

저세상에 가서 역대 상감의 문지기가 되리로다

굴원을 따라 높게 소요하련만

어둡고 기나긴 밤은 언제 아침이 되랴

일편단심의 충성 풀숲에 파묻혔고

당당한 장부의 뜻 중도에 꺾였으니

382

조용하게 스스로를 달래며 제주의 유배 생활을 한 김정은 〈제주풍토록〉을 지었다.

오호라 천추만세가 내 슬픔을 알리라

유희춘柳希春은 명종 2년(1547) 양재역 벽서 사건으로 제주도에 유배된다. 유희춘은 곧 함경도 종성으로 옮겨졌는데 그곳에서 19년을 보낸다. 또 명종 10년 을묘왜변 당시 광주 목사로 강진현을 지키던 이희손李希孫이 패전에 책임을 지고 제주도에 유배되어 군역에 종사했다.

불교의 부활을 꿈꾸었던 보우

조선 중기 고승 보우普雨도 제주도에 유배되었다. 호는 허응당虛應堂과 나암懶菴이며 보우는 법명이다. 중종 25년(1530) 나이 열다섯에 금강산 마하연암摩訶衍庵으로 출가를 했다. 참선과 경전 연구에 전심하고 6년 만에 하산했다. 그러나 관官의 횡포로 사찰이 파괴되고, 주지가 투옥되는 사태에 직면해 다시 입산했다.

보우는 불교와 유교에 관한 탁월한 지식을 바탕으로 당대 이름난 유학자들과도 깊이 사귀었는데 그중 한 사람이 재상 정만종鄭萬鐘이었다. 정만종이 보우 대사의 인품과 도량을 조정과 문정왕후文定王后에게 알리면서 왕후의 깊은 신임을 얻게 되었다. 양주의 천보산 회암사에서 요양하던 그는 문정왕후의 부름을 받고 명종 3년(1548) 봉은사奉恩寺 주지가 되었다.

보우는 당시의 쇠퇴일로에 있던 불교를 부흥시키는 데 주도적 역할을 했다. 명종 5년에 문정왕후로 하여금 선교 양종을 부활시키는 비망기를 내리게 했다. 명종 6년 5월에 사라졌던 선종禪宗과 교종敎宗이 부활하게 되었다. 선종의 본사가 봉은사, 교종의 본사가 봉선사로 지정되면서 보우는 선종판사禪宗判事가 되었다. 그해 11월에 도승시度僧試를 실시하여 전국 승려들의 도첩 제도를 다시 부활시켰다. 명종 7년 4월에는 승려들을 위한 과거 시험을 실시하면서 연산군 때 폐지했던 승과제를 부활시켰다. 이때 휴정休靜과 사명당四溟堂 유정惟政이 발탁되었다.

그러나 유생들은 선교 양종과 도첩제 폐지를 주장하는 상소를 계속 올렸다. '승려에게 무한 공양하는 불교 의식'인 무차대회無遮大會를 열어 국고를 낭비한다는 규탄의 소리가 높았다. 역적 보우를 죽이라는 상소도 빗발쳤다. 보우는 '지금 내가 없으면 후세에 불법이 영원히 끊어질 것이다'라는 사명감과 신념으로 불법을 보호하고 종단을 소생시키기 위해 목숨을 걸었다. 하지만 그가 꿈꾸었던 세상은 오지 않았다.

명종 20년(1565) 4월 문정왕후가 사망하자 사태가 돌변했다. 조야에 배불상소排佛上疏가 잇따랐고 유림들이 들고 일어나 보우를 극형에 처하도록 청했다. 명종은 보우를 제주도로 귀양 보냈으나 같은 해 10월 제주 목사로 부임한 변협邊協이 무슨 감정이 있었는지 그를 붙잡아 장살杖殺하고 만다. 보우의 나이 쉰여섯이었다. 이 사실은 곧 조정에 알려져 변협은 사임하기에 이른다.

보우 대사의 비석 뒷면에 사람들이 쉽게 알아볼 수 있도록 글을 새긴 판을 세웠다고 한다. "보우 대사는 금강산 마하면 선방에서 열다섯에 삭발하고 (…) 조천 땅 연북정에 귀양, 제주 목사 변협의 몽둥이에 맞아 순교했다"고 적었다.

기록에는 보우의 유배처가 애월읍 도내봉道內峯이었다고 하는데 조계종 측의 주장과는 다른 장소다. 보우가 죽은 뒤 불교는 종전의 억불 정책의 시대로 되돌아가 양종과 승과 제도가 폐지되는 등 심한 억압을 받게 되었다.

꿈에 취한 듯 꿈속에 사는 세상이 와서

오십여 년을 실없이 미쳐 날뛰었네

인간의 영예와 욕된 일을 다 해 보았으니

중의 탈을 벗고 높고 높은 데나 오르련다

보우 스님이 제주도에 있을 당시에 쓴 시다. "부처는 한 생각도 생기지 않으면 그것이 곧 부처이다. 그리고 만일 이 뜻만 깨치면 지위나 절차를 따르지 않고 바로 묘각妙覺의 자리에 오를 것이다"라고 설파했던 보우의 마지막 자취가 남아 있는 곳이 바로 제주도다.

고려 말 선승 신돈이 정도전을 비롯한 신진 사대부들을 양성하여 조선을 건국하는 데 큰 역할을 했다. 그러나 신돈은 그들로부터 '요승'이라는 평가를 받았다. 보우 역시 조선 유학자들에게 요승이라 불렸다. 그러나 보우가 서산 대사를 비롯한 새로운 선승들을 길러 내지 않았더라면 임진 왜란 때 얼마나 더 많은 희생을 치렀을 것인가.

조선은 중기에 접어들며 동서 양당으로 사림들이 나뉘기 시작했다. 붕당이 있기 전 기묘사화로 희생당한 조광조의 '군자소인지변君子小人之

보우 스님 유배지

애월읍 도내봉 인근에 있는 보우의 유배지다.
조선 중기 승과를 부활시키고 불교 중흥을 꾀하다가 문정왕후가 죽자
전국 유생들의 상소로 제주에 유배된 보우는 목사 변협에게 장살당했다.

辯'은 다음과 같다.

　　재이災異가 일어나게 되는 것은 소인이 군자를 모함하는 데 있다. 사실 군
　자와 소인을 구별하는 것은 어려운 일이다. 왜냐하면 소인은 군자를 소인이라
　하고, 군자도 소인을 소인이라 하기 때문이다. 그리고 소인은 주야로 군자를
　공박하는 것밖에 생각하지 않는다. 소인은 왕과 접견할 때 예의와 용모를 갖추
　고 좋은 말로 꾸미므로 그를 가려내는 것은 쉬운 일이 아니다.

　　제주도에 유배객이 늘어난 것은 사색당쟁 이후다. 그 첫 번째가 '조선
최대의 역모 사건'이라고 알려진 기축옥사, 곧 정여립 사건이었다.

기축옥사로 유배 온 소덕유와 길운절

　　조선의 사림파들이 동서 양당으로 나뉜 뒤 선조 22년(1589)에 일어난
기축옥사처럼 여러 이름으로 불리는 경우도 흔하지 않을 것이다. 정여립
鄭汝立 모반 사건, 기축옥사, 기축역옥, 기축역변, 기축국안, 기축국옥이
라고 불리고 있다. 기축옥사己丑獄死로 죽은 사람이 1000명에 달했다고
추정되는데, 기축옥사의 전 과정을 지켜본 서애西厓 류성룡柳成龍이 미
증유의 국난이었던 임진왜란을 겪고 나서 지은 《운암잡록雲巖雜錄》에
는 다음과 같이 실려 있다.

처음에 왕이 그를 체포하러 가는 도사都事에게 밀교密教를 내려 여립의 집에 간직된 편지들을 압수하여 궐내로 가져오게 하였다. 그래서 무릇 여립과 평소에 친근하게 지내어 편지를 주고받은 자는 다 연루를 면치 못하게 되어 사류중 죄를 얻게 된 자가 많았다.

그중에 고문을 받고 죽은 자는 전 대사간 이발李潑, 이발의 아우 응교 이길李洁, 이발의 형 전 별좌 이급李汲, 병조 참지 백유양白惟讓, 유양의 아들 생원 백진민白振民, 전 도사 조대중曺大中, 전 남원 부사 유몽정柳夢井, 전 찰방 이황종李黃鍾, 전 감역 최여경崔餘慶, 선비 윤기신尹起莘, 정여립의 생질 이진길李震吉 등 이루 다 기록할 수가 없다. 그중에서도 이발과 백유양의 집안이 가장 혹독하게 화를 입었다. 그리고 연루되어 귀양 간 자는 우의정 정언신鄭彦信, 안동 부사 김우옹金宇顒, 직제학 홍종록洪宗祿, 지평 신식申湜·정숙남鄭叔男, 선비 정개청鄭介淸이다. 옥에 갇혀 병이 나서 죽은 자는 처사 최영경崔永慶이었다. 옥사는 덩굴처럼 얽히고 뻗어나서 3년이 지나도 끝장이 나지 않아 죽은 자가 몇천 명이었다.

이 사건으로 인해 선조 27년(1594) 제주도에 유배된 사람이 정여립과 숙질간이었으며 대동계에 동참했던 소덕유蘇德愈였다. 제주도에서 유배 생활을 하던 소덕유는 그보다 먼저 유배를 와 있던 길운절吉云節을 만났다. 그도 대동계원이었기 때문에 의기 소통한 두 사람은 민란을 꿈꾸게 되었고, 제주도 사람인 문충기와 홍경원 등 10여 명을 포섭했다. 그들은 높은 세금과 과중한 부역, 그리고 탐관오리들의 가렴주구를 규탄하며 제주 목사와 삼읍의 수령을 처단하기로 계획을 세웠다.

　길운절이 어디에서 태어났는지는 확실하지 않지만 본관은 선산善山이다. 길운절이 제주도에 유배 중이던 소덕유를 찾아가 모반을 도모했다. 그러나 이들의 뜻이 소덕유의 처에게 알려지자 길운절은 자신이 먼저 관에 나아가 역모를 도모했다고 고변했다. 제주 목사 조경趙儆이 소덕유를 비롯한 주모자 20여 명을 체포하여 서울로 보냈고 처형되면서 미완의 민란이 수습되었다.

　이 사건으로 인해 병사 안위安衛와 전 수사 김억추金億秋 등이 연루되어 심문을 받기도 했고, 조정에서는 제주도의 백성들을 선무하기 위해 어사를 파견하기도 했다. 길운절은 역모 사건이 일어나기 전에 고변했으므로 용서를 받았다. 하지만 국가로부터 포상을 받지 못했음을 원망하다가 체포되어 참형에 처해졌다. 길운절은 머리에 뿔이 세 개 있다고 하여 아명을 삼봉三峰이라 했다는데, 그러한 여러 가지 정황으로 인해 기축옥사의 주인공 정여립의 모사로 신병을 이끌고 지리산과 계룡산에 웅거해 있으면서 체포되지 않았다고 하는 길삼봉吉三峰으로 추측되기도 했다.

　길삼봉이 《기축록己丑錄》에 등장한 것은 진안 현감 민인백閔仁伯에 의해 정여립은 죽임을 당하고 그의 아들 정옥남鄭玉男이 선조에게 국문을 당하는 자리였다. 선조가 주모자가 누구냐고 묻자 정옥남은 "모주는 길삼봉이고, 고부에 사는 한경, 태인에 사는 송간, 남원에 사는 조유직과 신여성, 황해도에 사는 김세겸과 박연령, 이기, 이광수, 박익, 박문장, 변숭복 등 10명이 항상 찾아왔습니다. 그리고 지함두와 중[僧] 의연은 밤낮으로 같이 거처했으며 연령은 서울 소식을 탐정하려고 황해도에 갔습니다"라고 말하면서 "길삼봉은 힘이 세어서 반석을 손으로 쳐서 쪼갭니다"

하고 덧붙였다.

결국 남명南冥 조식曺植의 제자로 이름 높았던 선비 최영경이 길삼봉이라는 유언비어가 나돌면서 고변에 걸려 국문을 받고 옥중에서 죽었으며 이 일이 끝내 서인의 발목을 잡았다. 길운절과 소덕유 사건이 일어난 뒤 조정에서는 제주도를 반역향叛逆鄕라 하여 읍호를 강등시키고자 했다. 제주도 사람들은 깊은 상처를 받았고 인심은 흉흉해졌다.

제주에 파견되었던 김상헌

이러한 상황을 타개하기 위해 조정에서 김상헌을 어사로 파견했다. 스승 신흠申欽은 제주 안무사로 떠나는 김상헌을 전송하며 다음과 같이 썼다.

지금 그대가 탐라 사행을 떠나는데, 그대 신상에 유리한 것이 세 가지가 있네. 험난한 파도는 안중에 없이 위험천만한 배를 타고서 실컷 장관을 누리는 것이 첫째이고 (…). 혹자는 말하기를, "숙도(김상헌의 자)가 옷을 이기지 못할 정도로 약하고 또 병을 잘 앓는 사람 아닌가. 장려瘴癘에 맞으면 병들거나 죽기까지 하고 또 무서운 바람과 심한 파도는 기약이 없어 배가 삐끗하는 날이면 민월閩粤 또는 다른 오랑캐 나라로 한없이 표류하는 경우도 있다는데, 그대가 그것은 걱정하지 않고서 오히려 그가 가는 길을 사실 이상으로 화사하게 꾸미려고만 하니 도대체 무슨 생각에서인가?" 하였다. (…)

탐라라면 동떨어진 지방이기에 조정에서 벼슬살이하는 사람으로서는 죄 지

은 죄수가 아니면 가지 못하는 곳인데, 지금 그대는 학사學士요 대부大夫로
서 이 같은 일을 만나게 되었으니 그게 운명과 수가 아니고 무엇이겠으며 하늘
은 피해 갈 수 없다는 것 아니겠는가. (…)

일을 마친 여가 후에는 아무 거리낌 없는 놀이가 펼쳐질 것이네. 감귤을 쪼
개면 향기가 물씬 사람에게 풍길 것이고, 동으로 바라보면 한 가닥 머리털 같
은 봉래산이 아득하게 보여 세상을 버리고 금방 훨훨 날아갈 것만 같을 것이
네. 내가 듣기에 한라산에는 자지紫芝와 백록白鹿이 있다고 하고 그 정상에
오르면 노인성이 구름 밖에서 출몰하는 것이 보인다던데, 그렇다면 그 정액精
液을 먹고 마시면서 내면 정신의 안정을 찾을 자 정녕코 그대가 아니겠는가.
그대가 돌아오는 날 내 장차 그대의 미첩을 바라보겠다. 노자 삼아서 이상과
같이 적었다.

그의 글을 보면 제주 벼슬살이는 유배나 다름없다고 여겼고 바다에 풍
랑이 일면 난파를 당해 먼 나라로 가는 것이 비일비재했음을 알 수 있다.
김상헌은 제주도에 도착하여 깊은 애정으로 백성들을 보살폈다. 그런데
김상헌도 다른 사람이나 진배없이 이곳 제주 생활이 그리 행복하지는 않
았던 모양이다.

괴로움 삭이려고 술병을 잡아당기네
술잔 들자 고향 생각이 먼저 일어난다
비단으로 두른 자리는 취한 사람 머물 만하고
은하수가 처마 밑으로 내려올 때 번뇌는 맑아지네

제주읍성

제주읍성은 숙종 10년(1105) 탐라군이 설치되면서 축성되었다.
이미 존재하고 있던 탐라국시대의 성곽을 활용하여 축성된 것으로 보인다.

관청 뜨락 귤림에 가을 들면 보기 좋고

밤이면 한라산에서 들려오는 신선이 탄 학의 소리

무슨 인연으로 마고 선녀를 만나

상전벽해가 된 아득한 바다를 보는지

대정현에 남겨진 정온의 자취

조선 중기 문신 동계 정온은 대정현에 자취를 남긴 유배객이다. 광해군 2년(1610)에 진사로 문과에 급제한 정온은 설서說書와 사서, 정언 등을 역임했다. 그가 부사직副司直으로 있던 광해군 6년에 영창대군이 강화 부사 정항鄭沆에 의해서 피살되자 다음과 상소를 올렸다.

어린이는 실상 반역을 모의한 사실이 없었는데, 정항이 위협하여 죽게 하였으니 이는 전하께서 한악한 무부의 손을 빌려 죽인 것입니다. 정항을 죽이지 않는다면 전하께서 선왕의 묘정에 설 면목이 없을 겁입니다. 청컨대 작위를 추록追錄시켜 예장禮葬을 허락하고 전국 신서臣庶에게 포고하여 전하의 우애 있는 본심을 밝히소서.

영창대군을 가해한 강화 부사 정항을 참수하라는 상소를 받은 광해군은 크게 분노했다. 삼사三司에서도 그를 논박하며 외딴 섬에 안치하자고 청했다. 정인홍鄭仁弘 등이 정온을 국문할 것을 청했으나 기자헌奇自獻

등이 반대 의견을 내어 광해군은 할 수 없이 국문은 못 하고 가두었다. 같은 해 7월에 다시 신문하여 제주도 대정현에 위리안치하라 명했다. 정온의 제자였던 미수眉叟 허목許穆이 〈동계선생행장桐溪先生行狀〉을 지었는데, 대정현으로 유배된 정온의 행적이 잘 드러나 있다.

대정현은 저 멀리 남해의 궁벽한 섬에 있다. 서울에서 해남까지만도 천 리다. 출옥 후 길을 재촉하여 6일 만에 해남에 도착했다. 19일 동안 순풍을 기다리고 출항 후 또 바람을 기다리다가 38일 만에야 대정현에 도착했다. 이곳은 지대가 대단히 낮고 습해서 뱀과 독충이 많다. 봄이 가고 여름이 오면서부터 더러는 장맛비가 달을 넘기고, 혹은 거센 바람과 독한 안개가 하루 사이에도 이변을 일으킨다. 때로는 깊은 겨울에도 춥지 않고 한여름에도 덥지 않다. 내륙과는 아주 다른 기후였다.

정온은 제주에 도착하자마자 "죄 지은 자가 살기에 적합하구나" 탄식하며 스스로 별호를 고고자鼓鼓子라고 지었다. 《동계집》에 실린 연보에서도 정온의 유배 생활을 엿볼 수 있다.

대정 백성들은 처음에 장유의 차례와 상하의 구분이 없었다. 선생이 이를 구별하여 늙은이를 먼저 하고 젊은이를 뒤에 하여, 이른바 향유사鄕有司라는 자를 대우하여 하리下吏와는 그 자리를 따로 하게 하였다. 또 연소한 자들을 뽑아 글을 가르치고 인륜을 베푸니 이로부터 장유와 상하가 조금은 조리가 있게 되었다. 또 전후하여 부임해 온 수령들이 모두 무인으로 날마다 백성들을 사냥에 동원하였기 때문에 백성들이 농사를 지어서 삶을 영위할 수가 없었다. 선생이 현감에게 말하여 당시 사냥하는 사람들을 모두 농토로 돌아가게 했다. 백성들이 모두 선생을 우러러 사모하였으며 귀양에서 풀려 돌아갈 때는 울면서 그를 따라 친척과 이별하는 것같이 하였다.

인조반정으로 인조가 즉위한 뒤 사자使者가 정온을 찾아가서 그 사실을 말하고 또 고난을 위로하면서 "왜 당장 가시울타리를 철거하고 하루라도 편하게 지내지 않소" 하고 물었다. 정온은 "아직 명을 받지 못했소"라며 거절했다. 그 뒤 전지傳旨를 받은 후에야 밖을 나왔다.

정온이 10년 동안 위리안치 안에 살면서 〈위리망북두시圍離望北斗詩〉와 〈백운가白雲歌〉를 지었는데 듣는 자마다 슬퍼했다 한다. 그가 풀려나올 때는 벌써 수염과 머리카락이 다 세었고, 바다를 건너 집에 돌아온 뒤에는 제일 먼저 늙으신 어머니를 찾아갔다. 그때 정온의 어머니 나이가 여든 살을 넘었다. 이 광경을 보고 감격의 눈물을 흘리지 않는 자가 없었다. 그런데 어머니는 손을 잡고 웃으면서, "오늘에야 우리 아들을 만나 보는구나" 하고, 멀리 떨어져서 서로 그리워하던 표정을 전혀 보이지 않았다. 그 광경을 본 사람들은 감격하면서 "이러한 어머니가 있은 다음에야 이러한 아들이 있을 수 있다"고 칭찬했다. 다시 허목이 지은 정온의 행장을 보자.

공(정온)은 유배 생활 중에도 마음을 다지고 행실을 가다듬기 위해 노력하였다. 당시 송상인宋象仁과 이익李瀷도 대정으로 귀양 오게 되었다. 송상인은 바둑을 두고 이익은 거문고를 배워 유배 생활의 괴로움을 달래었지만 정온은 언제나 글을 읽었다. 경사를 고증하여 지난날의 명언을 뽑아서 《덕변록德辨錄》을 지어 자신을 반성하고, 《원조자경잠元朝自警箴》을 지었다. 공은 유배인에게 주는 늠속廩粟(양식)으로 끼니를 잇지 못하여 종들이 날마다 품을 팔아 마련하였다.

정온은 병자호란이 일어나 남한산성에 있던 인조가 청나라에 항복한다고 하자 "나라가 망한다 하여도 오랑캐에게 항복하는 것은 내 수치로 여기노라" 하고 칼을 뽑아서 스스로 찔렀다. 그 사실을 안 왕이 어의를 시켜 치료하도록 하고 관할 관원에게 잘 보살피게 했다.

결국 조선이 청나라에 항복하자 정온은 고향인 안의(현 거창군 위천면 강천리)로 실려 간 뒤 "주상이 욕을 당하였으니 신하의 죽음은 이미 늦었다. 다시 무슨 마음으로 남들처럼 나라에 조세를 바치며 처자식의 봉양을 받을 수 있겠는가"라며 탄식했다. 정온은 고향 근처에 있는 금원산金猿山 골짜기에 들어가 초가집 '구소鳩巢'를 짓고 산을 일구고 조를 심어 생계를 이었다. 그는 해가 바뀔 때마다 새 책력冊曆을 보지 않고, 세속과 발길을 끊은 채 꽃이 피고 자라는 것으로 계절을 짐작했다. 산속에서 고적하게 몇 해를 살다가 생을 마치니 그때가 인조 19년(1641) 6월 20일이었다. 현재 대정읍 보성초등학교 정문에 '동계 정온 선생 유허비桐溪鄭先生遺墟碑'가 서 있다.

훗날 제주 목사로 부임한 이원진은 《탐라지》에 정온을 기리는 시 〈객사동헌客舍東軒〉을 남겼다.

대정 동문에 낡은 초가

십 년 동안 쫓겨난 신하가 살았네

겨울 소나무 네 그루는 한 길이 될 만하고

대나무 천 그루는 뜰에 드리웠네

인사의 부침을 어찌 물을 것인가

세간의 영욕은 본래가 허무한 것을

멀리 떨어진 영주는

노래하는 아이에게 불러 보게 하네

    정온과 비슷한 시기에 제주도에 유배된 김제남金悌男의 부인인 노盧씨는 인목대비의 모친이자 영창대군의 외조모였다. 김제남이 광해군을 양자로 삼은 의인왕후의 능에 저주한 일이 들키자 김제남은 처형되었다. 그리고 노씨 부인은 제주도에, 영창대군은 강화도에 유배되었다. 제주도에 여자가 유배된 것은 노씨 부인이 처음이었는데, 그때가 광해군 10년(1618) 10월이었다. 그는 이곳에서 생계를 꾸려 가기 위해 술을 만들어 팔았다. 제주도 사람들은 이 술을 모주母酒라 불렀다.

    집주인 전양全良을 비롯한 지역 사람들은 노씨 부인을 여러모로 보살펴 주었지만 당시 목사였던 양호는 노씨 부인을 몹시 괴롭혔다. 결국 3년 뒤 노씨 부인이 인조반정으로 해배되어 돌아가면서 탐관오리로 악명 높았던 양호는 처형당한다. 집주인 전씨는 서울로 함께 가서 첨사僉使라는 무관 벼슬을 받았다.

대정읍성

추사 적거지가 대정읍 안성리 마을의 대정읍성 동문 자리 바로 안쪽에 있다.
옛 대정현의 돌하르방과 김정희의 글씨 및 그림 복제품을 전시해 놓은 추사기념관이 있다.

제주 대정읍은 유독 유배지를 많이 품고 있다.
지금도 대정읍 곳곳에는 유배지와 관련한 이정표와 비석이 많다.

비운의 왕 광해군의 자취

비운의 왕 광해군은 제주에서 생을 마감했다. 선조 8년(1575) 선조와 공빈 김씨 사이에서 둘째 아들로 태어난 그는 어렸을 때부터 총명했다. 선조 41년(1608)에 즉위해 15년간 조선을 다스린 광해군은 세자 책봉 문제로 그의 형인 임해군과 갈등을 빚었지만, 임진왜란(1592)이 발생했을 때 국난에 대비한다는 명분으로 피난지 평양에서 세자에 책봉되었다. 선조 30년(1597) 정유재란이 일어나자 전라도와 경상도로 내려가 군사들을 독려했고, 국가의 재건에 힘을 기울였다.

선조 39년 선조의 계비 인목왕후 김씨에게서 영창대군이 탄생했다. 서자이며 둘째 아들이라는 이유로 영창대군을 후사로 삼을 것을 주장하는 소북과 광해군을 지지하는 대북파의 사이에 붕쟁이 확대되었다. 선조 41년 병이 위독해진 선조는 광해군에게 선위하는 교서를 내렸다. 그것을 소북파의 유영경柳永慶이 감추었다가 대북파의 정인홍鄭仁弘 등에 의해 밝혀졌다. 광해군은 즉위하자 임해군을 교동도에 유배 보내고 유영경을 사사했다. 그는 당쟁의 폐해를 막기 위해 이원익을 등용하고 초당파적으로 정국을 운영할 계획을 세웠으나 대북파의 계략에 빠져 성공하지 못했다. 광해군의 앞날은 순탄하지 않았다. 광해 5년(1613) 당시 정권을 잡고 있던 대북파의 강력한 요청에 따라 영창대군을 서인庶人으로 삼았다. 그리고 영창대군을 강화에 위리안치했다가 이듬해 죽게 하는 데 일조했고, 광해 10년에는 이이첨 등의 폐모론에 따라 인목대비를 서궁西宮에 유폐시켰다.

이러한 일련의 사건들은 서인들의 집단 반발을 불러일으켰고, 김류金瀏와 이귀李貴, 김자점金自點 등 서인들이 주도했던 인조반정(1623)에 의해 폐위당한 뒤 광해군으로 강등되었다. 서인들은 광해군의 조카인 종倧을 옹립해 인조시대를 열었고 광해군은 강화로 유배되었다. 인조반정의 전말이 실린《계해정사록癸亥靖社錄》을 보자.

3월 19일 부원군들이 합계하기를 "폐주와 폐비, 폐동궁, 폐빈(세자의 처)들을 마땅히 대비의 하교下敎대로 각 곳에 위리안치해야 할 것이지만, 신들이 거듭 생각하온즉 먼 지방 외딴 섬에는 뜻밖의 환이 없지 않겠으니, 가까운 교동 등지에 안치하여 엄하게 수직하여 허수로운 폐단이 없도록 해야 할 것입니다" 하니 답하기를 "아뢴 대로 따르겠다" 하였다.

그해 5월 22일 "이달 21일 삼경에 폐동궁이 담 안으로부터 흙을 파고 70척 정도의 구멍을 뚫어 도망치는 것을 잡았습니다"라는 강화 부윤 이중로李重老의 장계가 올라왔다. 조정이 발칵 뒤집혔다. 강화도 관계자들이 붙잡혀와 국문을 받았고, 별장 권채權綵는 매를 맞고 죽었다. 세자가 붙잡히는 것을 지켜본 폐빈 박씨는 24일에 목매어 자살했고, 금부도사 이유향李惟響을 보내어 폐세자에게 죽음을 내리니 25일에 스스로 목을 매었다.

티끌 속의 뒤범벅이 미친 물결 같구나
걱정한들 무엇하리 마음 스스로 평안하다
스물여섯 해는 참으로 한바탕 꿈이라

백운白雲 사이 좋은 모습으로 돌아가리

강화로 유배되어 오는 배 안에서 폐세자가 지었다는 시 한 편이다. 아들을 그토록 허망하게 먼저 보낸 폐비 윤씨도 그해 10월 8일에 충격으로 죽었다. 나이 48세였다. 광해군은 이괄의 난(1624)이 일어나자 태안으로 옮겨졌다가 인조 14년(1636) 교동도로 옮겨졌다. 그러나 이도 잠시, 인조 15년 6월 6일에 제주도로 가게 되었다. 광해군은 강화에서 제주도로 이배되어 가는 배 위에서 시 한 수를 읊었다.

한더위에 소나기 성 위로 지나가니
후덥지근한 장기는 백 척도 넘는구나
푸른 바다 성난 파도에 어둠이 깃드는데
푸른 산 근심 어린 모습으로 가을을 전송하네
돌아가고픈 마음에 왕손초王孫草는 보기 싫고
나그네 꿈에 자주 제자의 땅을 보고 놀라네
고국 존망의 소식 끊어지고
연기 낀 파도 위 외로운 배에 누웠구나

6월 7일 제주도의 어등포(현 구좌읍 행원리)로 상륙했는데 광해군의 제주도 안치 과정이 여러 문헌에 남아 전한다. 《병자록丙子錄》을 보자.

정축년 2월에 교동에서 또 제주로 옮기는데, 한 무사가 호송하는 별장別將

이 되기를 요청하여 '광해를 죽여' 공을 세울 계책이었으나 얻지 못했다. 대개 이것은 경진 등의 뜻이었다.

덕을 닦지 않으면 배에 탄 모든 사람이 적국이다. 정재륜鄭載崙의《공사견문록公私見聞錄》을 보자.

그때 제주로 폐주를 옮기는데, 호송하는 사람에게 엄중히 하여 가는 곳을 말하지 못하게 했다. 배 위의 사면은 모두 휘장으로 막았다가 배가 닿는 뒤에야 비로소 알리었다. 이때 무신 이원로李元老가 호행별장이 되었는데 뱃길이 험난하여 거의 죽을 뻔한 것이 여러 번이었다.

배가 도착해 휘장을 떼고 내리기를 청한 뒤 제주라고 알리자 광해가 깜짝 놀라며 크게 슬퍼하며, "내가 어찌 여기 왔느냐. 내가 어찌 이곳까지 왔느냐" 하며 안정을 찾지 못했다. 제주 목사가 맞아 문안하며 무릎을 꿇고 나아가 말하기를 "공자께서 임금으로 계실 때 간사하고 아첨하는 자를 물리쳐 멀리하고 환관과 궁첩들로 하여금 조정 정사에 간여하지 못하게 하였더라면 어찌 이런 곳에 오셨을 것입니까? 덕을 닦지 않으면 배에 탄 사람이 모두 적국敵國이라는 옛말을 모르십니까?" 하니 광해가 눈물만 뚝뚝 흘리고 말을 못 하였다.

재위 당시 인목대비를 폐위시키라는 대북파 신료들의 끈질긴 요청에 진저리를 치며 다음과 같이 독백을 했던 사람이 광해군이었다. 영창대군의 외숙부 김천석金天錫의《명륜록明倫錄》을 보자.

광해군 유배지

강화도에서 다시 제주도로 유배된 광해군은 제주읍성에서 유배 생활을 하다 사망했다.

광해군이 유배를 온 어동개 포구 전경이다. 광해군이 제주도로 유배를 올 당시
밖을 보지 못하도록 배의 사방을 막았다는 얘기가 전한다.

하늘이여, 하늘이여! 도대체 내가 무슨 죄가 있기에 어쩌면 이다지도 한결같이 혹독한 형벌을 내린단 말인가. 차라리 인간 세상을 헌신짝 벗듯 하고 팔을 떨치고 영원히 떠나서 아무도 안 보는 바닷가에서 살며 여생을 마치고 싶구나.

말이 씨가 되었는지 광해는 강화와 태안, 교동을 거쳐 결국 나라의 마지막 끄트머리에 있는 제주도에서 인조 19년(1641) 7월 가시를 두른 적소 안에서 생을 마감한다. 그의 나이 예순일곱이었다.

광해군의 재위 기간 중 업적은 괄목할 만한 것이었다. 즉위하자마자 선혜청을 두어 경기도에 대동법을 실시했고, 광해 3년(1611)에는 양전量田을 실시했다. 임진왜란으로 폐허가 된 한성부의 질서를 회복하고 궁궐 조성 공사에 힘을 다하여 창덕궁을 중건했다. 또 경덕궁(경희궁)과 인경궁을 준공하는 등 많은 업적을 세웠다.

만주에서는 여진족이 신흥 국가로 성장하여 후금을 건국하고 조선에 압력을 행사하고 있었다. 광해군은 이에 대비하여 성지와 병기를 정비하고 군사를 양성하는 등 국경 방비에 힘썼다. 명나라와 후금 사이에 전쟁이 발생하여 명에서 원군 요청이 있자 강홍립姜弘立에게 1만의 병사를 주어 파견했다. 또 동시에 의도적으로 후금에 투항하게 하여 명나라와 후금 사이에서 능란한 양면 외교 솜씨를 보였다. 광해 원년(1609)에는 일본과 기유약조를 체결하여 임진왜란 이후 중단되었던 외교를 재개했다. 광해 9년에는 회답사로 오윤겸吳允謙을 일본에 파견하여 포로로 끌려갔던 조선인을 되찾아오게 했다.

병화로 중단된 서적의 간행에도 힘을 기울였던 왕이 광해다.《선조실록》을 비롯해 세계기록유산으로 지정된 허준許浚의 《동의보감東醫寶鑑》 등이 간행되기도 했다. 또 전라도 무주의 적상산성에 사고史庫를 설치했다.

오늘날 광해군의 공과功過는 양면적으로 평가되고 있으나 대체로 붕당의 소용돌이 속 희생양으로 보고 있다. 광해군이 죽은 지 400년이 가까워지며 새롭게 주목받고 있다. "역사는 하는 일이 하나도 없고, 거대한 재산도 갖지 못했으며 어떠한 전투도 하지 않는다. 모든 일을 행하고 또 소유하고 싸우는 자는 오히려 인간, 진짜로 살아 있는 인간이다"라는 마르크스의 말은 진정으로 맞는 말인가?

제주시 동문로에 있는 기업은행 자리와 중앙로에 있는 국민은행 제주지점 위치가 광해군 적소 터인데 표석은 국민은행 제주지점 앞에 있다. 제주에 남은 광해군의 유일한 흔적으로 지역 신문사인 한라일보가 세운 것이다. 광해군의 묘는 경기도 남양주시에 있다.

〈제주풍토기〉를 지은 이건

광해군의 복위를 모의한다는 죄목으로 제주에 유배 온 이건은 선조의 7남 인성군仁城君의 셋째 아들이다. 자는 자강子强, 호는 규창葵窓으로 부친 인성군은 인목대비 폐위를 적극 지지했다. 이것이 빌미가 되어 반정 공신 이귀가 인성군이 광해군 복위를 모의하고 있다고 무고했다. 인조 6년(1628) 인성군은 대역 처분을 받았고 가족들은 제주로 유배되었다.

형 이길李佶, 이억李億 등과 더불어 열다섯에 제주도 정의현으로 유배 와서 8년을 지낸 이건은 인조의 배려로 인조 13년 울진으로 이배 되었다. 이귀가 죽은 후 무고였음이 밝혀져 인조 15년에 유배에서 풀려났고, 효종 8년(1657) 해원군海原君에 봉해졌다. 이건은 성품이 건실하고 사치와 재물을 좋아하지 않았다. 조그만 서실을 마련하여 경적經籍에 침잠하면서 시를 짓고 글씨와 그림에 힘썼다. 사람들이 그를 일컬어 삼절三節이라고 했다.

제주도를 두고 '죄인들이 사는 땅'이라고 했던 이건은 시문집인 《규창집 葵窓集》과 유배 생활 동안 보고 느낀 생활과 풍속을 기록한 〈제주풍토기〉를 남겼다.

기구한 인연으로 제주도에서 8년 동안 인고의 세월을 보낸 이건의 〈제주풍토기〉는 총 15단락으로 이루어져 있다. 1단에서 14단까지는 제주도 풍속에 관한 글이고, 15단은 결미로서 그 자신의 소회를 조금 곁들이고 있다. 바다로 둘러싸인 제주도에 유배된 자신의 정신적 고통을 언급하고 있는데 그 내용이 슬프기 그지없다.

가장 괴로운 것은 조밥이요, 가장 두려운 것은 뱀과 전갈이요, 가장 슬픈 것은 파도 소리다. 더구나 서울의 소식과 고향의 소식은 몽혼夢魂에나 부치는 것 외에 들을 길이 없다. 질병이 있을 때는 속수무책으로 죽기를 기다릴 뿐이요, 침약으로 치료할 방도는 없다. 이곳은 실로 통국의 죄지은 사람이 머무는 곳으로 사람이 견딜 수 없는 곳이다. 국가에서 죄인을 이 땅에 추방하는 것은 깊이 적의함을 얻는 것이라 하겠다.

소현세자의 세 아들

인조반정으로 광해군을 몰아내고 정권을 잡은 인조의 앞날에 먹구름이 끼기 시작했다. 정묘호란과 병자호란으로 나라는 파탄 지경에 이르러 말 그대로 엉망진창이 되었다. 병자호란의 여파로 청나라에 끌려갔던 소현세자는 총명했고 왕으로서 자질이 있었다. 소현세자빈 강씨는 사림들 사이에서 명망이 높았던 우의정 강석기姜碩期의 딸로 그 역시 총명했다.

그러나 인조 23년(1645) 2월에 돌아온 소현세자는 4월에 급서急逝했다. 일부에서는 아들이 자신의 자리를 빼앗을지도 모른다고 생각한 아버지에 의해 죽임을 당했다고 한다. 여하튼 독살이라고도 여겨지는 의문의 죽음으로 공석이 된 세자 자리는 세자의 아들이 이어야 하는데, 원손을 폐위하고 봉림대군이 잇도록 했다. 그러자 봉림대군이 극구 사양했으나 인조는 "너는 사양하지 말고 더욱 효제孝悌의 도리를 닦아서 형의 자식을 네 몸에서 난 것처럼 대하라" 했다. 인조의 말과 달리 소현세자의 죽음은 강빈과 아들들에게는 비극의 서곡이었다. 인조 24년(1646) 소현세자빈 강씨는 '인조를 저주했다'는 죄목과 함께 '독약이 든 음식을 인조에게 올렸다'는 죄목으로 후원 별장에 유폐되었다. 사건의 중심에 강빈과 반목 관계였던 후궁 조씨와 인조의 총애를 받고 있던 김자점金自點이 있었다.

부제학을 지낸 유백증兪伯曾이 사직하는 차자를 올리면서 '강빈을 용서해 줄 것'을 간청하는 글을 올렸으나 묵살되었다. 대사헌 홍무적洪茂績, 집의 김시번金時蕃, 장령 임선백任善伯, 지평 조한영曺漢英, 이태연李泰淵 등이 나서서 죽음만은 면하게 해 달라고 간청했으나 소용없었

다. 홍무적은 다시 인조에게 "강빈을 능히 폐하기는 하더라도 죽이시면
안 됩니다. 전하께서 기어이 강빈을 죽이려 하시거든 먼저 신을 죽이신
뒤에 죽이시고, 제 벼슬도 갈아 주시옵소서" 하는 간절한 상소를 올렸으
며 수많은 신하들이 그와 같은 의견을 피력했다. 크게 노한 인조는 "가고
싶은 자는 가라. 나는 말리지 않으리라" 했다.

그때 어느 신하가 간하기를 "이것은 전하의 실언失言이십니다. 왕
은 반드시 겸손하고 맑고 곧은 선비들을 모아서 조정에 있게 하고, 그들
의 말을 채택해 써야만 국가를 능히 보전할 수 있는 것이옵니다. 만일 혹
마음에 저촉되고 거슬림을 노여워하여 물러감을 맡겨 둔다면 조정에 있
는 자들이 자기의 지위를 잃을까 근심하여 구차스럽게 비위를 맞추려는
비부鄙夫들뿐일 것이니 어찌 나라가 망하지 않겠습니까?" 하자 인조가
"내 과연 실언을 했노라" 했다. 인조는 자신의 실언을 인정하긴 했지만
강빈을 용서하지 않았다.

인조 25년 2월 14일에 사헌부의 남노성南老星과 박인제朴安悌가 장
계를 올려 강빈에게 내린 사사의 명을 거두어 줄 것을 청했다. 17일에는
이경석李景奭이 강빈을 용서할 것을 요청하는 소를 올렸고, 이경여李敬
輿는 "인심이 물결처럼 일렁거린다" 했다. 그러나 인조는 "이경여의 이
름을 잊고 나라를 저버린 죄는 먼 곳에 귀양 보내는 것으로 끝일 수가 없
으니 위리하고 멀리 귀양 보내라"라고 했다.

3월 어느 날이었다. 금부에서 강빈을 사사한다고 아뢰었고 그날 통한
의 한을 품은 강빈은 세상을 떠났다. 이 사건의 여파는 컸다. 이경여가 귀
양을 가자 이경석李景奭은 소를 올려 벌받기를 청했고, 그러한 사실이

흉계라고 진언했던 대사헌 홍무적과 이응시李應蓍가 유배를 갔다. 효종 5년(1654) 강빈의 신원을 주장했던 황해 감사 김홍욱金弘郁은 심문받다가 장살당했다. 홍무적은 제주로 유배를 와서 3년여를 머물렀고 그 뒤를 따라 소현세자의 세 아들이 제주도로 유배를 오게 된다.

어머니가 지은 죄로 인하여 제주로 유배를 오던 그 당시 소현세자의 큰아들 석철石鐵이 열두 살, 둘째 아들 석린石麟이 여덟 살, 셋째 아들 이회李檜(초명은 석견石堅)는 네 살이었다. 그들 삼 형제가 제주도로 들어오자 강빈을 용서할 것을 간청했던 홍무적을 비롯한 제주도 유배인들이 모두 육지로 옮겨졌다. 삼 형제와 격리하기 위해서였다.

세자의 아들로 단란했던 시절이 그처럼 깡그리 망가져 버린 그들의 삶을 어떻게 이해할 수 있으랴. 효종은 즉위하자마자 그들을 강화로 이배했다가 다시 교동도로 옮겼다. 효종은 그들 삼 형제가 질병으로 고생하는 사실을 알고서 의사를 파견하여 치료하게 했으나 첫째와 둘째는 일찍 죽었다. 효종 7년(1656) 귀양에서 풀려난 이회는 현종 즉위년(1659)에 경안군에 책봉되었다. 그러나 현종 9년(1668)에 한 많은 생을 마감했다.

'권력은 씨앗과 같아서 부자간이나 형제간에도 나눌 수 없다'는 말처럼 인조는 자식인 소현세자도, 며느리 강빈도, 어린 손자들도 믿지 못했다. 헤르만 헤세는 "돈과 권력은 불신의 창조물이다" 했으며, 마키아벨리는 "인간은 아버지의 죽음보다 권력을 뺏긴 걸 더 오래 기억한다"고 권력의 속성을 간파하고 있다. 누구도 믿지 못하는 것이 '권력'이었고, 권력에서 밀려나면 그 순간이 바로 죽음이었다. 설령 살아난다 해도 그때부터 살아 있는 목숨이 아니었다.

북벌을 주창했던 효종이 죽은 뒤 효종의 능을 신명규 申命圭와 이정기 李鼎基가 쌓았데 그 능이 비만 오면 헐려서 다시 수리해야 했다. 그 사실을 안 남인들이 탄핵을 했는데, 그때가 현종 14년(1673)이었다. 이정기는 정의현에서 기나긴 유배 생활을 하게 되었다. 국문을 받고 사형 직전에 유배형을 받은 신명규는 지금의 서귀포시 예래동 적거지에 짐을 풀고 후학 양성에 힘을 썼다. 그가 유배 당시에 제주도의 인정과 풍속, 견문을 기록한 책이 《묵재기문록默齊記聞錄》이다. 신명규의 아들인 신임 申鉐이 제주도로 그의 아버지를 찾아왔고, 그도 훗날 제주도로 유배 오게 된다.

송시열이 왔던 제주도

제주도에 유배된 거물 정객 우암 송시열의 흔적은 제주시 일도 1동에 '적려 유허비謫廬遺墟碑'로 남아 있다. 송시열은 숙종 15년(1689) 제자 권상하權尙夏에게 뒷일을 맡기고 맏손자와 함께 제주에 귀양 와서 산지 골 윤계득의 집에서 110일가량 머물렀다. 다시 서울로 압송되어 가던 길에 전라도 정읍에서 사사되었다. 그 후 송시열의 문인인 권진응權震應이 비를 세우고, 순조 원년(1801)에 목사 정관휘鄭觀輝가 비각을 지었으나 지금 비각은 헐리고 없다.《송자대전》에 실린 제자 박광일朴光一의 기록을 보자.

기사년(1689) 2월에 선생께서 세자 세우는 일로 상소했는데, 대신(사헌부의

414

우암 송시열 적려 유허비

송시열은 83세의 고령으로 제주에 유배되었다.
당시 중앙 정계를 이끌던 노론의 영수인 그가 제주에 유배되자
제주 유생들은 큰 충격을 받았다.

대신과 관원)의 탄핵으로 제주도에 안치하라는 명령이 내렸다. 같은 달 18일 선생께서 선암에 도착하셨다. 광일이 미리 여기서 기다리다가 절하고 위로하며 말씀드렸다.

"일이 이 지경에 이르렀으니, 드릴 말씀이 없습니다"라는 광일의 말에 선생은 "나는 오래전부터 이런 일이 있을 줄 알았노라" 하셨다.

송시열은 권상하(자 치도致道)에게 제주에 도착하는 과정을 담담하게 적어 보낸다. 《송자대전》〈권치도에게 보낸 글 與權致道〉(숙종 15년 3월 7일)을 보자.

지난달 24일에 일행이 강진의 만덕산 백련사에 도착하였네. 배가 준비되지 못하고 순풍도 얻지 못하여 그곳에서 4일 동안 머물렀네. 긴 대는 순이 돋고 동백은 화려하게 꽃을 피워 참으로 별경이었네. 그곳에서 날마다 수행한 선비 박광일, 박중회朴重繪 등과 의심난 것을 강론했는데 서로 부합된 것이 많아서 다행스러웠네.

29일 석양에 행장을 꾸려 이달 초하룻날 닻을 올렸으나 저녁에 큰바람을 만나 사람마다 시달려서 밤중에는 포구의 마을에 들었었네. 다음 날은 그곳에 머물러 바람이 자기를 기다렸네. 초사흘에 배를 띄워 큰 바다로 나왔으나 해가 지면서 바람의 세가 고르지 못하여 간신히 해안에 도착하니 동녘이 벌써 환해졌네. 일행이 모두 피곤하여 해안 마을에서 하루를 묵고 초닷새에는 바람을 무릅쓰고 주성州城(제주도)에 들어왔네. 그러자 금오랑金吾郎은 한창 가시울타리 둘러치는 일을 독려하고 있었네. 언뜻 풍토를 살펴보니 사람이 살 곳은 아나나 기후가 또한 이상하여 한라산에는 눈이 잔뜩 쌓였고, 산 아래에는 꽃들이 화려하게 피었으며 상추를 벌써 먹고 있었네. 성은이 관대하여 나와 같은 죄인을 이런 곳에서 쉬도록 해 주시니 감사한 마음 어찌 한이 있겠는가.

송시열은 제주로 가는 도중 배 안에서 시도 한 수 읊었다.

> 귀양살이 나그네 신세 외로운 배로 떠나니
> 거센 파도는 만 리에 깊어라
> 평생 충의를 지켰으니
> 우虞 왕의 묘 찾을 필요 없구나

유배객의 지난함을 노래한 송시열은 제자 권상하가 적소로 찾아오자 운명을 예감한 듯 의복과 책을 유품으로 주었다. 화양동에 만동묘를 세워 명나라 신종과 의종을 제향할 것을 당부하며 마지막 길에 올랐다고 한다.

두 번 제주에 유배된 김춘택

조선 후기 문신 김춘택金春澤의 본관은 광산이다. 자는 백우伯雨, 호는 북헌北軒이고, 시호 충문忠文이다. 그는 숙종의 장인 김만기金萬基의 손자로 어려서부터 문재가 비범하여 김수항金壽恒의 탄복을 받았다. 서인과 노론의 중심이었던 광산 김씨 가문에 속했던 그는 숙종 15년

(1689) 기사환국이 일어나 서인이 제거되면서 여러 번의 유배와 투옥을 겪어야 했다. 숙종 17년 갑술옥사로 남인이 물러나면서 석방되었다. 그러나 서인이 노론과 소론으로 갈라지면서 소론의 공격을 받았다. 숙종 27년 (1701) 무고의 옥사로 부안에 유배되고, 숙종 32년에는 세자인 경종을 모해謀害한다는 무고로 죄가 더해져 제주로 이배되었다. 김춘택은 부친 김진구金鎭龜의 적소였던 오진의 집으로 옮겨졌고 가족들도 정의현에 유배되었다.

김춘택이 제주에서 지은 시 〈서회 書懷〉를 보자.

> 나그네 자주 바뀌는 계절의 질서에 놀라며
>
> 귀양살이 삼 년에 크게 거칠어져만 갈 뿐
>
> 거울 속 백발에도 봄은 오건만
>
> 층등 아래 섣달그믐밤 지새던 일들
>
> 남해의 풍파는 그칠 날이 없구나
>
> 고향의 꽃들은 누굴 위해 피었는가
>
> 귤림의 솜씨 좋은 사람들과 계림의 이씨랑
>
> 지난 감회 새 수심 한 잔 술로 달래네

얼마 지나지 않아서 김춘택은 유배지를 대정으로 옮기게 되었다. 그것은 김춘택이 이곳에서 역모를 꾀하고 있다는 제주도 사람들의 모함 때문이었다. 그는 대정에서 송강松江 정철鄭澈의 가사인 〈사미인곡思美人曲〉과 〈속미인곡續美人曲〉에 답하는 〈별사미인곡 別思美人曲〉을 짓기도 했다. 김춘택은 30여 년을 감옥과 유배지에서 보냈다. 총 다섯 차례의 유배 중 두 번을 제주도에서 보냈고 그 기간은 모두 6년이었다.

김춘택이 적소에서 지은 〈모춘만음慕春漫吟〉을 보자.

> 유형수 봄이 되니 집 생각에 괴롭고
>
> 봄 돌아와 또 어찌 나그네 설움 더하겠는가
>
> 술 깨고 꿈 깨면 남은 일 없을 터인 걸
>
> 눈 예쁜 아이나 시켜 떨어진 꽃 주우련다

"인간은 경험한 것만큼만 쓸 수 있다"는 니체의 말에 어긋나지 않게 김춘택은 유배지에서 많은 글을 남겼다.

김춘택의 매제 임징하任徵夏 역시 제주도와 인연이 각별했다. 그의 할아버지는 제주 목사를 지냈고, 장인과 처남 그리고 그 자신이 제주도에 유배되었다. 임징하는 영조 4년(1728) 의금부로 압송되어 모진 국문 끝에 장살된다. 제주에서 의금부로 압송되기 전 죽음을 예감한 그는 제자들에게 다음과 같은 시를 전했다.

> 성현의 글을 읽어 배우는 바가 무엇이겠느냐
>
> 하늘을 우러르나 땅을 보나 부끄러움이 없게 함이다
>
> 예로부터 지금까지 그 누가 아니 죽었느냐
>
> 귤림이 곁에 있으니 오랜 세상을 기다려 보세
>
> 슬프다, 제자들이여. 나를 경계 삼아

문 닫고 부지런히 독서하여 게으름이 없도록 하라

이중환이 연루된 신임사화의 주인공들

이중환이 연루된 신임사화가 발발한 것은 경종 원년(1721)이었다. 신축년과 임인년 양년에 걸쳐 일어났으므로 '신임사화辛壬士禍'라고 부른다. 경종의 지지를 받은 소론이 세제 대리청정을 요구한 조성복趙聖復과 노론 4대신을 역모자라고 공격하는 상소를 올렸다. 그들은 파직되고 정권은 자연스레 노론에서 소론으로 교체되었으며, 조성복은 그때 제주도에 유배되었다.

그 시점에 남인의 서얼 출신인 목호룡睦虎龍의 고변 사건이 일어났다. 노론들이 세자였던 경종을 시해하기 위해 모의했다는 것이었는데 조성복은 제주도에서 압송되어 처형당했다. 그의 형인 조성집趙聖集은 동생이 정쟁의 피해자라고 호소하다가 제주도에 유배되어 병으로 죽었다. 신임사화는 8개월 동안 국문을 거치며 노론 세력에 엄청난 타격을 안겼다.

역모 관련자들이 잡혀 와 처벌을 당했고 유배된 김창집金昌集, 이이명李頤命, 이건명李健命, 조태채趙泰采 등 노론 4대신도 다시 서울로 압송되어 사사됐다. 국청에서 처단된 사람들 중 법에 따라 사형된 사람이 20여 명, 맞아서 죽은 사람이 30여 명, 그들의 가족이라는 이유로 교살된 자가 13명에 유배를 간 사람이 114명이었다. 이 외에도 스스로 목숨을 끊은 부녀자가 9명, 연좌된 사람은 173명에 달했다.

그러나 끝난 게 아니었다. 목호룡과 이중환을 비롯한 남인들의 비극이 시작된 것은 경종 3년 2월이었다. 목호룡의 고변 사건이 무고로 밝혀졌기 때문이다. 결국 이중환은 심한 고문을 받고 그해 9월 2일 목호룡과 풀려났다. "의금부 죄수 목호룡과 이중환이 대사大赦(사면)로 풀려나 그들의 사건을 끝까지 파헤치지 못했다"는 당시의 상황이 《경종실록》에 실려 있다. 종결된 것으로 여겨졌던 이 사건에 다시 불이 붙기 시작한 것은 경종이 의문사를 당하고, 영조가 보위에 오르게 되면서부터였다. 경종 때 소론에 의해 여러 번 시련을 겪은 영조는 목호룡의 고변 사건을 적극적으로 파헤치기 시작했다.

이중환은 다시 조사를 받게 됐다. 이번에는 이중환이 묏자리를 구하러 가는 목호룡에게 역마를 빌려준 것 그리고 그와 함께 좋은 묏자리를 구하기 위해 오랫동안 같이 유람한 것이 문제가 됐다. 이중환의 처남이었던 목천임睦千任이 이 사건에 연루되어 체포되면서 이중환에게도 위험이 닥쳐 왔지만 그는 자신의 혐의를 모두 부인했다. 다섯 번에 걸쳐 국문을 받은 이중환이 결국 벼슬에서 퇴출당하고 집도 절도 없이 사대부들이 살 곳은 어디인가를 찾아 20여 년을 떠돈 결과물이 명저 《택리지》다.

신임사화의 여파는 크고도 깊었다. 서종하徐宗廈는 신임사화 때 참모 역할을 했다는 죄목으로 대정현 창천리로 유배를 왔다. 이거원李巨源은 노론 측이 세자인 경종을 시해하고자 했던 것이 김일경金一鏡의 지시라는 목호룡의 글을 전달했다는 죄목으로 대정현으로 유배되었다.

임관주가 머물렀던 안덕의 창천리

경종의 급작스러운 서거로 연잉군, 즉 영조가 즉위했다. 그러자 소론들 사이에서 왕이 독살되었다는 유언비어가 돌았고, 이에 동조한 세력들이 난을 일으켰다. 역사에 '이인좌李麟佐의 난'으로 기록된 사건이다. 대원수라고 지칭한 이인좌를 중심으로 청주성을 함락했고 경종을 위한 복수의 깃발을 세웠다. 경종의 위패를 설치한 뒤에 조석으로 곡배하면서 무신의 난을 일으켰지만 결국 실패로 돌아갔다. 이 사건이 영조로 하여금 탕평책을 더욱 강화하게 하는 계기가 되었다.

권상하의 증손 권진응權震應이 탕평책을 반대하는 상소문을 올렸다가 제주도 안덕면 창천리에 유배되어 강필발의 집에 머물며 창주정사滄洲精舍라는 이름을 짓고 제자들을 모아 가르쳤다. 또 영조가 펼친 탕평책으로 등용된 대신들이 무능하다고 비판한 죄로 같은 곳에 유배되었던 사람이 임관주任觀周다.

창천계곡 암벽에 새겨진 임관주의 시를 보자.

처음으로 가시 문을 나서는 날에
베개 밑 시내를 먼저 찾았네
푸른 바위 세 구비 둘러섰네
늦가을 단풍가에는 짧은 폭포가 있네

임관주 유배지

지금의 창천삼거리 부근에 임관주가 제주 유배 생활을 했다는 기록이 남아 있다.
창천삼거리는 서귀포로 가는 중요한 길목이다.

유배객 조정철이 사랑한 제주 여자

제주시 애월읍 금덕리 남쪽에는 홍의녀묘洪義女墓가 있다. 향리 홍처훈洪處勳의 딸 윤애允愛의 무덤인데, 주인공 홍윤애와 조정철趙貞喆의 슬픈 사랑이 서린 곳이다.

영조가 승하하고 왕위에 오른 정조는 "내가 밤잠을 안 자고 독서하다가 새벽닭이 울고 나서야 잠자리에 든 지 몇 날 몇 밤이던가?" 하고 지난날을 수회했다. 끊임없는 암살 위협으로 새벽까지 잠을 안 자고 독서에 힘을 쏟고서 왕위에 오른 정조였지만 그 칼끝은 집요했다. 정조의 이복동생을 왕위로 옹립하기 위해 정조를 시해하려다 발각되어 관련자들이 모두 죽었다.

조정철이 그중 한 사람이다. 조정철은 신임사화 때 사사된 4대신 조태채의 증손이다. 조태채의 증손이라는 것이 참작되어 제주도로 유배를 왔다. 그때가 정조 원년(1777)이었다. 제주도로 귀양 온 조정철은 그를 가엾게 여겨 자주 드나들었던 홍윤애와 사랑에 빠졌다. 그런데 정조 5년(1781) 두 사람에게 위기가 찾아왔다. 조정철 집안과는 조부 때부터 원수지간이었던 소론의 김시구金蓍耈가 제주 목사로 부임해 온 것이다. 두 원수가 외나무다리에서 만난 것이나 다름없었다. 조정철을 없애기 위한 단서를 찾고자 홍윤애를 데려다 문초를 했지만 모든 사실을 부인했고 모진 고문 끝에 죽고 말았다.

"어제 미친바람이 한 고을을 휩쓸더니, 남아 있던 연약한 꽃잎을 산산이 흩날려 버렸네"는 오랜 세월이 지난 뒤 조정철이 그날의 기억을 떠올리며 읊은 시다. '아아! 즐겁기는 새로 아는 사이가 되는 것보다 즐거운 것이 없고, 슬프기는 생이별보다 더 슬픈 것이 없다'는 옛말이 있다. 생이별도 아니고 사랑하는 여자가 자기 자신을 위해 한목숨을 바치고 말았으니 얼마나 가슴이 찢어질 듯 아팠으랴.

어사 박원형朴元衡이 이러한 사실을 밝혀내어 김시구는 파직되었다. 김시구는 다시 제주도에 유배를 와 있는 사람들이 역모를 꾸민다는 허위 보고를 올렸고, 조정철은 새로 부임한 제주 목사로부터 혹독한 고문을 받았다. 하지만 무혐의로 풀려났다. 조정철은 정조 6년 정의현으로 옮겼는데 그가 유배 중에 쓴 시 한 편이 가슴을 아프게 한다.

잠은 어이 더디고 밤은 왜 이리 길고

하늘가 기러기 소리 애간장을 끊네

만사가 이제 텅 비어 백발과 같아

쫓겨난 신하의 눈물 천 리를 가네

조정철은 정조 12년(1788)에 나주로 옮겼다. 순조 5년(1805)에 유배가 풀리기까지 무려 33년의 기나긴 세월을 유배로 보냈던 사람이 조정철이다. 조정철은 무죄로 풀려 충청 감사를 지내다가 순조 11년(1811) 6월에 제주 방어사를 자원했다. 부임 즉시 어렸을 때 헤어진 딸을 만났다. 그리고 그가 사랑했던 연인 홍윤애의 혼을 달래고자 무덤을 찾아 '홍의녀묘'라고 비를 세운 뒤 묘비에 다음과 같은 글을 썼다.

홍의녀는 향리 처훈의 딸이다. 정조 원년에 내가 죄를 지어 탐라에 안치되었다. 의녀가 때때로 나의 적거에 출입하였는데, 정조 5년 간사한 사람이 의녀를 미끼로 하여 나를 얽어 죽이려고 했다. 그런 기미가 없자, 돌연 피와 살이 낭자하게 되었다. 의녀가 말하기를, "공公의 생사는 나의 죽음에 있습니다" 하고는 결국 불복하고 절개를 지켜 죽으니 윤5월 15일이었다. 31년 만에 내가 왕의 은혜를 입고 방어사로 제주에 와서 네모진 묘역을 만들고 인연을 시로 전한다.

옥을 물고 향기 덮은 지 몇 해던가

누가 그대의 원한을 하늘에 호소할 수 있으리

황천길은 멀고도 먼데 누굴 의지해서 돌아갔는가

진한 피 깊이 간직하고 죽고 나도 인연이 이어졌네

영원히 아름다운 이름 형두꽃처럼 빛나리

한집안 두 절개 어진 형 동생이었네

젊은 나이의 두 무덤 이제는 일어나지 못하니

푸른 풀만 무덤 앞에 우거져 있구나

홍의녀 언니 또한 절개가 있어 한 쌍으로 묻혔다. 1940년 제주 농업학교를 세우기 위하여 홍윤애의 무덤을 제주시 삼도 1동에서 유수암리로 옮겼다. 드라마보다도 더 극적인 사랑을 했고, 드라마 같은 삶을 살다 간 사람이 바로 조정철이었다. 제주 여자 홍윤애의 사랑 역시 지극한 순애보가 아닐 수 없다.

의녀 홍윤애의 묘

애월읍 유수암리에 있다.
유배객 조정철의 연인 홍윤애는 제주 목사 김시구에 의해 죽임을 당했다.
훗날 방어사가 되어 제주로 다시 온 조정철이 비를 세웠다.

천주교 박해로 유배 온 사람들

정조 때에 이르러서 천주교가 세를 넓히기 시작했다. 권일신權日身은
천주교의 길로 들어섰다 하여 제주도에 유배되었다. 오래전부터 정약용
과 함께 공부해 온 권신일은 정조 3년(1779) 권철신權哲身이 주도한 천
진암의 강학회에 참여했다. 그 자리에 나온 사람들은 권철신의 동생인 권
일신, 이승훈李承薰, 정약전, 정약종 등 대부분이 남인 계열의 학자들이
었다. 정약용의《여유당전서與猶堂全書》에는 "기해년 천진암 주어사에
서 눈 오는 밤중에 경전을 담론했다"라는 기록이 있다.

권일신은 정조 6년에 이벽李蘗의 권유로 천주교에 입교하여 이승훈에
게 최초로 세례를 받았다. 정조 9년 이른 봄, 이벽의 주재로 명례방(현 명동
성당 자리)에 있던 역관 김범우金範禹의 집에 수십 명이 모여 설법 집회를
열었다. 그런데 그때 형조에서 현장을 덮쳤다. 정약용과 그 형들인 정약전
과 정약종, 그리고 이승훈과 권일신 등 초기 천주교의 핵심 인물들이 붙잡
혔는데 이를 '을사추조적발乙巳秋曹摘發 사건'이라 부른다.

이 사건으로 김범우는 매를 지독하게 맞고 밀양으로 귀양을 가서 죽음
을 맞았다. 이로써 그는 한국 천주교사상 최초의 순교자가 됐다. 형조에
서 이벽, 이승훈, 권일신, 정약용 등 명문가 출신들에 대해서는 관대한 처
분이 내려졌다.

권일신은 진산(현 금산군 진산면)의 윤지충, 권상현 등이 제사를 지내지
않은 일로 참형된 신유박해(1791) 때 이승훈과 함께 서학서를 간행하다
가 구속되어 제주도에 유배되었다. 한 형관이 어머니가 고령인 점을 들어

권일신을 회유하자 그는 개심서改心書를 지어 왕의 명을 따르겠다며 배교했다. 관리들은 권일신을 예산으로 옮겨서 천주교인들의 배교를 이끌 계획을 세웠으나 곤장을 맞은 것이 덧나 가는 도중에 죽고 말았다.

권일신의 뒤를 황사영의 아내 정난주가 제주로 유배를 왔다. 황사영의 어머니는 거제도, 아들은 추자도 그리고 정난주는 제주도 대정에 유배되었다. 정난주는 37년간 대정에서 관노로 있다가 사망했다. 제주 사람들은 정난주를 '서울 할망'이라 불렀다.

추사 김정희의 적거지 대정

뛰어난 금석학자이자 실사구시의 경학자 추사 김정희는 헌종 6년 (1840) 윤상도尹尙度 옥사에 연루되어 제주도로 유배되었다. 사촌 동생 명희에게 보내는 편지에는 육지에서 바다를 건너 제주도로 가는 추사의 유배 여정이 잘 드러나 있다. 〈아우 명희에게 주다與舍仲命喜〉를 보자.

내가 떠난 그날은 행장을 챙겨서 배에 오르니 해는 이미 떠올랐네. 본래 그 배가 다니는 데는 북풍으로 들어갔다가 남풍으로 나오곤 하다가 동풍 역시 들 고나고 하는 데에 모두 이롭다고 하더군. 이번에는 동풍으로 들어가는데 갈수록 풍세風勢가 잇달아 순조로워서 정오 사이에 바다의 거의 삼 분의 일이나 건너가 버렸네.

오후에는 풍세가 꽤나 사납고 날카로워져서 파도가 일렁거리고 배가 따라

서 오르내리니 금오랑金吾郎으로부터 우리 일행에 이르기까지 그 배에 탄 초
행인初行人들 모두가 현기증이 일어나 얼굴빛이 변하지 않는 사람이 없었네.
그러나 나는 다행히 현기증이 나지 않아서 종일 뱃머리에 있으면서 혼자서 밥
을 먹고 키잡이나 뱃사공들과 더불어 고락을 함께하여 바람을 타고 파도를 헤
쳐 가려는 뜻이 있었다네. 이 죄 많은 사람을 돌아보건대 어찌 감히 스스로 존
재할 수 있겠는가. 실상은 왕의 신령스러운 힘이 멀리 미친 것이며 저 푸른 하
늘 또한 나를 가련히 여기시어 도와주신 것인 듯하였네. 석양이 질 무렵에 곧
장 제주성의 화북진 아래에 도착하니 이곳이 곧 배를 내리는 곳이었네.

제주도 사람들이 모두 말하기를 "북쪽의 배가 날아서 건너왔도다. 해 뜰 무
렵에 배가 떠나서 석양에 도착한 것은 61일 동안에 보지 못한 일이었다" 하더
군. 또한 오늘의 풍세로 배를 이처럼 부릴 수 있었다는 것 역시 생각지도 못한
일이라고 하네. 나 역시 스스로 이상스럽게 생각하는데 알지 못하는 속에서 또
하나의 험난함과 평탄함을 경험한 것이 아니겠는가.

배가 정박한 곳으로부터 주성까지는 10리였는데, 그대로 화북진 밑의 민가
에서 머물러 자고 다음 날 아침 성으로 들어갔네. 아전 고한익高漢益의 집에
주인 삼아 있었는데, 이 아전은 곧 앞에 나와서 기다리던 이방이었다네. 배에
서부터 같이 고생하며 왔던 사람이지. 그는 매우 좋은 사람인 데다 마음이 지
극히 아름답고 또한 마음을 다하여 정성을 보내는 뜻이 있으니 이 또한 곤궁한
처지로서 감동할 일일세.

대정은 제주성에서 서쪽으로 80리 떨어져 있는데, 그 이튿날은 큰바람이 불
어서 앞으로 날아갈 수 없었다네. 또 그다음 날은 곧 초하루인데 바람이 그친
까닭으로 마침내 금오랑과 더불어 길을 나섰네. 그 길의 절반은 모두 돌길이라

서 사람과 말이 비록 발을 붙이기 어려웠지만, 절반쯤 지나자 조금 평평해지더군. 또 밀림의 그늘 속을 지나는데 겨우 한 가닥 햇빛이 통할 뿐이었네. 하지만 모두 아름다운 수목들로서 겨울에도 푸르러서 시들지 않았으며 간혹 단풍 든 수풀이 있어도 새빨간 빛이라서 육지의 단풍잎들과는 달랐네. 매우 사랑스러워 구경할 만하였으나 정해진 일정으로 황급히 길을 갔으니 하물며 어떻게 흥취를 돋을 수가 있었겠는가.

　대체로 고을마다 성城의 크기는 고작 말〔斗〕만 한 정도였네. 정 군이 먼저 가서 군교인 송계순의 집을 얻어 그 집에 머물게 되었네. 이 집은 과연 읍 밑에서 약간 나은 집인데다가 또한 꽤나 정밀하게 닦아 놓았네. 온돌방은 한 칸인데 남쪽으로 하얀 툇마루가 있고, 동쪽으로는 작은 정주鼎廚가 있으며 정주의 북쪽에는 또 두 칸의 정주가 있고, 또 고사庫舍 한 칸이 있네. 이것은 외사外舍이고 또 내사內舍가 이와 같이 있지. 내사는 주인에게 예전대로 들어가 거처하도록 하였네. 다만 이미 외사는 절반으로 갈라서 한계를 나누어 놓아 손님을 용접容接하기에 충분하고, 작은 정주를 장차 온돌방으로 개조한다면 손님이나 하인 무리가 또 거기에 들어가 거처할 수 있을 것인데, 이 일을 변동하기가 어렵지 않다고 하였네. 그리고 가시울타리를 치는 일은 이 가옥 터의 모양에 따라서 하였네. 마당과 뜨락 사이에 또한 걸어 다니고 밥 먹고 할 수가 있으니 거처하는 곳은 내 분수에 지나치다 하겠네. 주인 또한 매우 순박하고 근신하여 참 좋네. 조금도 괴로워하는 기색이 없는지라 매우 감탄하는 바일세. 이 밖의 잡다한 일들이야 설령 불편한 점이 있다 하더라도 어찌 그것을 감내할 방도가 없겠는가.

　추사는 다시 강도순의 집으로 거처를 옮겼고 나머지 유배 생활을 대체로 그 집에서 보냈다. 그가 제주도에 유배 간 지 3년째 되는 헌종 8년(1842) 11월 13일, 그의 아내 예안 이씨가 세상을 떠났다는 부음을 받는다. 그때 추사의 마음은 어떠했을까? 몸은 비록 떨어져 있지만 자나 깨나 남편을 위해 찬물饌物을 보내던 아내에게 그는 편지를 보내곤 했다. 헌종 7년 7월에 보낸 〈아내에게 보내는 한글 편지〉를 보자.

　　이번에 보내 온 찬물은 숫자대로 받았습니다. 민어는 약간 머리가 상한 곳이 있으나, 못 먹게 되지는 아니하여 병든 입에 조금 개위開胃가 되었습니다. 어란魚卵도 성하게 와서 쾌히 입맛이 붙으오니 다행입니다.
　　좋은 곶감을 거기서는 얻기 어렵지 않을 듯하오니 배편에 4~5접 얻어 보내주십시오.

　이렇게 수도 없이 보냈던 편지를 이제 다시 아내에게 보낼 수 없게 된 것이다. 그는 하늘이 무너지고, 땅이 꺼지는 절망과 슬픔 속에서 애도 시 〈도망悼亡〉과 가슴에 사무치는 제문을 지어 보냈다. 〈도망〉을 보자.

　　월하노인 통해 저승에 하소연하여
　　내세에는 우리 부부 바꾸어 태어나리
　　나는 죽고 그대만이 천 리 밖에 살아남아
　　그대에게 이 슬픔을 알게 하리

추사는 아내의 부음 소식을 듣고도 머나먼 타향 유배지에서 갈 수도 없을 뿐만 아니라 살면서도 잘해 주지 못한 일들이 떠오르자 위와 같은 시를 지었다. 그 내용은 중매의 신인 월하노인에게 하소연해 다시금 죽은 그의 아내와 부부의 연을 맺게 해 달라는 것이었다. 그는 만년에 그 자신을 다음과 같이 노래했다고 한다.

> 지내 온 삼십 년을 곰곰이 생각하니
> 헤어져 움츠리고 지내지 않은 적이 있었던가
> 그대처럼 오래 산 사람은 늘 건강하리라지만
> 이제야 비로소 내 가련함을 알겠구나

추사의 문인 민규호閔奎鎬는 제주도를 두 번이나 방문했다. 그가 쓴 〈완당김공소전阮堂金公小傳〉을 보면 유배지에서 추사의 모습을 그려 볼 수 있다.

귀양을 사는 집에 머무르니 원근에서 글을 배우려고 책을 짊어지고 오는 사람들이 많았다. 겨우 몇 달 동안에 인문이 크게 열리어 찬란하게 아름다움은 서울풍이 있게 되었다. 곧 탐라의 황폐한 풍속을 깨우친 것은 공으로부터 비롯된 것이다.

지나가는 사람도 볼 수 없는 가시울타리 안에 갇힌 유배지의 고독과 절망 속에서 추사는 우리가 오늘날 '추사체'라고 부르는 독특한 경지의 글씨를 만들었다. 조선 후기 사상가 박규수朴珪壽는 "추사의 글씨는 여러 차례 변화했는데, 제주도 유배 시절에 완성되었다. 추사의 글씨는 본래 고대 중국의 비문과 옹방강의 글씨를 닮아 지나치게 기름졌으나 유배 후에는 특정 서체에 구속되는 것이 없이 스스로 일가를 이루었다"고 평했다.

추사의 제주 귀양살이에서 제자 이상적李尙迪과의 이야기는 유명하다. 이상적의 시 한 편을 보자.

집 나오면 즐겁고
집에 들면 시름이라
미친 노래 곤드레로
사십 년을 보내었네

역관(통역관)이었던 이상적은 스승의 유배 생활을 안타깝게 여겨 중국 연경에 가면 아무리 값비싼 것(책이나 벼루, 먹)이라도 사서 제주로 보냈다. 추사는 이상적의 변함없는 의리를 소나무와 잣나무의 지조에 비유하여 〈세한도歲寒圖〉를 그려 보냈다. "날이 차가워진 뒤에야 소나무의 푸르름을 안다"는 그림 속 고사처럼 이상적은 추사의 힘든 세월을 위로해준 사람이었다.

불교 교리에도 밝았던 추사는 초의草衣 선사와 오랫동안 교류를 맺었다. 특히 초의는 조선 후기 다도를 정립한 장본인이다. 추사와 초의 선사의 차의 얽힌 이야기도 유명하다.

유배지에서 초의 선사에게 보낸 편지 한 편을 보자.

초의의 서신 한 장만 얻어 보아도 다행스러운 일인데, 어찌 층층 바다를 넘어 멀리 오기를 바라겠소. 비록 대승大乘 법문으로서 자처하고 있지만 범안凡眼으로 본다면 어찌 대승이 장벽墻壁이나 와력瓦礫에 얽힌 바가 되어 동서로 분주하여 버려 던질 수 있는 일이 있으리오. 여러 말 필요찮고 빨리 나와 같은 범부에게 와서 한번 금강을 맞아야만 비로소 정진하여 한 과果를 얻을 게요. 이 몸은 돌이요, 나무일 따름이로세. 다포茶包는 과시 훌륭한 제품이오. 능히 다의 삼매를 통달한 것 같소, 글씨란 본시 날과 달을 다해도 마치기 어려운 것인데 어떻게 쉽사리 성취하기를 맨손으로 용 잡듯이 할 수가 있겠는가. 어느 때를 막론하고 사(초의선사)가 모름지기 들어와 자수自手로 가져가야만 되오. 불선.

추사는 초의 선사에게 차의 삼매를 통한 것 같다고 칭찬하면서 그 자신의 글씨가 아직도 성취되지 않았음을 한탄했고, 초의를 그리는 마음에 어서 한 번 오기를 갈망하는 편지를 보냈던 것이다. 초의는 제주에 있으나 서울에 있으나 만나기 힘든 사람이었다. 제주에서 해배되어 서울 강상에 머물던 추사는 초의에게 다음과 같은 편지를 보낸다.

편지를 보냈지만 한 번도 답은 받지 못하니 아마도 산중에는 반드시 바쁜 일이 없을 줄 상상되는데, 혹시나 세체世諦와는 어울리고 싶지 않아서 나처럼 간절한 처지인데도 먼저 금강을 내려 주는 건가.
다만 생각하면 늙어 머리가 하얀 연령에 갑자기 이와 같이 하니 우스운 일이요, 달갑게 둘로 갈라진 사람이 되겠다는 건가. 이것이 과연 선에 맞는 일이란 말인가.

추사 적거지 전경

추사 적거지 앞에 추사기념관과 기념비가 서 있다.
추사가 제주에 머물며 그린 그림과 서예품이 전시되어 있다.

추사 적거지 유허비

추사가 제주에 유배되어 외롭고 쓸쓸한 생활을 했던 추사 적거지 앞에
유허비가 세워져 있다.

나는 사를 보고 싶지도 않고 또한 사의 편지도 보고 싶지 않으나 다만 차
〔茶〕의 인연만은 끊어 버리지도 못하고 쉽사리 부수어 버리지도 못하여 또 차
를 재촉하니, 편지도 보낼 필요 없고 다만 두 해의 쌓인 빚을 한꺼번에 챙겨 보
내되 다시 지체하거나 빗나감이 없도록 하는 게 좋을 게요. 그렇지 않으면 마
조馬祖의 갈喝과 덕산德山의 봉棒을 받을 것이니, 이 한 갈과 이 한 봉은 아무
리 백 천의 겁劫이라도 피할 길이 없을 거외다. 모두 뒤로 미루고 불식不食.

답장도 필요 없으니 차나 빨리 보내라는 추사 김정희의 편지를 보면 앙
탈을 부리는 열대여섯 살 소년을 보는 것 같다. 추사의 편지를 보면 고독
과 쓸쓸함으로 절어 있는, 위대하지만 가냘프기만 한 인간의 진면목을 보
는 것 같아 가슴이 아프기 이를 데 없다.

조선 후기 해이해진 기강을 틈타 정부의 공금을 횡령한 사건이 발생했
다. 의주 부윤 심이택沈履澤은 정부의 쌀로 고리대금을 하여 착복한 사
실이 암행어사 이응하李應夏에게 적발되었다. 그는 종로에서 공개적으
로 곤장을 맞고, 제주도에 유배되었는데 그때가 철종 16년(1865)이었다.
또 한 사람 특이한 이력으로 제주도에 유배를 왔던 사람이 이필제李弼濟
와 함께 예언서《정감록鄭鑑錄》에 의거한 민란을 주도했던 정만식鄭晩
植이었다.

고종 10년(1873) 대원군의 폭정을 비판한 계유상소를 올려 대원군을
하야시킨 최익현崔益鉉은 부자지간을 이간시켰다는 이유로 제주도에 유
배되어 1년 3개월간 있었다. 지금의 제주시 칠성동 윤규환의 집을 적소로
정한 그는 제주향교에 있던《우암집寓庵集》을 빌려다 읽으며 유배 시절을

보냈다고 한다. 유배가 풀린 고종 12년 3월 27일 청장년 10여 명과 하수인 5~6명을 데리고 한라산을 오른 뒤〈유한라산기游漢挐山記〉를 남겼다.

　고종 10년 계유년 겨울에 나는 조정에 죄를 지어 탐라로 귀양 갔다. (⋯) 을 해년(1875) 봄에 나는 나라의 특별한 은전恩典을 입어 귀양살이에서 풀려나 한라산을 찾을 계획을 하고 사인士人 이기온李基溫에게 앞장서 길을 인도해 줄 것을 부탁하였다. 동행자 10여 명에 종 5~6인이 따랐으며 출발 시기는 3월 27일이었다. (⋯)

　얼마 후 짙은 안개가 몰려오더니 서쪽에서 동쪽으로 산등성이를 휘감았다. 나는 괴이하게 여겼지만, 이곳까지 와서 한라산의 진면목을 보지 못한다면 이는 바로 9인仞의 산을 쌓는 데 마지막 한 삼태기의 흙을 얹지 못하고 그만두는 꼴이므로 섬사람들의 웃음거리가 되지 않을까 하는 생각이 들었다. 마음을 굳게 먹고 곧장 수백 보를 전진해 가서 북쪽 가의 오목한 곳에 당도하여 상봉을 바라보았다. 여기에 이르러 갑자기 중간에 움푹 팬 구덩이를 이루었는데 이른바 백록담이었다. 주위가 1리里를 넘고 수면이 담담한데 그 반은 물이고 반은 얼음이었다. (⋯)

　북쪽으로 1리 지점에 혈망봉穴望峯과 옛사람들이 새긴 글이 있다고 하는데 해가 기울어서 가 보지 못하고 산허리에서 옆으로 걸어 동쪽으로 석벽을 넘는데 벼랑에 개미처럼 붙어서 5리쯤 내려갔다. 그리고 산의 남쪽으로부터 서쪽을 향해 돌아들다가 안개 속에서 우러러보니 백록담을 에워싸고 있는 석벽이 마치 대나무를 쪼개 깎아 세운 듯 하늘에 치솟고 있었다. 기기괴괴하고 형형색색한 것이 다 석가여래가 가사와 장삼을 입은 형용이었다. (⋯)

이 섬은 협소한 외딴섬이지만 대해大海의 지주砥柱요, 우리나라 삼천리 수구水口의 한문捍門(지키는 문)이므로 외적들이 감히 엿보지를 못한다. 그리고 산진해착山珍海錯(산과 바다에서 나는 진귀한 음식) 중에 왕에게 올리는 음식에 맞는 것이 많으며, 공경대부와 필부 서인에 이르기까지 일용에 소요되는 물건들이 많이 난다. 경내 6~7만 호가 경작하고 채굴하는 터전이 여기에서 취해 자급자족이 되니 그 이택利澤과 공리功利가 백성과 나라에 미치는 것이 금강산이나 지리산처럼 사람에게 관광이나 제공하는 산들과 함께 놓고서 말할 수 있겠는가? 그뿐만 아니라 이 산은 궁벽하게 바다 가운데 있어서 청고淸高하고 기온이 많이 차서 견고하고 근골이 강한 자가 아니면 결코 올라갈 수가 없다. 그리하여 산에 올라간 사람이 수백 년 동안에 관장官長 몇 사람에 불과했을 뿐이어서 옛날 현인들의 거필巨筆로는 한 번도 그 진면목이 발휘된 적이 없다. 그런 까닭에 세상의 호사자들이 신산神山이라는 허무하고 황당한 말로 어지럽힐 뿐이고 다른 면은 조금도 소개되지 않았으니 이것이 어찌 이 산이 지니고 있는 본연의 모습이겠는가. 우선 글을 써서 가서 구경하고 싶은데도 못 가는 자에게 알려 주는 것이다.

그가 한라산을 유람할 때 길 안내를 맡았던 이기온은 광해군 때 제주로 유배를 왔던 이익의 후손이다. 최익현과 이기온의 만남을 기리는 문연사文淵社가 남아 있다. 제주시 오라동 2951번지에 있는 문연사는 1931년에 만들어졌는데, 매년 정월 중순에 제사를 지내고 있다. 최익현과 가깝게 지낸 김평묵金平黙도 이곳 제주로 유배를 왔는데 그때가 고종 18년(1881)이었다.

440

말도 많고 탈도 많았던 유배

한말을 대표하는 지식인 김윤식金允植은 아관파천에 의해 친러 내각
이 성립된 뒤 명성황후 시해의 음모를 사전에 알고서도 방관했다는 죄목
으로 1897년 종신 유배형을 받아 제주도에 왔다. 김윤식은 적소인 제주
에서 시회 귤원橘園을 결성하여 시작 활동을 했다. 육지에서 건너온 사
람 5명과 제주도 주민 10여 명으로 결성된 이 모임을 통해 제주도 문화가
한층 더 발전하는 계기가 되었다.

김윤식의 제주도 일기《속음청사》는 그의 제주도 생활뿐만 아니라 당
시 국내외 정세까지 자세하게 기록되어 있다. 김윤식이 제주도 적소 김응
빈의 집을 둘러본 소감을 보자.

여러 채로 된 집은 넓고 높아 시원하며 화려하고 좋아 책상 탁자도 깨끗했
다. 그뿐만 아니라 꽃과 나무가 있는 뜰도 있어 산책을 즐길 수 있었고, 주인은
각별히 잘 대접해 주었으며 음식도 풍부하고 정갈하여 입에 맞았다. 모두 다
번화한 서울의 재미와 다를 바가 없어 유배인이라는 신분을 돌아볼 때 더욱 분
에 넘치는 것 같다.

김윤식이 제주도에 있을 무렵 방성칠 난과 이재수 난이 일어났다. 그는
그 과정을 낱낱이《속음청사》에 남겼다. 김윤식은 이재수 난의 주동자들이
서울로 압송되기 8일 전에 법부의 이배 명령을 받고 5월 25일 제주를 떠
났다. 당시의 상황을 다음과 같이 기록했다.

동풍이 크게 불고 늦게 비가 왔다. 새벽에 산저포로 나갔다. 어제는 찰리사 황기연, 제주 군수 홍회, 정위 홍순명, 부위 김규천, 참위 김존성과 고별했다. (…) 뱃머리에 친하게 알고 지내는 사람들이 너무 많아 알아볼 수 없을 정도였으나 와서 이별을 나누지 못했다. (…) 5년 동안 풍상을 겪은 땅, 산천과 인물이 다 낯이 익고 친숙해졌는데, 이제 떠나니 어찌 고향 떠나는 것과 같지 않겠는가. 같은 배에 탄 사람은 나와 청지기 조운성, 위도 적객 정병조, 임자도 적객 김사찬, 법부 주사 남길희와 법부 사령, 순검 김인택 등 세 사람, 청사 세 사람까지 모두 12명이며 일본 순사 후루야도 탔다. 진도 적객 장윤선의 배는 먼저 떠났고, 추자도 적객 한선회, 신지도 적객 이용호, 이범주의 배는 뒤에 출선하리라 한다. 여도 적객 서주보, 녹도 적객 김경하, 사도 적객 이태황은 행장이 준비되지 않아 같이 출발하지 못했다.

김윤식의 생은 여러 차례의 변천을 겪었다. 3·1운동이 일어난 뒤 스스로 독립 청원서를 내어 징역 2년에 집행유예 3년을 선고받아 일본으로부터 받은 작위를 박탈당했고, 그의 나이 85세에 세상을 떴다. 그의 제자였던 나인영羅寅永은 을사오적乙巳五賊들을 암살하려다가 실패하고 훗날 나철羅喆로 이름을 바꿔서 대종교를 창시하여 포교에 힘썼다. 그러나 1916년에 구월산의 삼성사로 들어갔다. 그는 그곳에서 "한배님의 큰 도를 빛내지 못하고 능히 한겨레의 망하는 것을 막지 못함에 한 올의 목숨을 끊어 겨레와 대종교를 위해 죽겠노라"라는 유서를 남기고 자결했다. 그의 나이 55세였다.

조선의 끝 무렵 마지막으로 제주도로 유배를 왔던 사람이 김옥균과 함

께 갑신정변을 주도했던 박영효朴泳孝였다. 1907년 일본에서 귀국한 박
영효는 곧바로 이완용 내각의 궁내 대신이 되었다. 그러나 대신을 암살하
려 했다는 음모로 체포되어 제주도에 유배를 왔던 것이다. 그는 이곳에서
제주도 최초의 신부인 라쿠르가 근대 여성 학교인 신성여학교晨星女學
校를 개교하는 데 도움을 주었다.

제주도에 유배를 왔던 사람들이 다 고난의 세월을 보냈던 것은 아니었
다. 중죄인이 아닌 다음에야 제주도 유배 생활도 그리 어렵지는 않았다.
다시 현기영의 《변방에 우짖는 새》를 보자.

그러나 집 둘레에 가시울타리를 두르고 문밖출입마저 막아버리는 천극栫棘
유배 죄인이 아닌 바에야 제주섬 귀양살이가 그리 불편한 것이 아니었다. (…)
이 섬에는 여러 대 대물림하여 내려온 장자집이 삼읍三邑을 통틀어 스무남은
집은 될 터인데 이 굵은 똥깨나 싼다는 토호들이 사뭇 앞다투어가며 적객을 제
집으로 모셔가려고 기를 쓰는 것이다. 불우한 처지의 적객을 돕고 사귀어두었
다가, 훗날 특사받아 귀양 풀려 관직이 회복되면 그걸 연줄 삼아 원 자리 하나
엽관해보려는 속셈이었다. (…)

물 건너온 서울 양반은 섬에 들어도 물 건너온 흰쌀밥에 비린 반찬을 먹었
다. 주인이 나주 영산 흰쌀밥을 삼시 거르지 않고 공궤했으니, 그가 섬사람들
이 상식하는 조밥을 구경인들 했을 리 없다. 밑반찬이 입에 맞지 않아, 서울 집
에 알려서 공행으로 일년 두번 다니는 세초선에 명란젓이나 굴비 같은 것을 부
쳐다 먹기도 했다. 또 적객 주변에는 언제나 주육을 싸들고 오는 도포짜리 문
객門客이 그치지 않는 법이니 적적하거나 무료할 리도 없었다.

산지천

산저포가 있던 산지천이다.
지금은 제주항으로 탈바꿈하면서 무역항으로 시설 현대화가 이뤄지고 있지만,
1960년대 이전까지만 하여도 하류 해안가에 산저포가 있어 각종 선박이 입출항하는
제주의 주요 관문이었다.

산지천 조형물

번성했던 옛 산저포를 연상시키는 조형물이다.
자연스럽게 제주 상권의 중심지로 자리매김하게 된 산지천은 시민들의 쉼터가 되면서
제주도 내 최대의 재래시장인 동문시장에도 활기를 불어넣고 있다.

조선 후기에 이르면 과거 시험에서 부정이 탄로가 나서 제주로 유배된 사람들이 유독 많았다. 숙종 29년(1703)에는 관련자 11명 전원이 유배형을 받았고, 그중 송성과 이성휘, 이수철이 정의현으로 유배를 왔다. 그 뒤로도 출신지를 제주라고 속여 합격했던 사람들이 줄지어 제주도로 유배를 왔다. 말도 많고 탈도 많았던 '유배'는 한 많고 설움 많은 제주도의 역사를 쓸쓸하게 만들었던 진풍경 중의 하나였지만 제주 문화를 살찌운 이들도 적지 않았다.

9

제주에 남은 역사의 자취들

섬에 남겨진 것들

이지함의 자취가 서린 제주도

제주에는 《토정비결土亭祕訣》을 지은 것으로 알려진 토정土亭 이지함李之菡의 자취도 남아 있다. 이이李珥의 《석담일기石潭日記》에 실린 이지함에 대한 인물평이다.

아산 현감 이지함이 죽었다. 어려서부터 욕심이 적어서 외물外物에 인색하지 않았다. 기질을 이상하게 타고나서 능히 춥고 더운 것은 물론 배고픈 것도 견딜 수 있었다. 어떤 때는 알몸으로 거센 바람에 앉았고 혹은 열흘을 곡기를 끊고도 병이 나지 않았다. 천성이 효성스럽고 우애가 두터워서 형제간에 있거나 없거나 자기 소유를 따지 않았다. 재물을 가볍게 여겨서 남에게 주기를 잘했다. 세상의 분화芬華와 성색聲色은 담담하여 좋아하는 바가 아니었다. 성질이 배 타기를 좋아하여 바다에 떠서 위태로운 파도를 만나도 놀라지 않았다. 하루는 표연히 제주에 들어갔는데 제주 목사가 그 이름을 듣고 객관으로 맞아들이고 예쁜 기생을 뽑아 같이 자게 하였다. 목사가 창고에 가득한 곡식을 가리키며 기생에게 말하기를 "네가 이 군에게 사랑을 받으면 상으로 곳간 곡식을 다 주겠노라" 하였다. 기생이 이지함의 됨됨이를 이상하게 여기고 갖은 유혹을 다하였지만 이지함이 끝내 그 꾀에 넘어가지 않았다. 이에 목사가 더욱 존경하였다.

출륙금지령이 있던 제주도

조선 500년 내내 제주도민은 육지로 나가 살 수 없었다. 그 법이 출륙금지령出陸禁止令이었다. 관리들의 수탈과 왜구의 노략질 그리고 해마다 닥치는 기근 때문에 제주도 사람들은 기회가 닿고 틈만 생기면 뭍으로 도망치려 했고 관리들은 막기에 급급했다.

김상헌의 《남사록》에 실린 글을 보면 그 당시의 상황이 절절하게 그려져 있다.

주민들이 서울에 가서 조금이라도 괴로운 사정을 위에 알리고자 원한다. 그러나 수령들은 자신의 악행이 알려질까 봐 진상하러 가는 자 말고는 아무도 섬을 떠나지 못하게 하였다. (…) 대개 육지 사람들은 아무리 바닷가에 살아도 자기의 이익을 도모하는 일이 아니면 제주에 가는 것을 죽는 땅에 가는 것으로 생각하여 모두 피하려 한다. 그런데 제주 사람들은 아무 일 없이 오고가더라도 육지로 나가는 것을 천당天堂이라 여긴다. 이는 내가 왕래할 때 몸소 느꼈던 바이다. 이렇게 볼 때 그 섬 안의 실상이 얼마나 곤궁하고 고통스러운지 상상할 만하다. 관아의 아전들이 곤궁한 백성을 못살게 하는 일이 언제쯤 없어질런지.

당시 제주도 사람들이 얼마나 육지를 오매불망 그리워했는지를 짐작할 수 있는 글이다. 제주도에서 빠져나간 사람들은 경상도와 전라도 해안 지방을 떠돌면서 바닷일을 하며 근근이 살았다. 그런데 그 수효가 해마다 점차 늘어나 몇천 명에 이르게 되자 조정에서도 이들 문제가 관심사로 떠올랐다. 제주에서 나온 사람들의 무리를 두모악, 도독야지, 두무악 등으로 불렀는데 대개 한라산의 다른 이름과 같았고 그들을 달래는 데 급급했다.

성종 2년(1471)에는 왕이 경상도 관찰사에게 "이들을 내쫓으면 놀라 바다로 나가서 해적이 될지도 모르니 잘 달래어서 살게 하고, 그들이 드나드는 것을 엄중히 하라"라고 유시를 내렸다. 또 그들을 그 지방에서 정착해 살게 하면서 그 지방에서만 나는 해산물을 조정에 바치는 역할을 맡기기도 했고, 떠돌아다니도록 자유를 주기도 했다.

그런데도 제주를 빠져나가는 사람들은 자꾸 늘어나기만 했다. 그러자 조정에서는 새로 도망쳐 나오는 자들을 붙잡아 무거운 벌을 주었다. 조천포와 화북포를 제외한 모든 항구를 폐쇄하여 불법으로 나가고 들어오는 것을 엄중히 막았다. 하지만 잦은 흉년과 왜구들의 노략질에 시달린 제주 사람들은 죽기를 두려워하지 않고 나가서 유민으로 떠돌았다. 제주 유민들은 전라도·경상도 해안과 심지어 중국의 해랑도海浪島 지역까지 떠돌았다.

결국 인조 7년(1629) 8월 13일 제주도민이 육지로 나가는 것을 금지하는 출륙금지령을 내려졌다. 특히 제주도 여자가 육지로 시집가는 것을 철저히 막았다. 도망친 노비들도 많았는데, 《현종실록》에 의하면 그 수가 만 명을 넘었다고 한다. 조정의 입장에서 출륙금지령은 효과적인 유민 정책이었다. 하지만 제주도민들은 육지와 더욱 단절될 수밖에 없었고, 중앙의 수탈은 날이 갈수록 더해져 양제해梁濟海의 모반(1813)과 같은 형태로 나타났다.

고려시대에 쌍돛을 다는 대중선을 진상했을 정도로 뛰어난 조선 기술을 지녔던 제주도 사람들에게 돛배를 만들어 부리는 것을 금하는 법이 만들어졌다. 사람들이 돛배를 타고 고기를 낚는다는 핑계로 먼 바다로 나갔다가 육지로 도망치는 것을 방지하기 위해서였다. 배가 육지로 나갈 수 있는 포구는 조천포와 화북포뿐이었는데, 그마저 배가 나갈 때는 진을 지키는 담당자들이 출선기와 대조하면서 몰래 출륙하는 자들을 가렸다. 그런 연유로 육지로 나가는 것은 낙타가 바늘구멍을 통과하는 것만큼이나 어려운 일이었다. 그 결과 탐라국시대부터 해상을 왕래하며 무역하던 배를 만들던 조선 기술과 배를 다루던 항해 기술은 단절되었다. 하지만 제주도 고유 언어와 전통이 보존되는 결과도 낳았다.

출륙금지령이 풀린 것은 철종 원년(1850) 무렵이었다. 섬사람들이 서울로 상경하여 고을 수령들의 탐학을 고변하는 사례가 빈번했고, 새로운 문물이 쉴 새 없이 밀려들기 시작했다. 반면 제주도로 들어오고자 했던 사람들도 더러 있었다. 조선시대의 형법서인 《추관지秋官志》를 보자.

대구에 사는 이순천李順天은 거짓 제주인이라고 일컫고, 이름 글자를 변경하여 호송하여 주기를 신청했다. 그리하여 속여서 호송 공문을 받아 내어 그것을 빙자하여 음식을 토색해 먹었다.

그가 제주 사람도 아니면서 제주 사람이라고 가칭했던 것은 역役을 피해서 고향을 등지고자 했던 것이었는지도 모른다.

《대전통편大典通編》에 역이나 성명을 실지대로 하지 않는 자는 장杖 100대, 도徒 3년에 처한다 했다. 이순천도 이 법에 따라 정배했다 하니 당시 민중들의 삶이 얼마나 피폐했는지를 보여 주는 사례다.

출륙금지령 이후에 발효된 풍선조선금지령

제주도 사람들에게 출륙금지령을 내리면서 함께 시행했던 것이 풍선 조선금지령風船造船禁止令이었다. 제주도에서 육지로 나갈 때 사용하던 풍선은 화살처럼 빠른 배다. 풍선은 선체 위에 세운 돛에 바람을 받게 해서 진행하는 배로 울릉도 개척 시기에 이주민들이 타고 온 나선(전라도 어선)에서 유래한 것으로 보고 있다.

고종 19년(1882) 울릉도 검찰사 이규원의 《울릉도검찰일기鬱陵島檢察日記》를 보면 전라도와 강원도 사람들이 울릉도에 도항해서 채곽과 채어를 하여 조선이 끝나면 배에 싣고 귀향한다는 기록이 있다. 또한 정조 11년(1787) 울릉도를 탐사한 라페주르 탐험대의 《세계탐험기》에는 선박 건조를 하고 있는 사람들을 보았다는 기록도 있다. 여러 기록으로 미루어 울릉도 개척 시기 이전부터 나라 곳곳에서 배가 만들어지고 있었음을 알 수 있다.

풍선의 길이는 대개 20~30미터가량 되며, 풍 돛은 1~3개 정도 달았다. 단순한 돛을 가진 작은 범선은 돛단배 또는 돛배라고 했다. 돛과 기관을 함께 갖춘 선박을 기범선機帆船이라고 했다. 풍선을 타고 항해할 때 그 위치를 파악하기 위해 밤에는 별의 방향을, 낮에는 바람의 방향을 이용했다.

제주도에 풍선조선금지령이 내려지면서 고려시대부터 조선시대에 이르기까지 이용되던 '덕판배'라는 풍선을 못 만들게 하여 그때 등장한 배가 '테우'라고 한다. 풍선을 못 만들게 하면서 테우라는 느린 배로 인근만 오가게 했던 세월이 200여 년이었다. 중국의 당나라나 송나라가 왕조를 누리던 시간과 거의 같은 오랜 세월이었고, 다시 만들기 시작하여 전라도 일대에서 만들어진 풍선이 울릉도로 가게 되었다.

지금도 전라남도 해남군 북평면 이진항의 이진마을에 가면 오랜 세월 전에 제주도에서 조정에 상납하던 제주말의 흔적이 고스란히 남아 있다. 말의 흔들림을 막기 위하여 제주 화산석들을 실어서 말의 발에 매달았고, 육지에 닿은 뒤 말을 내리고 육지에서 나는 생필품들을 실으면서 그대로 버린 제주 화산석들이 돌담과 조경석으로 여기저기 널브러져 있다. 지금이라도 풍선을 건조해 옛사람들이 제주말을 육지로 옮겨 가던 풍경을 재현한다면 새롭고도 유익한 관광 상품으로 거듭나지 않을까?

환상의 섬, 이어도

여덟 고을은 모두 지역이 아주 멀고 남해와 가까워서 겨울철에도 초목이 시

하늘에서 내려다본 제주 풍경

제주도의 민가와 들판이 옹기종기 조화를 이루고 있다.
유독 돌담이 많고 그 돌담이 경계를 나타내는 것을 알 수 있다.

들지 아니하고 벌레가 움츠리지 아니한다. 산 아지랑이와 바다 기운이 끼는 듯하며 나쁜 기운이 있고, 또 일본과 아주 가까워서 땅은 비록 기름지나 살기 좋은 지역은 아니다.

이중환이 《택리지》에 기록한 글이다. 그의 말처럼 기후가 따뜻하여 겨울 작물들이 잘 자라고, 이국적인 자연 경관이 독특한 풍광을 자랑하는 제주도는 뭍에 사는 사람들이 가끔 가고 싶어 하는 신비의 섬이다. 그중 마라도는 한국의 가장 남단에 자리 잡은 섬이다.

해녀와 감귤이 인상적인 제주도에는 오랜 옛날부터 환상의 섬이자 '유토피아'로 알려진 이어도가 존재한다는 이야기가 전해져 왔다. 이청준의 소설 〈이어도〉의 첫 부분을 보자.

긴긴 세월 동안 섬은 늘 거기 있어왔다. 그러나 섬을 본 사람은 아무도 없었다. 섬을 본 사람은 모두가 섬으로 가버렸기 때문이었다. 아무도 다시 섬을 떠나 돌아온 사람이 없었기 때문이다.

내가 세상에 태어나 인간 그 본연의 모습, 즉 아무 가진 것 없이 발을 디딘 곳이 바로 제주도였다. 책만 읽으며 무위도식으로 세월을 보내다가 군대에 갔고, 그곳에서 처음으로 많은 사람들을 만날 수가 있었다. 그리고 군을 제대했을 무렵 우리 집안은 말로 표현할 수 없을 정도로 가난했다.

서울에서 며칠 방황하던 중 내 뇌리를 스치고 지나간 것이 바로 '유토피아' 이어도였다. 어째서 이청준의 〈이어도〉가 떠올랐는지는 모른다. 다만 그때 나는 절박했고, 달리 돌파구도 없었다.

어쩌면 내가 그 '환상의 섬'인 '이어도'를 찾을 수 있을지도 모른다는 막연한 기대를 안고 얼마 되지 않는 노자路資를 갖고서 목포행 완행열차에 몸을 실었다. 목포에서 '가야호'라는 밤배를 타고 도착한 제주의 새벽은 낯설었다. "나는 아무 가진 것 없이 이국의 어느 도시에 도착하기를 꿈꾸었다." 장 그르니에의 산문집에 실린 그 낭만이 실현되는 순간이었다.

내가 찾아가 살고자 했던 이어도는 소설에서 다음과 같이 묘사되어 있었다.

이어도는 오랜 세월 동안 이 제주도 사람들의 입에서 입으로 이야기가 전해 내려온 전설의 섬이었다. 천 리 남쪽 바다 밖에 파도를 뚫고 꿈처럼 하얗게 솟아 있다는 제주도 사람들의 피안의 섬이었다. 아무도 본 사람은 없었지만, 제주도 사람들의 상상의 눈에서는 언제나 선명한 모습을 드러내고 있는 수수께끼의 섬이었다. 그리고 제주도 사람들의 구원의 섬이었다. 더러는 그 섬을 보았다는 사람들도 있었지만, 이상하게도 한 번 그 섬을 본 사람은 이내 그 섬으로 가서 영영 다시 이승으로 돌아오지 않았기 때문에 그 모습을 분명하게 말할 수 있는 사람은 아무도 없는 섬이었다.

세상은 냉혹했다. 돈이 다 떨어진 나를 반기는 곳은 일한 만큼만 일당을 받을 수 있는 공사판뿐이었다. 2년 반 동안 제주도청, 제주교육청, 제주 KBS, 제주 MBC 등 수많은 건물에 벽돌과 모래를 져 올리는 시시포스의 역할을 하고서야 뭍으로 나갈 수 있었다. 그때 시간이 날 때마다 제주도 구석구석을 헤집고 다닌 그 이력이 기억 속에 온전히 스며들어 이책의 토대가 되었다. 제주도의 역사보다는 못하지만, 그때 내가 져 올린 무게만큼 제주도의 산천이 내 육신 속으로 젖어 들었다. 제주에서 나온 뒤 내 기억 속에서 까마득히 잊힌 제주도, 그 이어도가 다시 《택리지》를 통해 한 올 한 올 떠올랐다.

문충성 시인의 〈이어도〉만 가끔 떠올리며 세월을 보내기도 했다.

이어 이어 이어도 사나

이어도가 어디에 시니 수평선 넘어

꿈길을 가자 이승길과 저승길 사이

아침 햇덩이 이마에 떠올리고

저녁 햇덩이 품안에 품어

노을길에 돛단배 한 척

이어 이어 이어도 가자

한라산을 등에 지고 제주

바다와 마주 서 보라

(…)

수평선 넘어 꿈길을 열라, 썰물나건 돛단배 한 척

이어 사나 이어도 사나

별빛 밝혀 노저어 가자

별빛 속으로 배저어 가자

이어도는 제주 사람들에게는 낙원과 같은 곳이었다. "이어도 이어도 여, 요내 노야 부러진들요, 내 손목이야 부러질 소냐, 한라산에는 곧은 나무가 없을쏜가, 이어도요 이어도요" 제주 해녀들이 불렀던 〈이어도〉의 노랫말이다. 한라산 나무를 모두 배 젖는 노로 부러뜨려 없애는 일이 있더라도 노 저어 찾아가겠다는 이어도는 제주도의 서쪽 어딘가에 있는 제주도 부녀자들의 이상향이다. 방아를 찧으면서도 이어도를 불렀고, 말똥을 주으면서도 이어도를 불렀다.

제주도 사람들이 그토록 가고자 했던 이어도. 그 이어도에 가 본 사람은 아무도 없다. 실체가 없는 유토피아이고 무릉도원이고 낙원의 섬이다. 다만 그 섬에 가면 '일하지 않고도 살 수 있다'는 점이 그렇게 제주도 사람들에게 가고 싶은 낙원으로 인식된 것이다.

그렇다면 정말 이어도는 실체가 없는 섬일까?

이어도離於島는 제주특별자치도 서귀포시 대정읍 가파리 마라도 남서쪽 149킬로미터 거리에 있는 수중 섬이다. 중국의 서산다오[余山島]에서 287킬로미터, 일본 나가사키현 도리시마[鳥島]에서 276킬로미터 떨어진 해상에 있다. 국내 해양학계에서의 공식 명칭은 파랑도波浪島이다.

수중 암초로 정상이 바다 표면에서 4.6미터 아래에 잠겨 있어 파도가 심할 때만 그 모습을 드러낸다. 그래서 옛날부터 제주도에서는 바다에 나가 돌아오지 않는 남편나 아들이 살고 있다는 전설 속 환성의 섬 또는 피안의 섬으로 일컬어졌다. 면적은 50미터 등수심선을 기준으로 약 2제곱킬로미터이다. 동서 약 1.4킬로미터, 남북 약 1.8킬로미터의 섬이다.

1900년 영국 상선 소코트라호가 이곳에서 접촉 사고를 낸 이후 1901년

거문오름 전경

유네스코에서 세계자연유산으로 지정한 제주 거문오름은
한라산의 화산 활동을 잘 보여 주는 오름이다.

섬에 남겨진 것들

재주 우도 풍경

성산항에서 지척에 있는 우도는 소가 누워 있는 모습을 닮았다고 해서 붙여진 이름이다.
섬의 서쪽은 높고 동쪽은 평평하다.

461

영국 해군에서 측량선을 파견하여 암초의 위치를 확인하고 소코트라 암초Socotra Rock라 명명하며 알려지기 시작했다. 1938년에는 일본이 인공 구조물 설치를 계획했지만 태평양 전쟁으로 무산되었다. 우리나라에서는 1951년 국토 규명 사업의 일환으로 이어도 탐사를 시작하여 암초를 확인한 뒤에 '대한민국 영토 이어도'라고 쓴 동판 표지를 바닷속에 가라앉히고 돌아왔다. 1987년에는 해운항만청에서 이어도 등부표를 설치하고 이를 국제적으로 공표했다. 이는 이어도 최초의 구조물이다.

그러나 정작 제주도 사람들이 그토록 가고 싶어 하는 '이어도'에 대해 전해 오는 것은 거의 없다. 다만 '바람난 남편이 첩을 데리고 건너가 살았다'는 이야기와 가면 다시 돌아오지 못하는 불귀不歸의 섬이라는 것 정도만 사람들의 입에서 입으로 전해져 왔을 뿐이다. 그런데도 제주도 사람들의 마음속에 깊숙이 내재되어 있는 섬이 이어도이다.

> 이여도 하라 이여도 하라
>
> 이여 이여 이여도 하라
>
> 이엿말 하면 나 눈물 만다
>
> 이엿말은 말앙을 가라
>
> 강남을 가건 해남을 보라
>
> 이여도가 반이옝 한다

이어도를 노래할 때 빠지지 않고 나오는 민요 속의 이어도는 과연 어디 있는가?

신선의 나라에서 나는 열매

깊은 겨울 귤과 유자는 서리를 맞아 지붕에 매달렸고

갈대 싣고 가는 배에는 달빛 가득하구나

정이오의 시다. 감귤은 해마다 제주 가을을 노랗게 물들이며 사람들의 눈과 입을 즐겁게 하고 있다.

《신증동국여지승람》에서는 "귤橘, 금귤金橘, 산귤山橘, 동정귤洞庭 橘, 왜귤倭橘, 청귤靑橘 등 다섯 종류가 있다. 청귤은 열매를 맺어 봄이 되어서야 익고 때가 지나면 다시 말랐다가 때가 이르면 다시 익는다"고 제주 토산으로 귤을 소개하고 있다. 감귤은 다른 과일과 같이 따뜻한 곳에서 자라기 때문에 제주도에서만 재배되었다. 현대에 이르러서 남해안 일대에서도 재배하고 있지만 아직 그 수가 미미하다.

감귤은 운향과 '감귤'속에 속하는 상록 소교목의 총칭이다. 저목상低 木狀으로 주간主幹의 발달이 어렵고 가지가 잘 갈라지며 나무 모양은 둥 글다. 잎자루에 미약하게 발달한 날개〔翼〕가 있다. 열매는 성숙기에 달하 면서 황색으로 변하며 산에 대한 당의 비율이 높아질 뿐 아니라 방향芳香 이 강해진다.

허균의 《도문대작屠門大嚼》에는 감귤이 다음과 같이 실려 있다.

금귤金橘: 제주에서 나는데 맛이 시다.

감귤甘橘: 제주에서 나는데 금귤보다는 조금 크고 달다.

청귤青橘 : 제주에서 나는데 껍질이 푸르고 달다.

유감柚柑 : 제주에서 나는데 감자보다는 작지만 매우 달다.

감자柑子 : 제주에서 난다.

유자柚子 : 제주와 전라도 경상도 남쪽 해변에서 난다.

김정은 〈제주풍토록〉에서 감귤을 다음과 같이 기록하고 있다.

귤과 유자는 모두 아홉 종이 있다. 금귤은 9월에 익으니 가장 빨리 익는다. 유감과 동정귤 두 품종은 10월 그믐에 익는다. 금귤과 유감, 동정귤은 서로 좋고 나쁨이 있으니 금귤은 열매가 좀 크며 달고 동정귤은 비교적 작고 맛이 시원하나 신맛이 좀 돈다. 청귤은 가을에서 겨울까지는 몹시 시어서 먹을 수 없지만 겨울을 지나서 2~3월에 가서는 산미와 단맛이 알맞다. 5~6월에는 묵은 열매가 무르익어 노랗게 되는데 푸르고 야드르르한 새 열매가 같이 한 나무에 달려 있게 된다. 실로 기이할 뿐만 아니라 묵은 열매의 달기가 꿀에 섞은 것 같다. 그리고 7월에 가서는 묵은 열매의 속이 다 물이 되고도 맛은 달아 꿀과 같다. 8~9월과 겨울에 이르면 열매가 또 다시 푸르고 씨도 다시 생겨 맛이 시어 새 열매와 같아진다. 실 때는 사람들이 이를 천하게 여겨 먹지 않는데, 바로 이 때 앞에서 기록한 세 가지 품종은 맛이 지극히 좋기 때문에 그만 못하게 평가하지만 나는 이것을 제일로 친다. 산귤은 열매가 작고 씨는 유자와 같으나 달다. 감자와 유자 이 두 품종은 사람들이 모두 안다. 당유자는 알이 커서 모과와 비슷하여 한 되 이상이고 맛은 유자와 같다. 그런데 그 큰 열매가 달려서 샛노랗게 익는 것이 실로 기이하다. 왜귤은 열매 크기가 당유자 다음이나 맛은 이에 미치지 못하니 최하 품종이다.

대개 이상의 아홉 종이 가지와 잎은 대동소이하지만 오직 유자가 가장 가시가 많고 열매 껍질이 가장 향기로우며, 감자는 잎이 가장 두껍고 열매 껍질은 제일 향기가 박약하니 이 두 품종을 가장 하품으로 치는 연유가 여기에서 비롯되지 않았는가 싶다.

나머지는 가시도 심하지 않고 (감자도 그렇지만) 잎이 성기고 좁으며 열매의 껍질이 맑아 보여서는 그리 향기롭지 않은데 씹으면 매우 향기가 강하고 또 자극적이다. (당유자와 왜귤 껍질도 그러하다.) 먹지는 못해도 약으로는 효력이 가장 많으니 아마도 그 품위를 높이 치는 까닭이 또한 여기에도 있는가 싶다.

이 나무들의 키는 10여 척인데 굵은 것은 기둥만 하고 줄기도 또한 커서 많으면 수십 가지를 친다. 이것이 서로 얽혀 멋들어지게 용의 형상을 한 것이 기괴하기도 하고 세차 보이기도 한다. 나무 껍데기는 늙은 것은 황자색으로 된 이끼 옷이 더덕더덕하고, 어린 것은 푸른빛이 얼럭얼럭하여 아취가 있다. 또 그 잎은 사철 변함없이 푸르다. 이 땅에 볼 것이 별로 없지만 오직 이 나무숲은 아름답다.

조정철은 제주도에서 나는 유감乳柑을 두고 "물이 많고 맛이 달고 향이 많아서 입안에 가득하다. 조금 신맛이 있어서 맑고 시원함을 말로 표현하기 어렵다. 상머리에 한 개 두면 향기가 방 하나를 채운다"고 말하며 다음과 같은 시를 지었다.

금릉귤 金陵橘 열다섯 종류에서

향기가 제일 좋은 것

멋지고 가장 큰 것이어서

수레에 가득 던져졌네

그렇다면 감귤의 원산지는 어디일까? 아시아 열대 지방에서 아열대 지방으로 추정하고 있으나 거의 아시아 대륙의 동남부에 집중되어 있다.

우리나라에서 귤이 재배되기 시작한 시기는 확실하지 않다. 다만 일본 문헌인 《비후국사肥後國史》에는 "삼한에서 수입하였다"는 기록이 있고, 《고사기》나 《일본서기》에 "신라 초기에 지금의 제주도인 상세국橡世國에서 감귤을 수입하였다"라는 기록이 있다. 상세국을 '신선의 나라', 즉 신선이 산다는 산 세 곳 중의 한 곳인 영주산(한라산)이 있는 제주도를 가리킨다고 보는 것이다. 여러 가지 상황으로 보아 삼국시대부터 제주도에서 감귤이 재배되고 있었음을 알 수 있다.

제주도는 귤과 유자의 명산지로 제주성 안팎으로 많이 심었다. 가을철이 되어 귤과 유자가 익어갈 무렵 성에 올라가 내려다보면 사방이 온통 금빛 세계를 이루어 황금 1000근을 받은 만호후萬戶侯의 영지와 같다고 했다. 그래서 영주십이경의 하나를 귤림추색橘林秋色이라고 했다. 특히 제주성 남문 밖 500미터 거리에 있는 이아二衙의 동헌 귤림당橘林堂에는 귤나무가 많아서 가을과 겨울에는 귤 향기가 온 집에 가득했다고 한다. 김상헌의 《남사록》에는 "이른 가지가 처마로 들어온 것은 앉아서 손으로 귤을 딸 수 있다고 한다"는 글이 실려 있다.

귤을 독약 같이 보고

귤은 대부분 과원에서 재배되었는데 이형상의 《남환박물》에는 당시 제주도 과원에 대한 글이 실려 있다.

제주의 과원은 42곳이다. 직군直軍이 880여 명이 있어 밤낮으로 지키니 백성들은 고통을 견디지 못한다. 만약 훌륭하고 멋진 경치로 말하면, 가을과 겨울에 낙엽이 질 때 유독 과원은 봄철의 녹음으로 단장하여 하늘을 가린다. 누런 열매가 햇빛에 비치니 나무마다 영롱하고 잎마다 찬란하다. 혹은 고니 알 같기도 하고 혹은 달걀 같기도 하다. 간간이 매화와 치자가 섞여 있다. 그 밑에서 상영觴詠하면 겨울의 위엄이 서서히 오고 있음을 느끼지 못한다. 각 곳의 과원이 무릇 이와 같다. 제주목의 북원北園과 정의현의 성산원城山園, 대정현의 고둔과원羔屯果園의 경승이 뛰어나다.

조선 후기 제주 유학자 김양수金亮洙는 제주 과원의 가을 풍경을 두고 다음과 같은 시를 한 편 지었다.

촉감과 당유자 모두 다 숲을 이루어
섬나라 농사 밭에 가을빛 깊어졌네
일찍이 꽃필 때는 하얀 눈을 뿜어내는 듯하더니
잠깐 새 얽혀진 가지에 황금덩이 녹여 부었네
바둑 장기판 벌이는 노신선의 홍취를 따라

수레 머리의 취한 나그네 마음이 머무른 곳

이곳은 오현의 사당이 있는 곳이니

묵은 성에 지는 해 받으며 찾아보리라

제주도에서만 나는 귤은 옛날부터 신기한 과일로 동지 때가 되면 조정에 조공을 바쳤고 나라에서는 제주 목사에게 포백을 하사했다. 매년 음력 11월에 감귤이 긴 여로를 거쳐 조정에 진상되면 왕은 진상 감귤의 일부를 성균관 유생들에게 나눠 주면서 시제를 내려 시험을 치르도록 했는데 이를 황감시 黃柑試라 했다.

《홍재전서 弘齋全書》에는 〈귤 橘〉이라는 정조의 첩운시 세 편이 있는데 그중 두 번째 시를 보자.

동정산 좋은 종자가 또 이 고장에 심어져

시월 서릿바람에 노랗게 익은 알들

머나먼 바다 밖에서는 천 리의 빛깔을 전해 왔고

한 보자기의 향기가 소반 위에 새롭다

나이 든 신하들에게 나누어 주니 왕의 은혜 크다고 하고

매양 종묘에 천신하여 길이 효도하게 한다

좋은 과실이 또 남극으로부터 왔는지라

장수를 누리려고 각각 나누어 먹는다오

감귤을 조정에서도 귀하게 여기다 보니 그 폐단은 곧 제주도 사람들에

게 주어졌다. 더 많은 귤을 수취하려고 열매가 맺히면 관에서 열매 하나하나에 꼬리표를 달았고, 하나라도 없어지면 엄한 형벌을 주었다. 또한 아전들은 이를 빌미로 엄청난 수탈을 감행했다. 그 시달림을 견디지 못한 농민들은 나무를 통째로 뽑아 버리기도 했다. 김상헌의 《남사록》에 실린 글을 보자.

해마다 7, 8월이 되면 목사는 촌가의 귤나무를 순시하며 감귤이 열린 수효를 헤려 낱낱이 문부文簿에 적어 두었다. 나중에 감귤이 익을 때면 문부에 적힌 수효에 따라 납품할 양을 조사하고 거두어들인다. 비바람에 손상을 입거나 까마귀가 쪼아 먹은 것이 있으면 집주인에게 나머지를 징수하고, 만양 징수할 수 없으면 문부에 적힌 대로 바치도록 한다. 이 때문에 민가에서는 귤을 독약과 같이 보고 마땅히 심고 가꾸지 아니한다.

당시 감귤이 나는 제주도는 그 귀한 물산이 나는 곳이라서 오히려 크나큰 피해를 봐야 했다. 지금은 누구나 쉽게 먹을 수 있는 귤, 그 귤을 내가 심고 가꾸면서도 맛을 보지도 못하고 왕에게 진상했다.

진상품을 맺던 귤나무는 대학나무가 되었고

그렇다면 언제부터 제주도에서 감귤을 진상했을까? 《고려사》에 보면 문종 6년(1052) "임신일. 삼사三司(재정을 맡아보던 기관)에서 탐라국이

해마다 바쳐 오는 귤의 정량을 100포로 개정하여 항구적인 규정으로 삼
자고 제의하니 왕이 이 말을 좇았다"는 기록이 있다. 이를 보아 제주감귤
의 진상은 고려시대까지 거슬러 올라간다.

조선시대에는 태조 원년(1392)부터 그때까지 상공常貢으로 받아 오던
감귤을 별공別貢으로 한다고 하여 제주도 귤의 진상은 계속된다. 세종 8년
(1426)에는 호조의 게시로 전라도 남해안까지 유자를 심어 시험 재배하
게 했다. 《대전회통大典會通》에는 상벌 제도를 두어 귤나무 재배를 장려
했다고 기록되어 있다.

감귤의 진상 제도는 고종 31년(1894)에 폐지되었다. 하지만 당시 제주
도민들은 생산량을 채우지 못하면 불이익을 받았기 때문에 한동안 감귤
식재를 기피했다.

현재 제주에 남아 있는 재래종 감귤은 유자와 사두감, 병귤, 동정귤, 홍
귤, 소유자, 청귤, 진귤, 지각 등 10여 종에 불과하다. 제주도에서는 재래
종 감귤을 '잡감'이라 부르기도 하고 열매가 늦게 익는다고 '만감'이라고
도 한다. 지금 제주도에서 재배되는 감귤은 대부분이 1911년 일본에서
도입된 온주밀감을 비롯한 몇 종류의 재배종이다. 주로 온주 계통의 미택
온주米澤溫州와 남감 20호, 삼산온주杉山溫州, 청도온주靑島溫州 등
이 재배되고 있다.

일제 강점기 일본 사람이 들여온 온주밀감이 근대식 감귤 농원에서 재
배되기 시작했다. 감귤이 귀하던 시절에는 감귤나무 몇 그루만 있으면 자
식을 대학에 보낼 수 있다고 해서 '대학나무'라는 별칭이 붙기도 했다. 그
러나 1960년대부터 대량으로 재배되기 시작하면서 그 옛날의 대접은 받

제주감귤

가을이면 오름을 수놓는 억새와 함께 검은색 돌담에 묘한 생동감을 더하는
잘 익은 노란 감귤로 제주의 이미지는 더욱 풍부해진다.

지 못하게 되었고 대량 소비 단계로 접어들었다. 또한 수많은 신품종이 개발되어 그 옛날 사람들의 입맛을 사로잡았던 감귤은 구식으로 치부되어 자꾸자꾸 사라져 가고 다른 품종들이 제주도 과원을 채워 가고 있다.

오직 뱃일뿐

《삼국지》와 《후한서》 등에는 마한의 서쪽 바다에 있는 주호국 사람들이 배를 타고 왕래하면선 한韓나라와 물건을 교환한 것으로 나와 있다. 당나라 문장가 한유韓愈의 문집을 보면 탐부, 곧 제주의 상선들이 중국 광동에 몰려들었다고 적고 있다. 당시 제주도 사람들이 광동까지 배를 타고 다니며 장사를 했던 것으로 보인다.

1928년이었다. 지금의 제주항인 산지항 축조 공사를 벌일 적에 화산 폭발로 입구가 막힌 동굴이 발견되었다. 그곳에서 전한前漢시대에 사용되었던 돈인 '오수전五銖錢'과 전한 말기에 왕망王莽이 세운 신新나라에서 서기 8년에서 23년 사이에 발행한 구리 돈 '화포'와 '화천'이 발견되었다. 왕망은 해외 무역을 장려했던 사람이다. 여러 가지 상황을 유추하면 이 시대에 낙랑군 같은 지역과 거래를 했던 중국의 상인들이 이곳 제주도까지 왕래했거나, 이곳 제주도의 장사꾼들이 그들과의 교역에 나섰던 것을 알 수 있다.

《탐라지》에도 당나라 사람들이 지녔던 것으로 보이는 보석이 발굴되었다는 기록이 있다. 제주도 상인들과 당나라 상인들이 교역했음을 알 수

있다. 고구려나 백제도 제주도의 특산물을 가져갔다는 기록도 있다. 서
거정이 제주 절도사로 가는 양공을 전송하는 서序에는 다음과 같은 글이
있다.

제주 땅은 비옥하고 물산은 진귀하여 귤, 밀감, 아름다운 조개, 곧은 가래나
무 등과 같은 공물은 다른 주에는 없는 것이며 이곳에서 생산되는 좋은 말은
국용에 큰 보탬이 된다. 그러나 사람에게 이익을 주는 각종 해산물과 재화가 많
다 보니 상선들이 이익을 넘보고 협잡을 일삼아 몰래 왕래하는 일이 베틀의 북이
오가듯이 빈번하고, 어민과 염호鹽戶 중에 뱃일을 생계로 삼아 동서로 옮겨 다
니는 사람 또한 매우 많다.

김상헌의 《남사록》에 의하면 제주도 주민들이 콩이나 짐승의 가죽을 육
지와 가까운 섬에다 팔아 이곳에 없는 것을 사들였으나 관리를 실어 보내거
나 특산품을 진상하러 갈 때가 아니면 마음대로 육지에 나갈 수가 없었다.
이형상의 《남환박물》에도 그간의 상황이 다음과 같이 실려 있다.

노인들의 말에 따르면 "예로부터 수령이 장시를 행하고자 하여 지금 백성들
을 저자에 모이게 하였다. 그러니 곧 짐을 메고 지게 하여 점고點考에서 만날
뿐이었다. 전혀 사고파는 일이 이루어지지 않았다. 대개 어리석고 사리에 어두
운 무리들이 매번 행상으로 만나서 그 집에서 군말 없이 팔고 살 뿐 그 시장에
서 곧바로 한 번에 정해지는 것을 싫어한다. 이렇기 때문에 예로부터 지금까지
원래 장시가 없었다. 또한 백성들이 가난하고 부역이 무거워 살아나갈 방도가

멀고 아득하여 부모를 팔고 처자식까지 파는 풍습이 예로부터 습속으로 이루어졌다" 하였다.

제주도 상업이 활기를 띠게 된 것은 제주에 오일장이 개설되고 근대화의 물결이 밀려오면서부터다.

올레와 올래

제주도 어딜 가나 가장 인상적인 것 중 하나가 돌담과 묘지 그리고 마을에 난 길이다. 모든 밭이나 농경지, 묘에도 돌담이 빙 둘러 있다. 돌담을 쌓은 것은 밭의 보온을 위한 것이라고 한다. 돌을 촘촘히 쌓은 것이 아니라 틈새를 만들어 놓았는데, 그것은 꽉 메워 버리면 오히려 바람에 넘어지기 때문이라는 것이다. 틈새로 바람이 빠져나갈 뿐만 아니라 해충도 쓸려나가 일석이조의 효과를 얻는다고 한다.

돌담보다도 먼저 만들어진 것이 길이다. 내가 제주도에 있던 시절에는 제주시에서 서귀포로 가는 길은 몇 개 되지 않았다. 한라산의 서쪽 길인 제2횡단도로는 고상동 기념비가 있는 1100고지를 지나 서귀포로 가는 길이었고, 한라산 동쪽 길인 5·16도로는 성판악을 지나 서귀포로 가는 길이었다. 또 하나의 길이 제주도 해안가를 따라 한 바퀴를 도는 해안 일주 도로였는데 한림, 대정, 송악산 아래 사계, 서귀포 표선과 성산포, 조천을 지나 제주도로 돌아오는 길이었다. 그리고 시외버스 정류장에 가면 거미줄처럼 이어진 중산간 도로가 있어서 마음 내키는 대로 갔다가 마음 내키는 시간에 돌아올 수가 있었다. 그러나 지금은 서부 관광 도로, 남초로를 비롯한 수많은 길들이 거미줄처럼 들어서서 길에서 길을 찾다가 길을 잃어버리기도 한다.

이리저리 난 길. 불과 몇 년 전까지만 해도 그 길을 중요하다고 생각한 사람이 없었다. 그런데 어느 사이에 한국의 길 중 가장 잘 알려진 길 중의 하나가 바로 '제주 올레'가 되었다.

'올레'의 원래 말은 '올래'다. 올래는 중산간 마을에서 많이 볼 수 있다. 집으로 들어가는 입구 양편으로 좁고 길게 돌담을 쌓아 골목처럼 만든 길, 즉 한길에서 대문까지 들어오는 좁은 골목을 일컫는 말이다.

유독 드센 제주의 거친 바람으로부터 집을 보호하기 위해서 집 주변으로 돌담을 쌓았다. 하지만 돌담 입구로 불어오는 바람은 막지 못했기 때문에 입구에서부터 좁은 골목을 만들었다. 올래가 시작되는 곳을 '어귀'라고 부르며 그 양쪽에 어귀돌이 놓이고, 어귀돌 앞에 말팡돌이 놓이면 여기서부터 집의 들목이다.

올래를 두는 것이 제주도 마을과 집의 정형이다. 올래 입구 양쪽에는 '정주목'이나 '정주석'이 있다. 정주석은 대문 대신 출입구 양옆에 세워 둔 한 쌍의 돌기둥이다. 출입구를 가로지르는 긴 막대기인 세 개의 '정낭'을 '정주석'에 걸쳐 놓는 것으로 집주인의 외출 여부를 알 수 있다. 정낭이 모두 걸쳐져 있으면 사람이 모두 나가 집에 아무도 없다는 표시고, 하나만 있으면 이웃집에 갔다는 뜻이다. 이와 같은 장치를 '정'이라고 하는데, 이 장치는 사람의 출입을 통제할 뿐만 아니라 제주도에서 기르는 말이나 다른 가축들이 집으로 들어오는 것을 막는 역할도 했다.

공동의 올래를 끼고 여러 집이 들어서 있을 때 각각의 집을 부르는 이름이 재미있다. 동쪽에 있다고 해서 동녘집, 위쪽에 있다고 해서 웃녘집으로 불렀다. 집의 특성에 따라 말코지집, 동산집이라고도 불렀다.

이 올래를 매우 중요하게 여긴 집안에서는 제사가 끝난 뒤에 제물을 물에 말아 집으로 들어오는 골목 안 올래에 뿌렸다. 조상의 영혼을 따라온 여러 잡신들을 대접하는 것이기도 하고, 올래를 지키는 '주목지신'을 대접하는 것이기도 했다.

이 '올래'를 가장 쉽고 재미있게 표현한 사람이 명지대학교 건축학과 김홍식 교수다. 《뿌리 깊은 나무》 제주도 편 〈길이 곧지 않아서 생기는 변화〉라는 글을 보자.

육지 마을은 거개가 뒤로 산을 끼고, 앞으로 내를 바라보며 냇가와 거리와 도로를 내고 마을 안으로 막힌 길을 넣는 올래 방식을 쓰고 드물게는 마을 안으로 순환 도로를 넣는 방식을 쓰지만, 이곳 마을의 길이 난 방법은 다양해서 여러 가지를 찾아볼 수가 있다. 크게는 큰길, 곧 큰 핏줄과 작은 길, 곧 실핏줄로 구분된다. 실핏줄은 올래 방식을, 큰 핏줄은 환상 도로 방식과 방사선 도로 방식의 두 가지가 합쳐진 방식을 사용했다.

그러나 여기서 주의할 점은 서양의 방식과 비슷한 이름이 붙여졌다고 하더라도, 옛 마을의 경우에 마을 안쪽으로 거리와 도로를 두지 않았다는 것과 서로 곧게 엇갈리는 길을 찾아보기 힘들다는 것이다. 이것은 보행 도로와 차도를 구분하자는 근대 도시 계획가의 이론을 앞지르는 것이다.

올래 1코스 종달리 해변

서홍리에서 시작된 올래 1코스가 종달리 해안 도로를 거쳐 성산항까지 이어진다.
종달리는 검은 갯바위가 인상적이다.

이런 제주도 마을의 마을 안길을 걸어 본 사람이면 아늑한 느낌과 계속되는 시각의 변화에서 공간 예술의 알짜를 맛볼 수 있을 것이다. 길가에 대문을 내지 않고 길과 집과의 사이에도 나무가 들어서 시선을 막기 때문에 마을 안길이지만 마을 바깥길을 걷는 느낌을 받는다. 또 제주도 마을의 길은 곧게 만들어지지 않는다. 물이 흘러가는 모양으로 부드럽게 휘어 있기 때문에 걸어가는 사람이 늘 새로운 대상과 만나게 되는데, 이런 공간의 변화는 마을 안의 공간을 음악이 있는 곳으로 승화시킨다.

"마을 안의 공간을 음악이 있는 곳으로 승화시킨다." 이 얼마나 운치 있고 재미있는 표현인가. 이러한 올래가 제주도를 한 바퀴 돌 수 있는 '제주 올레'로 알려져 수많은 사람들이 제주의 역사와 문화를 걸으면서 배우는 새로운 풍속도가 생겨났다.

곤밥과 고사리

한라산에서부터 비롯된 하천들은 대부분 비가 내릴 적에만 물이 있는 건천이다. 한라산과 성판악, 어승생오름 등은 동쪽과 서쪽으로 이어져 있는데 그 물이 남쪽이나 서쪽으로 서로 이어져 있다. 산지천과 병문천, 한천, 별도천, 도근천 등이 북쪽으로 흘러가는 시내이고, 영천천과 감산천, 가내대천 加內大川(《신증동국여지승람》에 실린 도순천의 옛 이름.《탐라지》에는 대가래천 大加來川), 연외천, 동홍천, 도순천 등이 남쪽으로 흘러가는 시내다.

제주도에 큰 하천이 35개쯤 되는데, 장마나 큰 태풍 또는 소나기가 쏟아지면 급작스레 물이 불어나서 물난리가 나기도 한다. 그러나 대부분의 빗물은 현무암이 갈라진 곳으로 스며들어 땅 밑으로 흐른다. 그러다가 해안선에 이르러서 솟아나 샘이 된다. 대개 제주의 마을은 그런 큰 샘을 중심으로 이루어져 있다. 이러한 지정학적 이유로 제주도는 물이 귀한 땅인 만큼 논이 드물었다. 그래서 메마른 밭에 잡곡을 주로 심었다. 밭벼와 피, 보리, 조, 콩, 팥, 메밀 등을 심었고, 채소는 무, 파, 마늘, 당근 같은 것을 주로 심었다. 자연히 제주도 사람의 주식은 쌀이 될 수 없었다. 대부분 보리밥과 찐 고구마가 주식이었다. 쌀은 거의 호남 지방에서 들여왔고, 쌀밥이 귀하여 제주 토박이들은 쌀밥을 일컬어 '고운밥', 곧 '곤밥'이라고 불렀다. 현기영의 〈순이 삼촌〉에 실린 곤밥 이야기를 들어 보자.

모처럼 제삿날이나 먹어보던 곤밥. 왜 '곤밥'이라고 했을까? '곤밥'은 '고운밥'에서 왔을 것이고 쌀밥은 빛깔이 고우니까. 어린 시절에도 파제 후 '곤밥'을 몇 숟갈 얻어먹어보려고 길수 형과 나는 어른들 등 뒤에서 이렇게 모로 누워 새우잠을 자곤 했다. 제상마저 소각 때 태워먹고 송진내 물씬 나는 날송판때기 위에다 제물이라곤 마른 생선 하나에 메밀묵 한 쟁반, 고사리, 무채 각각 한 보시기밖엔 진설할 것이 없던 그 어려운 시절이었지만, 메는 꼭 산디쌀밥이었다.

1980년대 초까지만 해도 제주도에서 잘산다는 사람들조차 도시락을 보면 보리가 일색인 밥이었다.

서빈백사와 현무암

제주 우도의 서빈백사는 산호가 부서져 만들어진 하얀 모래 해변이다.
그 사이로 검은 현무암이 바둑알처럼 펴져 있다.

광치기 해안

올레 1코스 종착지인 광치기 해안에서는 지금도 해물을 채취하는
제주 아낙네들을 쉽게 만날 수 있다.

　제주도에서 쌀은 귀했지만 고사리는 흔했다. 한라산 자락 어디에서나 지천으로 자라는 고사리는 우리에게 꼭 필요한 산나물이었다. 제상에 올렸기 때문이다. 특히 제주도 사람들은 이 고사리를 즐겨 먹었다. 제주도에는 '산에 가서 고사리를 꺾어다가 다듬어 참기름을 살짝 쳐서 먹으면 맛이 구수하여 고기반찬을 주어도 안 바꾼다'는 말이 있다. 말려 둔 고사리를 필요할 적마다 조금씩 꺼내 삶아서 양념을 쳐서 먹는 '탕쉬'는 제사에 빼놓을 수 없는 제주의 음식이다. 고사리에 대한 재미있는 이야기가 박지원朴趾源의 《열하일기熱河日記》 중 산해관에서 연경에 이르기까지의 여정이 담긴 〈관내정사關內程史〉에 실려 있다.

　어제 이제묘 앞에서 점심을 먹을 때 고사리 넣은 닭찜이 나왔다. 그 맛이 매우 좋고 또 길에서 변변한 음식을 먹지 못한 끝이라 별안간 입맛이 당기는 대로 달게 먹었으나, 그것이 구례舊例인 줄은 몰랐다. 오후에 길에서 소낙비를 만나서 겉은 춥고 속은 막히어 먹은 것이 내려가지 않고 가슴에 그득히 체하여 한번 트림하면 고사리 냄새가 목을 찌르는 듯하여 생강차를 마셔도 속이 오히려 편하지 않기에 "이 한창 가을에 철 아닌 고사리를 주방은 어디서 구해 왔는고?" 하고 물었다.

　옆에 사람이 말하기를, "이제묘에서 점심참을 대는 것이 준례가 되어 있사오며, 또 사시를 막론하고 여기서는 반드시 고사리를 먹는 법이라서 주방이 우리나라에서 마른 고사리를 미리 준비해 가져와 여기에서 국을 끓여서 일행을 먹이는 것이 이제 벌써 고사古事로 되었답니다. 10여 년 전에 건량청乾糧廳이 이를 잊어버리고는 갖고 오지 않아서 이곳에 이르자 궐공闕供되었으므로,

482

건량관이 서장관에게 매를 맞고서 물가에 앉아 푸념하기를 '백이숙제, 백이숙제야. 나하고 무슨 원수냐. 나하고 무슨 원수냐'라고 하였답니다. 소인의 소견으로는 고사리가 고기만 못하고, 또 듣자온즉 백이들은 고사리를 뜯어 먹고 굶어 죽었다 하오니, 고사리는 참 사람 죽이는 독물인가 하옵니다" 하니 여러 사람들이 모두 허리를 잡았다.

　태휘太輝란 사람은 노 참봉의 마두馬頭인데 초행일뿐더러 위인이 경망해서 조장棗庄을 지나다가 대추나무가 비바람에 꺾이어 담 밖에 넘어진 것을 보고는, 그 풋열매를 따먹고 배앓이에 폭설이 멎지 않아서 한창 속이 허하고 몸이 달고 마음이 답답하고 목이 타는 듯하다가, 급기야 고사리독이 사람 죽인다는 말을 듣고 큰 소리로 몸부림치면서, "아이고, 백이숙채가 사람 죽이네. 백이숙채가 사람 죽인다"고 했다. 숙제叔齊와 숙채熟菜(익힌 나물)가 음이 비슷한지라 또한 방에 가득한 사람들이 깔깔거리고 웃었다.

제주말

"사람을 낳으면 서울로 보내고, 말을 낳으면 제주도로 보내라"라는 속담이 있다. 그만큼 제주 하면 말이 연상된다. 제주도에서 서식하고 있는 재래마는 천연기념물 제347호로 지정되어 있다. 흔히 제주도 조랑말이라고 하는 제주말은 언제부터 제주도에서 사육되기 시작했을까? 제주대학교 축산문제연구소의 〈제주마 혈통 정립 및 보존에 관한 연구〉에 따르면 석기시대부터 제주도에서 사육되기 시작했다고 한다. 역사적으로는 고려 문종 27년(1073)과 고종 45년(1258)에 탐라에서 말을 예물로 바친 기록이 남아 있다.

원종 14년(1273)에 원나라가 탐라를 침공한 뒤 약 100여 년간은 수십만 두의 몽고마가 이곳에 유입되었다. 현재 남아 있는 제주말은 고유의 재래마가 보존되어 온 것이라고 볼 수는 없다. 원나라 목장을 세울 때 들어온 몽고마 160마리를 지금의 성산읍 수산리 일대에 방목했다. 제주말은 그 뒤 품종 개량을 위하여 도입된 북방계 우량마에 의하여 잡종화된 중형마로서 우리나라 기후에 적응된 말로 보는 것이 타당하다. 시바 료타로가 1986년 제주도를 방문하고 쓴《탐라 기행》에 실린 글을 보자.

몽고마는 아랍이나 중국 서역의 말같이 몸체가 크지 않다. 몸체가 작은 깜냥에는 머리가 크고 다리가 짧고 굵어서 어딘지 균형이 안 맞는 듯하지만, 장거리 행군에 적합하고 내구력이 참으로 좋다. 칭기즈칸과 그 자손들은 이 작은 말 위에 올라앉아 멀리 유럽까지 갔던 것이다. 오늘날의 몽골 고원에 있는 말은 혼혈이 되어 역사적 조랑말과는 사뭇 다른 것이 되어 있다. 13세기 대몽골 제국의 말은 제주도에만 남아 있다 하여도 좋으리라.

쿠빌라이가 제주도에 파견한 몽골 기병은 1700명이었다. 원나라가 망한 뒤 그들 중 일부는 반란을 일으켰다가 패배했지만 나머지는 제주도에 남아 토착화되었다. 시바 료타로는 "제주도에 남은 몽골의 흔적은 굳이 캔다면 어떨지 모르나 풍속이나 그 밖의 영역에서 찾기 힘들다. 현재 남아 있는 것은 오직 작으면서 일 잘하는 제주말뿐이다" 했다.

다섯 살 이상의 제주말의 성숙한 평균 체구는 암컷이 1.17미터, 수컷이 1.153미터로 교잡마나 개량마보다 뚜렷하게 작고 차이가 있다. 제주말의 털색은 밤색과 적갈색, 회색, 흑색, 담황색, 얼룩색 등이 있다. 저방형마低方形馬이고 중간 체구에 몸길이가 길며, 흉위율胸圍率이나 관위율管圍率이 커서 수레를 끄는 데 가장 알맞은 대표적인 체형이다. 동시에 체폭이 좁고 지장율肢長率이 커서 경종輕種 체형을 많이 배합한 독특한 체형이다.

이형상의 《남환박물》에 의하면 숙종 때 제주목의 목장은 34곳의 자목장字牧場이 있었다. 대정현에 5곳, 정의현에 14곳이 있었다고 한다. 제주도에서 생산된 말은 농경 문화에 크게 기여한 역축으로서 한때는 사육 두수가 2만여 두에 이르렀다. 하지만 시대의 흐름에 따라 1985년에는 1000여 두로 크게 감소했고, 그런 연유로 1986년 천연기념물로 지정되었다. 하지만 말 때문에 제주도 사람들이 겪어야 했던 피해는 상상을 초월하는 것이었다. 이형상이 조정에 올린 장계를 보자.

여러 도의 목장에서 모두 위전位田이 있고, 또한 번番을 서지 않습니다. 봄과 가을에 말을 점고한 뒤에 사고가 나거나 잃어버린 말을 모두 헤아려서 여러 호보戶保(정병正兵으로 복무하는 호수와 그에 딸린 보인保人)들에게 균일하게 나누어 정하여 줍니다. 목자에게 매년 거두어들이는 것은 많아야 무명 몇 필에 지나지 않고 작으면 혹 쌀 몇 말에 이를 뿐입니다. 그러나 전답에서 수확하는 것도 많아서 여유가 있습니다. 그러므로 그들의 생활을 도울 수가 있고 그들의 값을 갖출 수가 있습니다. 그러나 제주섬은 그렇지 않습니다. 7600여 마리의 말과 620여 마리의 소들은 63곳의 목장 안에 흩어져 있고, 목자 1200명은 모두 공천公賤으로서 궐한 것에 따라 정원을 보충합니다. 이들에게는 이미 위전이 없고, 또한 매우 가난하고 모자라서 사시는 말할 것도 없고 번을 나누어 지키게 합니다. 죽은 말이 있으면 그중에 가죽이 있어서 현존하는 것은 비록 징수의 책임을 지우지 않습니다. 그렇더라도 300여 리의 초목 속에서 때가 지나 버려서 썩어 버리거나 상한 것도 있고 혹 금수가 쪼아 먹은 것도 있고 혹 가죽은 있으나 표標가 없는 것도 있습니다.

곧 모두 유실한 것을 아울러서 책임을 지워 차출합니다. 한 사람에게 1년에 징수하는 것은 혹 말 10여 마리에 이릅니다. 이것은 다른 도의 목장에는 없는 역입니다. 그러니 매우 가난한 백성이 변통하여 마련해 낼 것이 없어서 끝내 부모를 팔고 아내와 자식을 팔아서 자기 몸의 품을 파는 지경까지 이릅니다. 세상에 어찌 이와 같은 풍속이 있겠습니까? 아내와 자식이 없으면 부모를 팔고 동생이 없으면 자신의 몸을 팝니다. (…) 이때 이 모습에 하늘도 변색합니다. 옛날에는 드문 일이었는데 지금은 더 심하고, 잇고 이어져 풍속이 되어 버렸습니다. 성조聖朝의 사람을 귀하게 여기고 가축을 천하게 여기는 뜻으로 이를 본다면 천륜을 잔인하게 해치는 것입니다. 진실로 풍습이 크게 바뀌어 버렸습니다. 이를 괴이하게 여기지 않음이 더욱 큰 괴변입니다.

삼읍으로 하여금 이를 골라내어 보고하도록 분부하였더니, 부모를 판 사람이 5명, 아내와 자식을 판 사람이 8명, 자신이 머슴살이가 된 사람이 19명, 동생을 판 사람이 26명 이어서 모두 합쳐 58명이나 되었습니다. 당당한 예의의 나라로서 어리석은 백성의 풍속이 여기에까지 이르렀으니 어찌 만만萬萬 수치스러운 일이 아니겠습니까?

천금 같은 자식을 팔고, 아내를 팔고, 자기 자신을 판다니 얼마나 가혹한 형벌인가. 천인이 공노할 일이 일어났던 것이 조선시대였다. 그처럼 제주도 사람들에게 말 사육은 여러 폐단을 일으키는 동물이었다. 제주도에서 사육되고 있는 말에 대한 글이 《신증동국여지승람》에 다음과 같이 실려 있다.

원나라 지원至元시대에 탐라를 방성房星 분야라 하여 목장을 두고 단사관이나 만호를 두어 목축을 주관하였다. 정이오의 기록에, "마축의 생육되는 것이 진晉나라의 굴산과 같아서 여러 고을과 비교할 바가 아니다" 하였다. 목장이 네 군데이고 정의, 대정도 같다.

이익의 《성호사설》〈만물문萬物門〉에 실린 제주말 이야기를 보자.

제주가 충렬왕 때부터 목마장으로 된 것은 대개 방성 분야에 말이 잘된다고 한 때문이었다. 대원(한漢나라시대 서역의 한 나라 이름)에서 나는 말과 같은 좋은 종자를 해마다 상국에 조공하게 되었는데, 그 생긴 모양과 성질이 딴 고을 소산과 달랐기 때문에 보는 자마다 알고 구별할 수 있었다.

태종 때에도 이 제주말을 명나라에 조공했다. 성조가 아르기를, "이는 천마로구나. 너의 왕이 나를 사랑하는 까닭에 이렇게 좋은 말을 바친다" 하였다. 허균은 "내가 일찍이 증자계曾子系의 문집에 천마가天馬歌가 있는 것을 보았다. 그 소서小序에 이르기를 영락永樂 무렵 조선에서 조공한 황류마黃騮馬가 매우 빠르고 좋았던 때문에 왕이 이 '천마가'를 지으라고 했다" 하였으니,

이 천마란 바로 제주말을 가리킨 것인 듯하다.

옛날에는 이 제주말을 상국에서도 이렇게 칭찬했는데, 요즈음 와서는 말이 점점 나쁘고 작아져서 족히 취할 만한 것이 없게 되었다. 그중 재빠르고 좋은 말은 이리저리 뽑아 가 버리고 머물러 둔 것은 단지 느리고 어리석은 따위뿐이기 때문이다. (…) 우리나라 초기에는 목장이 120여 군데나 되던 것이 지금 와서는 겨우 몇 군데만 남아 있을 뿐이다. (…)

제주도의 말을 개량 번식시킨 사람이 김만일金萬鎰이었다. 그는 유배객이었던 이익에게 딸을 보내어 소실로 삼게 한 사람이다. 그가 우수한 말을 종마로 만들 수 있었던 뛰어난 수완을 이건은 〈제주풍토기〉에 다음과 같이 기록했다.

만일은 절종을 걱정하여 준마를 가려 종자를 취할 만한 것은 택하여 일부러 그 눈에 상처를 내어 봉사가 되게 하거나 혹은 가죽과 귀를 쩬 연후에야 잘 보존하여 종자를 취할 수 가 있었다.

이렇게 이름 높았던 제주말은 평상시에도 필요했지만 전쟁터에서 더 요긴했기 때문에 공출도 많아 크고 작은 난리가 날 때마다 말을 모집하기도 했다. 임진왜란 당시 의병장으로 혁혁한 전공을 세우고 순절한 고경명高敬命의 아들 고종후高從厚는 아버지의 원수를 갚기 위해 군사를 일으켰다가 진양성이 함락되던 날 죽었다. 고종후 역시 문장에 능했던 사람으로 그가 순식간에 지은 격문의 내용이 훌륭하여 사람들을 놀라게 했다.

제주말

다리가 짧고 몸통이 당나귀보다는 큰 제주말은 예로부터 특별한 관리를 받았다.
지금도 중산간 지역에 종마 목장을 운영해 제주말을 관리하고 있다.

그가 제주말을 모집할 때 지은 글이 뛰어난 글이라고 하여 사람들에게 널리 암송되었다.

> 소매를 떨치고 일어날 사람이
> 바다 밖에도 있음을 나는 알고 있다네
> 채찍을 손에 들고 임하였으니
> 천하天下에 말[馬]이 없다고 말하지 말지어다

한편 《여지도서》에는 "해마다 흑우黑牛를 바친다. 진공으로 바치는 말은 돈으로 대신한다" 했다.

태조가 위화도에서 회군할 때 탔던 제주말

제주 명마의 이름이 옛 기록에 등장하는데, 이덕무李德懋의 《청장관전서靑莊館全書》 〈앙엽기盎葉記 8〉 "팔준마八駿馬·십이준마十二駿馬"에 실린 글을 보자.

우리 태조가 개국할 때 탔던 준마가 여덟 마리 있었다. 첫째는 횡운골橫雲鶻로 여진女眞에서 난 것이요, 둘째는 유린청遊麟靑으로 함흥에서 난 것이다. 셋째는 추풍오追風烏로 여진에서 난 것이요, 넷째는 발전자發電赭로 안변에서 난 것이요, 다섯째는 용등자龍騰紫로 단천에서 난 것이요, 여섯째는 응상백凝霜白으로 제주에서 난 것 이며 일곱째는 사자황獅子黃으로 강화에 서 난 것이요, 여덟째는 현표玄豹로 함흥에서 난 것이다.

제주도에서 난 응상백이 태조 이성계가 압록강의 위화도에서 회군을 할 때 탔던 말이다. 함흥에서 난 유린청은 해주에서 싸우고 운봉 황산전 투에서 승전할 때 탔던 말이다. 이 말은 이정형李廷馨의《동각잡기東閣 雜記》에, 화살 세 개를 맞고도 서른한 살까지 살다가 죽어서 석조관을 만 들어 주었다고 실려 있다.

옛 시절 제주읍 일도리 지경상에 고수古藪라는 마장馬場이 있었다. 마장은 수천 마리의 마필을 방목하던 곳이다. 푸른 풀이 길게 이어진 곳 에서 말이 한가롭게 뛰노는 활발한 기상은 보는 사람에게 쾌감을 선사하 는데 이곳의 풍경은 고수목마古藪牧馬라고 하여 영주십이경 들었다. 김 희두金熙斗가 이곳 풍경을 두고 다음과 같은 시를 지었다.

하늘의 가장자리 방성의 분야에 딸린 곳
긴 산 넓은 들에 무리 지은 말 떼
해마다 좋은 말을 조공 바치니
지금의 감목관은 옛사람을 말하는 것

한편 제주에서는 말 외에도 소를 많이 길렀다.《신증동국여지승람》에 "소는 검정소와 누런소, 얼룩소 등 여러 가지가 있다. 뿔이 심히 아름다워 술잔을 만들 만하다. 집집마다 목축하여 수백 마리로 떼를 이룬다"고 기록되어 있다.

불과 몇십 년 전까지만 해도 제주 어디서나 볼 수 있는 풍경이 방목이었다. 봄철 풀이 무성할 때가 되면 소와 말의 굴레를 벗기고 목동 한 사람이 수십 마리씩 몰고 들판에 가서 방목했다. 해가 질 무렵 돌아올 때는 주인이 없어도 각기 제집을 찾아갔다. 그러나 그러한 풍경은 지금 찾아볼수가 없다.

권근과 정도전, 이숭인李崇仁이 서로 평생의 즐거운 것을 논했다. 정도전이 "북방에 눈이 막 휘날릴 때, 가죽옷을 입고 준마에 올라타서 누런 사냥개를 끌고 푸른 사냥매를 팔뚝에 얹은 채 들판을 달리면서 사냥하는 것이 가장 즐거울 것이오"라고 말했다. 이런 호기를 가지고 넓고도 넓은 평야를 달리던 말들이 지금은 경마장에서 이익을 다투는 사람들의 놀이가 되거나, 관광지에서 가끔 신혼부부나 태우는 신세가 되었으니….

생선이 지천이니

청어 사라 외치는 소리 천둥 치는 듯
비 오듯 땀 흘리며 장마다 돌아다닌다
"돈 팔백 닢이면 청어가 한 마리"
어선이 고슴도치처럼 포구에 몰려 있다

한적한 골목 어귀 자그마한 술집

우도봉 승마

해발 132미터인 우도봉에 넓게 펼쳐진 초원과 말들이 만들어 내는 풍광이 한 폭의 그림 같다.

금성 관기 웃으며 주점을 운영한다

술맛이 꿀맛 같다. 사람에게 떠벌리며

볼그레한 옻칠 소반에 술병을 내 온다

연산 현감 시절 김려 金鑢가 쓴 〈황성리곡 黃城俚曲〉 중 두 수다.

나라 곳곳에 저마다 다른 맛을 지닌 술과 술집들이 있다. 진도의 홍주, 전주에 이강주, 한산의 소곡주, 안동의 소주 등이 있다. 제주의 토속주는 오메기술이다.

김정의 〈제주풍토록〉에는 "쌀은 아주 적어 토호들은 육지에서 사지만, 능력 없는 자는 밭곡식을 먹는다. 그러므로 청주 淸酒는 매우 귀하여 겨울이나 여름을 막론하고 소주 燒酒를 쓴다"고 실려 있는데, 제주의 토속주는 오메기술이다.

오메기술은 차조로 빚어 만든 탁주의 하나로 일명 '강술'이라고도 부른다. 보통 10월부터 1월 사이에 담그는데 오래 두어도 변하지 않고 맛이 더욱 좋아진다. 제조법은 차조 가루 한 말을 반죽하여 동글납작하게 만들어 가운데 구멍을 뚫고 끓는 물에 삶아 참 누룩 한 말을 섞어 되게 버무려 둔다. 2~3개월 후부터 먹을 수 있는데 범벅 같으므로 목장이나 산에 갈 때 가져가 물에 타서 탁주로 마실 수 있다. 예전에는 집집마다 담갔던 술이다. 1983년에 국세청에서 제주도 지방 민속주로 지정했다.

한국 사람들의 잔치에 꼭 필요한 음식이고 간식으로 즐겨 먹는 떡. 제주도에서 흔한 떡은 무엇일까? 차조 가루를 둥글게 빚어 콩고물이나 팥고물을 묻혀서 만드는 오메기떡과 고구마 가루에 생고구마를 얇게 썰어 시루에 찌는 감제떡이 제주도 향토 떡이다. 메밀로 만드는 빙떡과 메밀범벅 등이 제주도에서만 맛볼 수 있는 떡이다.

제주 사람들이 좋아하는 국 종류로는 갈치호박국과 몸국이 있다. 돼지 삶은 국물에 해초인 모자반을 넣어서 끓이는 몸국과 싱싱한 갈치에다가 늙은 호박과 푸릇푸릇한 배추를 넣어서 끓인 갈치호박국의 맛이 보통 좋은 게 아니다.

제주도에서는 생선 중에 옥돔을 제일로 치기 때문에 '생선국'을 이야기할 때는 대부분 옥돔국을 이야기한다. 이 국에는 무나 미역을 넣고 끓인다. 돼지고기와 제주고사리를 넣어서 끓인 육개장도 별미다.

이곳 사람들이 즐겨 먹는 간식으로 육지에서 여름에 먹는 미숫가루와 비슷한 것이 '개역'이다. 육지에서는 미숫가루의 주재료가 쌀이지만, 개역은 주로 보리를 솥뚜껑 위에 얹어 볶은 다음에 맷돌로 갈아 만든다.

《여지도서》에 "문어는 영북嶺北에서 잡은 문어가 상품이고, 영동嶺東에서 잡은 문어가 그다음이다. 영남嶺南에서 잡은 문어가 그다음이고, 제주 지방에서 잡은 문어가 최하품이다" 한 것을 보면 당시 제주 지방의 문어는 사람들의 시선을 끌지 못했던 듯싶다.

또한 제주도의 바닷가는 대부분 암초와 작은 섬뿐이어서 소금기가 많은 땅이 드물었다. 제주에는 특히 무쇠가 나지 않아서 가마솥이 많지 않으므로 바닷물을 가마솥에 끓여서 만든 소금은 귀할 수밖에 없었다.

《신증동국여지승람》에서 "표고, 제주에서 나는 것이 좋다. 오대산과 태백산에도 있다"고 한 것처럼 제주표고도 명물이지만 제주도의 대중적인 명물은 뭐니 뭐니 해도 '자리회'다. 자리는 '자리돔'을 말한다. 자리회로 쓰이는 자리는 제주도 근처 해안에서 잡히는 길이 약 6~10센티미터쯤 되는 것이 가장 좋다. 대개 5월에서 8월까지 잡히는 것이 맛이 좋다. 먹는 방법이 여러 가지인데 주로 강회나 물회로 먹는다. 자리회 외에도 자리젓의 맛이 뛰어나다.

가오리회와 애저회가 제주도의 특별한 음식이다. 전라북도 진안에서는 애저찜을 먹는데, 제주도에서는 찜이 아니다. 새끼를 밴 암퇘지를 잡아 태속에 있는 돼지 새끼를 꺼내어 잘 씻은 뒤에 날것을 도마 위에 놓고서 칼로 잘 다진 뒤 갖은 양념을 해서 훌훌 마신다. 육지에서 볼 수 없는 이 음식은 제주에서도 사라져 가고 있지만 지금도 일부에서는 보양 음식으로 즐기고 있다.

제주도의 나무

제주에서 조공을 바칠 때도 꼭 빼놓지 않고 가져갔던 나무가 바로 비자나무다. 지금도 제주 곳곳에서 미림을 이루고 있는 비자나무가 일본 에도 시대인 1697년에 발간된 《농업전서》에 다음과 같이 실려 있다.

요시노에는 좋은 비자나무를 열 몇 그루 가지고 있으면, 세상살이에 단단히 도움이 된다 한다. 자식에게 집안을 물려줄 때는 비자나무를 몇 그루 떼어서 보내고, 몇 그루는 자기 몫으로 한다.

그 당시 비자나무는 훗날 제주도에서 감귤나무 몇 그루만 있으면 대학을 보낼 수 있었던 시절처럼 열매가 많이 거두어져 사람들의 재산 증식에 한몫했던 나무임을 짐작할 수 있다. 일본에 많이 자라고 있는 비자나무가 한라산 자락에도 많이 분포되어 있다.

이익의 《성호사설》 〈경사문經史門〉 "서시徐市"에 제주도에서 나오는 황칠나무에 대한 글이 실려 있다.

《통전通典》에, "백제는 바다 가운데 삼도三島가 있는데, 황칠나무가 저절로 생겨난다. 6월에 그 즙을 내어서 그릇에다 칠하면 황금빛처럼 된다"고 하였다. 이는 지금의 황칠이란 것인데, 오직 제주에서만 생산된다. 이 삼도는 바로 제주의 칭호이고 또 어떤 사람은, "섬 가운데 삼좌산三座山이 있어서 삼도라고 한다"고 한다.

또 하나 제주에서만 자라는 나무가 녹나무이다. 녹나뭇과에 딸린 늘 푸른 큰 키 나무인 이 나무는 껍질과 잎과 뿌리는 방취제와 한약재로 쓰고, 나무는 집이나 배를 만드는 재목으로 쓴다. 제주도에서는 녹나무를 집에다 심지 않는다. 녹나무를 심게 되면 귀신이 들어오지 못하여 제사를 지낼 수 없다는 속신 때문이다. 중문 도순동의 녹나무 자생지가 천연기념물 제162호로 지정되어 있다.

이수광의 《지봉유설》에 나오는 무환목도 제주에서 났다.

무환목無患木은 제주에서 난다. 그 열매는 구슬과 같다. 그런 까닭으로 이것을 무환주無患珠라고 한다. 이제 서울 안에 있는 여염집에서도 이것을 심어서 열매를 맺는 것이 있다. 《본초강목》에 "옛날의 무당은 이 나무를 가지고 귀신을 때려서 죽였다"라고 했다. 세상 사람들은 이 나무를 '무환'이라고 불렀다고 한다.

무환목은 모감주나무를 이르는 것으로 《동의보감》에는 무환자피 無患子皮를 '모관쥬나못겁질'이라 하며 "무환자나무를 일명 '환桓'이라 한다"고 되어 있다.

이런 나무들이 제주도에서 자랐다. 특별한 것이 한라산에서 자라는 암매과에 딸린 갈잎떨기나무인 '암매'다. 키가 아주 작아서 2센티미터밖에 되지 않는 이 나무는 5월과 6월 사이에 아름다운 하얀 꽃을 피운다. 또 시로미라는 고산식물의 열매는 오미자와 함께 위장병에 특효인데, 제주도 사람들은 이 열매를 진시황이 그토록 구하고자 했던 불로초라고 추정하고 있다. 예로부터 제주오미자는 품질이 좋기로 소문이 자자했는데, 김정의 〈제주풍토록〉을 보자.

오미자가 또한 많은데, 열매가 매우 검은빛이고 크기는 진하게 익은 산포도와 같다. 맛 또한 진하고 달다. 《본초강목》을 살펴보면, 조선에서 나는 오미자의 품질이 좋고 또한 맛이 단 오미자가 상품이라 한다. 내가 알기로는 우리나라에서 나는 오미자가 자줏빛에 크기가 작고 맛이 매우 시어 오히려 《본초강목》에서 언급한 것보다 훨씬 귀중하니, 이 땅에서 생산된 오미자가 틀림없이 천하에 최고라는 사실을 의심할 수 없다. 이전에 여기 사람들 모두가 이러한 사실을 모

비자림

구좌읍 평대리에서 서남쪽으로 6킬로미터 되는 지점에 비자나무 2570그루가 밀집하여
군락을 이루고 있는데, 단순림으로는 세계 최대 규모다.

르고 다만 술을 빚는 데만 사용했는데 내가 오미자를 말렸더니 더 별미로다.

그렇게 명성이 높았던 제주오미자는 어느 사이 사라져 버리고 지금은 다른 약재들이나 과실나무들만 재배되고 있다.

숨비소리

제주 해안가를 거닐다가 보면 바다 한가운데서 들리는 소리가 있다. 휘파람 소리 같기도 하고, 긴 한숨 같기도 한 소리는 해녀들이 물위로 올라와서 내는 '숨비소리'다. 해녀들이 잠수하고 물 위로 나와 숨을 고를 때에 내는 소리로 1~2분가량 잠수하면서 생긴 몸속의 이산화탄소를 한꺼번에 내뿜고 산소를 들이마시는 과정에서 나오는 것이다.

해녀는 전 세계에서 우리나라와 일본에만 있는데, 우리나라 전체에 퍼져 있는 해녀는 대부분 제주 출신이다. 1980년대까지만 해도 해녀가 약 2만여 명에 이르렀는데 지금은 그 수가 많이 줄었다.

해녀들은 특별한 장치가 없는 나잠 어법으로 제1종 공동 어장인 수심 10미터 내외의 얕은 바다에서 소라, 전복, 미역, 톳, 우뭇가사리 등을 채취하고 가끔 작살로 물고기를 잡기도 한다. 해녀들이 바다로 나가는 것은 매일매일 목숨을 걸고 나가는 것과 같아서 칠성판七星板, 곧 관을 타고 명정을 덮고 다니는 것에 비교했다.

이능화李能和는《조선도교사朝鮮道敎史》에서 "우리 조선 풍속에 사람이 죽으면 송판에 일곱 구멍을 뚫어서 북두 형상과 같이 만들거나 종이에 북두 형상을 그려서 시신을 받쳐 놓는데, 이것을 '칠성판'이라 한다" 했다.

"너른 바당 앞을 재연/한질 두질 들어 가난/저승길이 왓닥갓닥(너른 바다 앞을 재어/한길 두길 들어가니/저승길이 오락가락)"이라는 제주 해녀들의 노래처럼 그들은 매 순간 변덕스럽게 출렁이는 바다에 목숨을 걸어야 했다. 해녀들에게 거친 파도 일렁이는 바다는 자신과 가족의 삶을 일구는 터전이자 집이기도 하지만 저승길이 오락가락하는 두려움과 공포의 대상이다.

조선 후기의 문신 신광수申光洙의 시 〈잠녀가潛女歌〉의 일부를 보자.

> 탐라의 여자들은 헤엄을 잘하니
> 열 살이면 벌써부터 앞 냇가에서 헤엄을 배운다네
> 풍속에 신붓감으로는 잠녀가 으뜸이라
> 의식 걱정 없다고 부모들도 자랑하네
> 나는 뭍의 사람으로 이 말을 듣고도 믿지를 않았더니
> 이제 사신이 되어서야 남쪽 바닷가에 와서 보았네
> (…)

옛날부터 제주도 일대에서는 해녀라고 부르는 잠녀와 포작배가 중심이 되어 바닷말과 조개류를 따는 잠수업과 테우, 곧 떼배를 타고 그물이나 낚시로 고기를 잡는 방식의 어업이 발달했다.《고려사》의 기록들을 보면 제주 해녀의 역사를 짐작할 수 있다. 두 기록을 보자.

문종 7년(1053) 계사년 2월

정축일. 탐라국 왕자 수운나殊雲那가 자기 아들 배융교위陪戎校尉 고물古物 등을 보내어 우각牛角과 우황牛黃, 우피牛皮, 나육螺肉, 비자榧子, 해조海藻, 구갑龜甲 등의 물품을 바쳤다. 이에 왕이 탐라국 왕자에게 중호장군中虎將軍의 벼슬을 내리고 공복公服과 은대銀臺, 채단, 약물 등을 주었다.

문종 33년(1079) 기미년 11월

임신일. 탐라의 구당사勾當使 윤응균尹應均이 별처럼 번쩍거리는 큰 진주 두 개를 바쳤다. 당시 사람들이 이것을 야명주夜明珠라고 하였다.

탐라국에서 해조와 진주를 바쳤다는 기록이 있는 것으로 보아 그 당시에도 해녀들이 바다에 나가 '나잠업'으로 이들을 채취한 듯하다. 제주 앞바다에는 전복과 오징어, 갈치, 옥돔, 고등어 같은 해산물을 잡는 어부들도 많았지만 조개류와 미역을 따내는 잠녀들도 많았다.

조선 중기만 해도 잠녀들 외에도 드물게 남자들까지 알몸으로 바다에 들어가서 낫으로 전복과 미역 같은 해산물을 채취했다. 당시 풍속이 그러해서 그런지 남자나 여자나 부끄럽게 여기지 않았고 그 해산물로 곡식과 옷을 장만해 생활했다고 한다.

하지만 잠녀들이나 어부들의 삶은 신산하기만 했다. 부임한 관리가 탐관오리이면 내야 할 공물의 양을 지나치게 많이 책정했다. 그때는 한 해 동안 쉴 틈도 없이 물질해도 그 양을 채우기가 쉽지가 않았다. 김상헌의 《남사록》을 보자.

502

고을의 풍속이 처첩을 거느리는 자가 많은데 전복을 따는 포작배浦作輩들은 홀아비로 늙어 죽는 사람이 많았다. 그 이유를 물으니, "공물로 바쳐야 할 전복의 수량이 매우 많고, 관리들이 공무를 핑계로 잇속을 채우는 것이 또한 몇 배나 됩니다. 포작배들은 그 고역을 견디지 못하여 유망하거나 익사하여 열에 두셋만 남게 됐습니다. 그런데도 공물을 거두는 것이 줄어들지 않습니다. 이 때문에 자신은 오래도록 바다에 있고, 처는 오래도록 감옥에 갇혀 원한을 품고 고통을 감내하는 실상이 이루 다 말로 할 수가 없습니다. (…)"라고 한다.

제주 목사로 부임해서 이를 수도 없이 목격한 이원진은《탐라지》에 다음과 같이 적고 있다.

포작鮑作(잠수부)은 수영하며 물에서 수산물을 채취하는 것을 업으로 한다. 남자는 적고 여자는 많았다. 풍습이 수영하는 여자〔泳女〕를 첩으로 삼는 것을 능사로 하고, 세력에 의지하는 자는 관가의 부역을 면제받는다. 그 때문에 자식이 없는 사람들과 의지할 곳이 없는 사람만 진상하는 부역에 동원되니 편중된 괴로움이 매우 심하다. 마찬가지로 역을 균등하게 시행해야 한다.

포작은 제주도의 방언으로 한자로 '鮑作', '匏作', '浦作'으로 표기되기도 한다.

해녀들이 받는 불이익이 있었다. 일본 문화인류학자 이즈미 세이치가 1930년대부터 제주를 연구한 결과물인《제주도》에 "어업은 일반적으로 천하게 여겨졌다. 양촌의 남자가 바닷가 해촌의 신부를 며느리로 삼지 않는 이유는 벌거벗고 물속에 들어가기 때문이다"라는 글이 보일 정도였다. 하지만 그런 시절도 그렇게 오래가지 못했다. 해녀들의 수입이 좋아지면서 '왜 산골 색시를 데려오나, 물에도 못 들어가는 여자를'이라는 생각으로 바꾸기 시작했다.

바다에 들어가 해산물을 채취하는 해녀의 기원은 인류가 바다에서 먹을 것을 구하기 시작한 원시산업시대부터 시작되었다고 볼 수 있다. 해녀의 발상지를 대체로 제주도로 보는데, 그 이유는 제주의 여러 곳에 어부와 해녀를 관장하는 신당神堂이 오래전부터 전해 오기 때문이다.

'해녀'가 제일 처음 문헌에 나타난 것은 고려 숙종 10년(1105) 탐라군의 구당사로 부임한 윤응균의 글에서다. 당시 해녀들이 옷을 입지 않고 조업을 하자 해녀들의 나체裸體 조업을 금하는 영令을 내렸다. 조선 인조 때도 제주 목사가 남녀가 어울려 바다에서 조업하는 것을 금한다 했지만 잘 지켜지지 않았다.

제주 해녀들의 일은 가업이나 특수한 혈통을 따른 것이 아니다. 제주의 여성들은 척박한 기후 조건 때문에 밭에서 김을 매거나 바다에서 물질해야 하는 필연적인 운명에 순종한 것이다. 그러므로 제주의 소녀들은 7~8세 때부터 헤엄치는 연습을 시작했고, 12~13세가 되면 어머니로부터 물에 뜨는 '두렁박'을 받아 얕은 데서 깊은 데로 헤엄쳐 들어가는 연습을 했다. 15~16세가 되면 바다에서 조업을 시작하여 비로소 잠녀, 즉 해녀가 되었다. 17~18세가 되면 제 한몫을 하는 해녀로 활동한다. 이때부터 40세 전후까지가 가장 왕성한 활동 시기이며 대체로 60세 전후까지 이어진다. 해녀들은 그 기량에 따라 상군上軍, 중군中軍, 하군下軍으로 나뉜다. 해녀들은 대부분 농사일을 겸하고 한여름에 일을 많이 하지만 일 년 내내 물질을 하는 해녀들도 많다.

바닷가에 나간 해녀들은 탈의장이나 바위틈에서 해녀복으로 갈아입고, '눈'이 라고 부르는 물안경을 낀다. 해녀들이 부력을 이용하여 가슴에 안고 헤엄을 치는 도구를 '테왁(태왁. 그물로 주머니처럼 짜서 채취한 해산물을 담는 것. 아가리가 좁고 그물 테두리에 뒤웅박이 달려 있어 그물이 가라앉지 않도록 함)'이라고 한다. 그 밑에는 채취한 해물을 담는 자루 모양의 '망사리(박새기 또는 망아리)'가 달려 있다. 무자맥질할 때는 테왁과 망사리를 물위에 띄워 놓는다. 또 전복을 캐는 길쭉한 쇠붙이인 '빗창(30센티미터가량의 단단한 무쇠칼)'과 해조류를 베는 '정게호미'라는 낫과 조개 등을 캐는 쇠꼬챙이 갈퀴인 '갈고리'도 있다. 물고기를 쏘아 잡는 작살인 '소살'과 해녀들의 머리가 흐트러지지 않도록 동여매는 수건, 잠수복 등이 해녀들에게 필요한 물품들이다.

지금은 여러 가지로 보완된 해녀복이 있지만 조선시대 전기만 해도 알몸으로 바다에 나가 물질을 했다. 그것이 금지되면서 해녀들은 흰 무명 저고리에 흰 수건을 두르고 바다에 나갔다. 머릿수건과 저고리의 빛깔이 흰 것을 썼다. 그것은 당시 다른 옷을 선택할 여지도 없었지만 무엇보다도 상어를 피하기 위해서였다. 메밀꽃이 피는 초가을 남양 쪽에서 몰려오는 '번직귀'라고 부르는 상어 떼가 흰 빛깔을 두려워한다는 속설 때문이었다. 그렇게 하얀 옷을 입었던 해녀들이 지금은 검은색 잠수복을 입고 물질을 하게 되었다.

"몸짜방을 집을 삼앙/늣고개랑 어멍을 삼앙/요 바당에 날살아시민/

어느 바당 걸릴웨시랴(모자반 덩이랑 집을 삼아/놀고갤랑 어머님삼아/이 바다에 날살고 있다면/어느 바다가 두려우랴)" 해녀들이 부르는 노랫소리처럼 바다를 집으로 살아가면서도 그 바다는 그날그날의 매 순간이 이승과 저승의 교차점이었다. 그러나 그들은 운명에 굴복하지 않고 꿋꿋하게 살았다. 오죽했으면 '해녀의 아기는 이레 만에 밥을 먹인다'는 속담이 만들어졌을까. 그래서 그런지 그들이 부르는 노래는 슬프기 그지없다.

산디 쌀은 산 넘어가고, 나락 쌀은 물 넘어온다
불쌍하다, 좁쌀의 팔자. 정지에서 노는구나
맷돌 갈아 품을 파니, 적삼 앞이 모지라지고
방아 찧어 품을 파니, 치마 앞이 모지라진다

어떤 새는 낮에 울고 어떤 새는 밤에도 울리
그 새 저 새 날 닮은 새야 밤낮 몰라 울음새러라
성님 성님 사촌 성님 설운 설운 나랑 죽거든
앞동산도 묻지 말고 뒷동산도 묻지 말고 가시밭에 묻어 줌서

해녀들이 작업하는 것도 '갓물질'과 '뱃물질'로 나뉜다. 해녀들이 떼를 지어 헤엄쳐 나가서 물질을 하는 경우를 '갓물질'이라 하고, 15명 내외씩 배를 타고 나가서 치르는 작업을 '뱃물질'이라고 부른다. 뱃물질은 제각기 선주와 맺은 1년 단위의 계약에 따르고 선주도 함께 출어를 나간다. 해녀들은 자기 지방에서만 작업하는 것이 아니라 다른 지방이나 외국으

제주 해녀

해녀들은 물 위에 떠오를 때마다 '호오이' 하면서 한꺼번에 막혔던 숨을 몰아쉰다.
이때 나는 소리를 '숨비소리'라고 한다.

로 나가 몇 개월씩 작업하기도 한다.

제주 해녀들은 19세기 말부터 경북이나 강원도뿐만이 아니라 남해안 일대를 누비며 물질을 했다. 심지어 객주客主의 인솔에 따라 블라디보스토크와 요동반도의 다롄과 산둥성의 칭다오까지 나갔다.

돛단배를 타고 먼 곳으로 떠날 때 '요이시나 요이시나'라는 민요를 부르며 며칠씩 노를 저어 먼 나라로 갔다고 한다. 이들은 봄에 나갔다가 가을에 돌아왔다. 뭍으로 나간 해녀들은 그곳에서 남자를 만나서 다시는 돌아오지 않는 경우도 많았다.

다른 지역의 해녀들과 달리 제주 해녀들은 20미터의 바닷속까지 들어가 2분 남짓을 견딜 수가 있고, 추운 겨울에도 물질할 수 있는 내한력耐寒力을 갖추었다. 또 해산 전후에도 작업하는 등 비상한 기량과 정신력을 가졌다. 그래서 '해녀'를 떠올리면 제주 해녀를 생각하게 되는 것이다. 그러나 세월 속에 해녀들은 대부분 60세가 넘었고, 젊은 해녀들은 가뭄에 콩 나는 것만큼이나 찾아보기가 어렵게 되었다.

그렇게 해녀가 모진 노동에 종사하고 있을 때 제주도의 남자들은 어떤 일로 소일했을까? 대개 어린아이를 양육하거나 삼삼오오 모여서 잡담을 하고, 낮잠을 자는 것이 하루의 일과였다. 어쩌다가 바닷가에 나가 여자들의 자맥질 광경을 보고 있으면 해녀들이 "개한테나 물려서 가거라" 하는 호통을 쳤고, 그 소리를 듣고서 후다닥 도망쳤다. 이것이 해녀를 아내로 둔 제주도 바닷가 남자들의 역할이었다.

세상이 변하다 보니 가끔 다문화 가정의 젊은 며느리들이 해녀가 되었다는 소식을 듣기도 한다. 그들이 물질을 나갈 때 배를 저어 가면서 불렀

다는 노랫가락인 〈해녀노래〉가 제주도 무형문화재 제1호로 지정되기도
했다.

　1. 요벤드 레 에헤 끊어진들 에헤 신서란이 에헤 씨말랐더냐 에헤

　2. 유리잔을 에헤 눈에다 붙이고 에헤 두렁박을 에헤 가슴에 안고 에헤

　3. 우리 배는 에헤 잘도 간다 에헤 참매끼 에헤 가슴에 안고 에헤

　(후렴) 이어도 사나 에헤 이어도 사나 에헤 어잇잇 에헤 이엇 사나 에헤총각

차라 에헤 물에 들 에헤 양식 싸라 에헤 물에 들자 에헤 요뱃 타고 에헤 어딜

갈꼬 에헤 진도 바다 에헤 골로 간다 에헤

　4. 바람일랑 에헤 밥으로 먹고 에헤 구름으로 똥을 싸 물결일랑 집안을 삼아

집안을 삼아 섧은 어머니 떼어두고 섧은 어미 떼어두고 에헤 이어도 사나 에헤

부모 동생 에헤 한강 바다 에헤 집을 삼아 집안 삼아 한강 바다 집안 삼아 에헤

　5. 너른 바다 에헤 앞을 재어 에헤 한길 두길 들어가 통합 대합 비쭉비쭉 이

어도 사나 미역귀가 너훌너훌 미역에 정신 들여 에헤 이어도 사나 에헤 미역만

에헤 하다보니 에헤 숨막히는 줄 모르는구나 숨막히는 줄 모르는구나 에헤

　노동요가 대부분 그렇듯 〈해녀노래〉를 듣다 보면 물질하는 해녀들의
일이 얼마나 고된 일인가를 알 수 있다. 그 고된 노동과 일상생활의 모든
것을 담아 표현하고 있는 이 노래를 해녀들은 물질할 때 사용하는 테왁과
빗창 등으로 장단을 치면서 불렀다.

　허균은 《도문대작》에서 "큰 전복〔大鰒魚〕: 제주에서 나는 것이 가장
크다. 맛은 작은 것보다는 못하지만 중국 사람들이 매우 귀하게 여긴다"

했다. 그 전복이 해녀들에게 미치는 폐해가 컸다. 잠녀들에 대한 관원들의 횡포가 이건의 〈제주풍토기〉에 다음과 같이 실려 있다.

그들은 생복을 잡다가 관가 소징所徵의 역에 응하고 그 나머지는 팔아서 의식을 하고 있다. 그 생활의 강고함은 이루 말할 수 없으며 더구나 불렴不廉의 관이 있어 탐욕스러운 마음이 생겨 명목을 교묘히 만들어 징색懲索하기를 수없이 하므로 1년 동안의 소업으로서도 그 역에 응하기가 부족하다. 하물며 관에 바치는 고통과 이서吏胥의 폐가 끝이 없으니 또 무엇으로서 생계의 보탬을 바랄 수 있는가. 이런 까닭에 잠녀들은 탐관을 만나면 거지가 되어 돌아다닌다고 한다.

망망한 대해 제주 바다를 걷다가 잠시 바라보고 있으면 나타났다가 사라지고 사라졌다가 나타나는 것이 해녀들이다. 선착장이나 해안가에서 해녀들이 가지고 온 그물망을 펼쳐 놓으면 전복과 소라, 보말, 해삼, 미역 등이 눈부신 보석처럼 세상을 놀라게 하며 제주 바다를 빛낸다.

제주 역사의 상징 '제주해녀문화'는 2016년에 유네스코가 선정한 인류무형문화유산에 선정되어 새롭게 조명되고 있다.

세계지질공원으로 선정된 제주도의 아홉 곳

180만 년 전부터 1000년 전까지 화산 활동으로 형성된 제주도는 화산 지형이 원형 그대로 잘 보존되어 지질학적 가치가 크고 경관도 아름답다. 일찍부터 유네스코 세계자연유산(거문오름 등)으로 지정되었다. 또 제주도의 명소 중 경관이 뛰어난 아홉 곳이 2010년 유네스코 세계지질공원 네트워크GGN에 세계지질공원 후보지로 신청하여 인증을 받았다. 인증을 받은 아홉 곳은 한라산과 성산일출봉, 만장굴, 산방산, 용머리, 수월봉, 대포 해안 주상절리대, 서귀포층, 천지연폭포 등이다.

한라산은 세계자연유산으로 지정된 산이다. 만장굴은 거문오름에서 흘러나온 용암이 땅 위를 흐르다 만들어진 용암 동굴로, 세계자연유산 거문오름동굴계에 속한다. 성산일출봉은 사면이 급한 경사를 이뤄 마치 옛 성처럼 웅장한 경관을 자랑하며 세계자연유산으로 지정된 곳이다.

서귀포층(패류화석 산지)은 약 180만 년 전에서 40만 년 전 사이에 수성화산 활동으로 생긴 화산체가 해양 퇴적물과 함께 쌓이기를 반복해 생겨난 약 100미터 두께의 퇴적층이다. 서귀포시 천지연폭포 입구에서 서쪽 해안가 절벽까지 1.5킬로미터 구간에 걸쳐 있으며 천연기념물 제195호로 지정되어 있다. 천지연폭포는 천연기념물인 무태장어 서식지이자 담팔수 자생지로 우리나라의 대표적 상록수림의 하나다.

서귀포시 대포동에서 중문동까지 남쪽 해안에 약 2킬로미터에 걸쳐 병풍처럼 펼쳐져 있는 대포 해안 주상절리는 25만 년~14만 년 전 인근에 있는 '녹하지악'이라는 오름에서 분출된 용암이 해안으로 흘러와 굳으면서 생겨났다. 주상절리 표면은 4~7각형까지 다양한 모습의 수직 기둥 형태로 쪼개짐이 발달해 있다. 대체로 벌집 모양의 육각형이 우세하다. 마치 누군가가 일부러 돌을 다듬어 놓은 것처럼 이색적인 풍광을 자아

511

거문오름 협곡

용암이 흘러내리면서 긴 협곡이 만들어진 거문오름은 세계지질공원으로 선정되기도 했다.

512

섬에 남겨진 것들

사계포구 등대와 형제섬

제주도의 낭만과 매력을 느낄 수 있는 등대와 바다는 수많은 여행객을
제주로 불러들이고 있다. 언제라도 가고 싶은 제주의 작은 낭만이다.

성산포와 전답

제주 올레 1코스 시흥리 말미오름에서 바라본 성산일출봉.
한라산의 끝자락에 우뚝 선 성산일출봉이 한폭의 그림 같다.

낸다. '지삿개'라는 중문의 옛 이름을 따서 '지삿개 주상절리'라고도 부른다.

산방산 중턱에는 너비와 높이 각각 5미터, 길이 10미터의 산방굴이 있다. 산방굴에서 용머리 해안, 형제섬, 가파도를 바라보는 풍경이 뛰어나 영주십이경의 하나로 꼽힌다. 산방산 해안에 있는 용머리는 제주에서 가장 오래된 화산 지형이다. 산방산과 달리 수성 화산 활동으로 만들어진 응회환의 일부이다. 바닷속으로 들어가는 용의 머리를 닮았다 하여 '용머리'로 불리며 해안 경관이 뛰어난 유명 관광지다.

수월봉은 약 1만 8000년 전 땅속에서 올라온 마그마가 지하수를 만나 격렬하게 폭발하면서 뿜어져 나온 화산재들이 쌓여 형성된 응회환의 일부로 높이가 77미터다. 수월봉의 화산재층은 화산 활동으로 생긴 층리의 연속적인 변화를 그대로 보여 주고 있다. 그런 연유로 '화산학의 교과서'라고 불릴 만큼 세계적으로 중요한 지질 자료로 인정받고 있다. 이러한 자연 유산과 역사 유산을 지닌 곳, 우리 민족의 보고寶庫가 산재한 곳이 바로 삼다삼무의 섬 제주도이다.

신정일의 신 택리지

제주

2019년 10월 20일 초판 1쇄 발행
지은이 · 신정일
펴낸이 · 김상현, 최세현 | 경영고문 · 박시형

책임편집 · 최세현 | 교정교열 · 신상미
마케팅 · 권금숙, 양봉호, 임지윤, 최의범, 조히라, 유미정
경영지원 · 김현우, 강신우 | 해외기획 · 우정민, 배혜림 | 디지털콘텐츠 · 김명래
펴낸곳 · (주)쌤앤파커스 · 출판신고 · 2006년 9월 25일 제406-2006-000210호
주소 · 서울시 마포구 월드컵북로 396 누리꿈스퀘어 비즈니스타워 18층
전화 · 02-6712-9800 | 팩스 · 02-6712-9810 | 이메일 · info@smpk.kr

ⓒ 신정일 (저작권자와 맺은 특약에 따라 검인을 생략합니다)
ISBN 979-89-6570-873-5 04910
ISBN 979-89-6570-880-3 (세트)

쌤앤파커스(Sam&Parkers)는 독자 여러분의 책에 관한 아이디어와 원고 투고를 설레는 마음으로 기다리고 있습니다. 책으로 엮기를 원하는 아이디어가 있으신 분은 이메일 book@smpk.kr로 간단한 개요와 취지, 연락처 등을 보내주세요. 머뭇거리지 말고 문을 두드리세요. 길이 열립니다.